互联网消费纠纷
裁判规则与法律适用

THE JUDICIAL RULES AND LAW APPLICATIONS OF
INTERNET CONSUMPTION DISPUTE

康临芳 马超雄 /编著

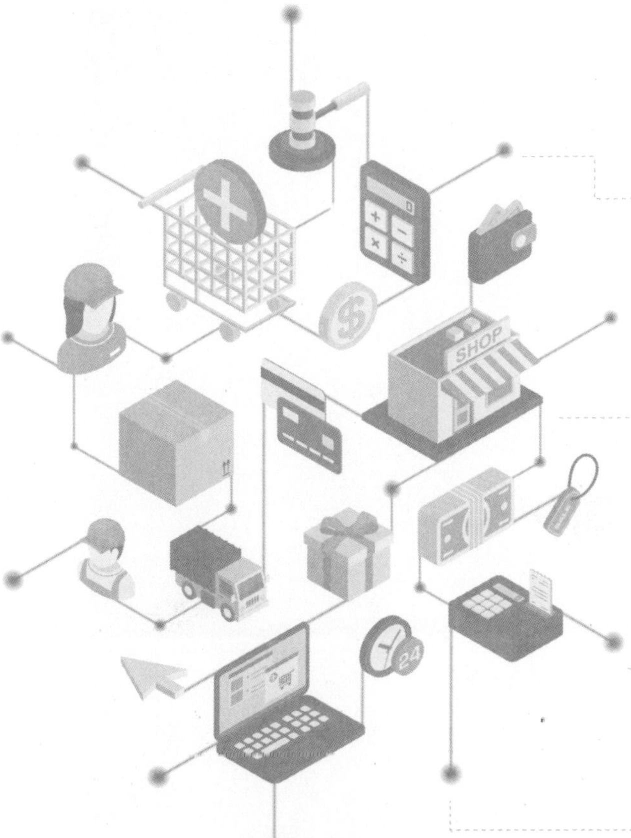

裁判规则

解读适用

关联案件

疑难解答

中国法制出版社
CHINA LEGAL PUBLISHING HOUSE

目　录

Contents

第一章　案由与管辖

01. **网络消费纠纷的案由** / 001

【裁判规则】

网络消费纠纷的具体案件案由应当依据消费者主张的民事法律关系的性质来确定。在请求权竞合的情形下，人民法院应当按照消费者自主选择行使的请求权，根据当事人诉争的法律关系的性质，确定相应的案由。/ 001

【解读适用】

一、民事案件案由的概念 / 001

二、民事案件案由的作用 / 001

三、民事案件案由的确定 / 002

四、网络消费纠纷案由 / 003

五、案件案由与诉讼标的的关系 / 004

【关联案件】

刘某清诉长沙县金井茶厂网络购物合同纠纷案 / 005

【疑难解答】

1. 消费者起诉的案由与查明的诉争法律关系不一致的，如何处理？/ 006

2. 消费者同时起诉经营者、网络交易平台、快递公司的，如何确定案由？/ 007

02. **合同履行地的认定** / 007

【裁判规则】

网络购物合同成立后，通过信息网络交付标的的，以买受人住所地为合同履行地；通过其他方式交付标的的，收货地为合同履行地。对于其他消费合同纠纷，根据争议标的确定合同履行地。/ 007

【解读适用】
一、以信息网络方式订立合同 / 007
二、标的物的交付方式 / 008
三、买受人住所地的确定 / 010
四、收货地的认定 / 011
五、争议标的的认定 / 012
【关联案件】
许某锋诉福建隽永天香茶叶有限公司买卖合同纠纷案 / 015
【疑难解答】
1. 以信息网络方式交付商品的，消费者应提交哪些材料证明住所地？/ 016
2. 实物交付商品的，消费者起诉时应当如何证明收货地？/ 017
3. 电视电话购物的，能否以收货地作为合同履行地？/ 017

03. **格式管辖协议的效力** / 017
【裁判规则】
网络商品经营者未采取合理方式提请消费者注意格式管辖条款，或者该条款对消费者不公平、不合理的，该格式管辖条款无效，不得作为确定管辖法院的依据。/ 017
【解读适用】
一、协议管辖的基本问题 / 017
二、格式条款的基本问题 / 020
三、格式管辖协议的效力 / 021
四、合同履行地的约定效力 / 023
五、仲裁协议条款的效力 / 024
【关联案件】
王某诉缙云县灰鲸电子商务商行网络购物合同纠纷案 / 025
何某诉新泰市新汶和淘汇百货商店网络购物合同纠纷案 / 028
王某良诉山东皇尊庄园山楂酒有限公司网络购物合同纠纷案 / 029
【疑难解答】
1. 如何认定网络商品经营者尽到了提请注意义务？/ 030
2. 尽到合理提示义务的格式管辖协议是否必然有效？/ 031

3. 线下格式管辖协议与网络格式管辖协议的效力认定是否存在区别？／031

04. 共同诉讼的管辖／032

【裁判规则】

消费者同时起诉网络商品经营者与网络交易平台的，根据消费者起诉的案由确定管辖法院。网络交易平台以其不是合同相对人等理由提出管辖权异议的，不予支持。／032

【解读适用】

一、同时起诉的诉讼性质／032

二、普通共同诉讼的管辖／033

三、管辖权异议的实务处理／035

【关联案件】

陈某新诉浙江天猫网络有限公司等网络购物合同纠纷案／037

【疑难解答】

1. 消费者同时起诉网络商品经营者与生产商时如何确定管辖法院？／039

2. 消费者仅起诉网络交易平台的，法院是否主动追加经营者为共同被告？／039

第二章 合同的订立

05. 网页展示的性质／040

【裁判规则】

网络商品经营者明确约定，商品网页展示的性质为要约邀请，消费者下单为要约，发出送货确认通知为承诺。消费者同意该使用条件，视为双方就此达成了合意。在消费者下单付款后、经营者确认发货前，消费合同未成立。／040

【解读适用】

一、要约与要约邀请／040

二、网络消费的模式／041

三、网页展示的性质／042

四、合同不成立的后果／046

【关联案件】

李某涛诉北京世纪卓越信息技术有限公司网络购物合同纠纷案／048

【疑难解答】
1. 经营者未提出合同不成立抗辩的，法院是否主动审查？/ 052
2. 经营者未约定合同成立的具体时间的，应当如何认定？/ 052

06. **当事人的确定** / 053
【裁判规则】
网络消费合同中，原则上以账户注册人为消费者，以商品页面载明的网络店铺开设者为网络商品经营者。但是，有其他证据推翻的除外。/ 053
【解读适用】
一、实际消费者的认定 / 053
二、网络商品经营者的确定 / 056
三、主体错误的裁判方式 / 059
【关联案件】
胡某峰诉台州尹蔻贸易有限公司网络购物合同纠纷案 / 062
王某诉北京世纪卓越信息技术有限公司网络购物合同纠纷案 / 063
岳某春诉苏宁云商集团股份有限公司网络购物合同纠纷案 / 064
【疑难解答】
1. 能否在所有网络消费纠纷中，一律以账户注册人为当事人？/ 067
2. 未经许可擅自使用他人账户下单购物的，如何认定合同当事人？/ 067

第三章　网络消费欺诈

07. **消费欺诈的认定** / 069
【裁判规则】
网络商品经营者通过商品销售网页或其他方式故意告知消费者虚假情况，或者故意隐瞒真实情况，诱使消费者作出错误意思表示的，可以认定为欺诈行为。/ 069
【解读适用】
一、消费欺诈的构成要件 / 069
二、消费欺诈的举证责任 / 072
【关联案件】
冯某甲诉广州九五堂信息科技有限公司网络购物合同纠纷案 / 077

杨某诉深圳市微峰电科技有限公司网络购物合同纠纷案 / 079
张某玲诉乐视控股（北京）有限公司等网络购物合同纠纷案 / 081
【疑难解答】
1. 商品宣传网页使用绝对化用语的，是否构成消费欺诈？/ 083
2. 网络商品经营者迟延发货，是否构成消费欺诈？/ 084

08. **消费欺诈的法律责任** / 085
【裁判规则】
网络商品经营者实施消费欺诈的，消费者可以要求退货、退款，赔偿其受到的损失，并且主张价款三倍或者最低五百元的惩罚性赔偿。/ 085
【解读适用】
一、消费欺诈的惩罚性赔偿 / 086
二、退货退款的请求权基础 / 088
三、消费欺诈中的损失认定 / 090
【关联案件】
杨某诉纽海信息技术（上海）有限公司网络购物合同纠纷案 / 091
【疑难解答】
消费欺诈惩罚性赔偿与允诺性赔偿能否并用？/ 092

09. **职业打假人与知假买假** / 097
【裁判规则】
以营利为目的而通过网络购买商品或者接受服务的，或者知假买假的，不能依据《消费者权益保护法》的相关规定要求网络商品经营者基于消费欺诈承担惩罚性赔偿责任。/ 097
【解读适用】
一、《消费者权益保护法》的适用范围 / 097
二、职业打假人的概念、历史与现状 / 100
三、“知假买假”与惩罚性赔偿 / 101
【关联案件】
纪某昌诉北京燕莎友谊商城有限公司燕莎金源店等买卖合同纠纷案 / 103

【疑难解答】
能否在所有消费纠纷中一律否认知名打假人的消费者身份？／106

第四章 网购食品纠纷

10. 销售不安全食品的法律责任／108
【裁判规则】
网络商品经营者经营明知是不符合食品安全标准的食品，消费者除要求赔偿损失外，还可以向网络商品经营者要求支付价款十倍或者损失三倍的赔偿金；增加赔偿的金额不足一千元的，为一千元。／108
【解读适用】
一、食品安全标准的认定／108
二、经营者主观明知的认定／113
三、惩罚性赔偿金额的确定／116
【关联案件】
申某坤诉广州市晟曦信息科技有限公司等网络购物合同纠纷案／119
李某梅诉湖南亚美生物科技有限公司网络购物合同纠纷案／122
【疑难解答】
1. 知假买假是否影响网购消费者主张十倍惩罚性赔偿？／124
2. 网购消费者主张十倍惩罚性赔偿是否以人身、财产损害为前提？／125
3. 网络商品经营者要求退还食品的，应当如何处理？／126
4. 出入境检验检疫机构出具的卫生证书能否证明经营者不存在主观明知？／127

11. 食品标签瑕疵的处理／130
【裁判规则】
食品标签不符合食品安全标准，但不影响食品安全且不会对消费者造成误导的，经营者免于承担《食品安全法》第148条规定的惩罚性赔偿责任。／130
【解读适用】
一、食品标签瑕疵的制定／130
二、食品标签瑕疵的认定／131

【关联案件】
徐某诉上海秋桂副食品销售有限公司网络购物合同纠纷案 / 134
陈某欣诉北京物美流通技术有限公司志新店买卖合同纠纷案 / 135
【疑难解答】
经营者未提出标签瑕疵抗辩的，法院是否主动审查？/ 137

第五章 网络交易平台的法律责任

12. **网络交易平台的先行赔付责任** / 140
【裁判规则】
消费者通过网络交易平台购买商品或者接受服务，其合法权益受到损害时，网络交易平台不能提供销售者或者服务者的真实名称、地址和有效联系方式的，消费者可以向网络交易平台要求赔偿；网络交易平台作出更有利于消费者的承诺的，应当履行承诺。/ 140
【解读适用】
一、网络交易平台责任的立法背景 / 140
二、法定先行赔付责任的成立条件 / 142
三、更优承诺下的先行赔付责任 / 150
【关联案件】
陈某星诉浙江淘宝网络有限公司财产损害赔偿纠纷案 / 151
冯某与浙江淘宝网络有限公司网络服务合同纠纷案 / 152
【疑难解答】
1. 网络交易平台履行提供义务有无时限要求？/ 154
2. “有效”的联系方式在审判实务中有哪些体现？/ 156

13. **网络交易平台的连带侵权责任** / 157
【裁判规则】
网络交易平台提供者明知或者应知销售者或者服务者利用其平台侵害消费者合法权益，未采取必要措施，造成消费者合法权益受到损害的，平台依法与该销售者或者服务者承担连带责任。/ 157

【解读适用】
一、平台侵权责任适用过错原则 / 157
二、平台承担连带责任的法理依据 / 158
三、平台承担过错责任的判断标准 / 159
【关联案件】
陈某伟诉浙江天猫网络有限公司等网络购物合同纠纷案 / 160
【疑难解答】
1. 平台承担连带侵权责任的构成要件有哪些? / 161
2. 平台采取“必要措施”是否有时间限制? / 162
3. 平台承担连带责任是否适用惩罚性赔偿? / 163

第六章 平台会员权益纠纷

14. **让利行为不能诉请履行** / 164
【裁判规则】
消费者与网络交易平台之间的权利义务应按照会员合同约定处理。对于平台向消费者提供的各项优惠，只要未在合同中约定为平台的义务，则属于平台的让利行为，平台有权单方予以变更，消费者不能要求平台继续履行。/ 164
【解读适用】
一、网络消费中的两种会员关系 / 164
二、平台会员关系的法律性质 / 165
三、平台会员合同内容的确定 / 166
四、平台会员合同的性质之辨 / 167
五、平台会员合同纠纷中的诉讼问题 / 169
【关联案件】
杜某诉北京京东叁佰陆拾度电子商务有限公司网络服务合同纠纷案 / 173
【疑难解答】
平台能否因消费者违反合同而对账户采取限制措施? / 176

第七章 网络跨境代购消费纠纷

15. 网络跨境代购的法律关系 / 178
【裁判规则】
消费者通过网络商品经营者跨境代购商品的，应当根据双方有无明确的委托合意、是否现货交易、采购来源时间等综合认定双方法律关系的性质。除非有充足的证据证明双方为委托合同关系，否则应认定为买卖合同关系。/ 178
【解读适用】
一、跨境代购的发展现状 / 178
二、跨境代购的概念辨析 / 179
三、跨境代购的法律关系 / 180
【关联案件】
徐某云诉邵某网络购物合同纠纷案 / 185
金某然诉广州市全球购网络科技有限公司等网络购物合同纠纷案 / 186
【疑难解答】
如何确定网络跨境直购中的合同当事人? / 188

第八章 网购快递纠纷

16. 快件毁损、灭失的风险负担 / 189
【裁判规则】
网络商品经营者将消费者所购商品通过快递方式寄出后，商品在消费者签收前（时）发生毁损、灭失等情形的，该风险由网络商品经营者负担，消费者有权要求经营者承担违约责任。经营者有权按照邮寄服务合同向承运人主张赔偿。/ 189
【解读适用】
一、快递服务合同的性质 / 189
二、网购商品的风险负担 / 193
三、网购快递的交付地点 / 195
【关联案件】
殷某诉苏宁云商集团股份有限公司苏宁采购中心等网络购物合同纠纷案 / 197

【疑难解答】

1. 消费者在签收后对商品数量、毁损提出异议的，应如何处理？／199

2. 快递员能否擅自将快件存入收费快递柜？／200

第九章　网购无理由退货

17. 七日无理由退货的条件／201

【裁判规则】

网购消费者在确保退还的商品完好的情况下，有权在收到商品之日起七日内无理由退货。但是，法律明确规定，或者经消费者在购买时确认不宜退货的商品除外。／201

【解读适用】

一、无理由退货的基本理论／201

二、无理由退货的排除适用／202

三、无理由退货的两个条件／206

【关联案件】

刘某国诉北京红马传媒文化发展有限公司买卖合同纠纷案／207

吴某霞诉王某网络购物合同纠纷案／209

【疑难解答】

1. 七日无理由退货是否只适用于网络消费？／210

2. 经营者拒不告知消费者退货地址的，是否影响期间计算？／210

第十章　相关法律规范

18. 中华人民共和国消费者权益保护法／212

19. 中华人民共和国食品安全法（节选）／222

20. 中华人民共和国产品质量法／255

21. 网络交易管理办法／265

22. 网络购买商品七日无理由退货暂行办法／274

第一章 案由与管辖

01. 网络消费纠纷的案由

【裁判规则】

网络消费纠纷的具体案件案由应当依据消费者主张的民事法律关系的性质来确定。在请求权竞合的情形下，人民法院应当按照消费者自主选择行使的请求权，根据当事人诉争的法律关系的性质，确定相应的案由。

【解读适用】

一、民事案件案由的概念

《民事诉讼法》虽然使用了“案由”一词，但未对“案由”的概念作出明确界定。2000年10月30日，最高人民法院颁布了《民事案件案由规定（试行)》。2008年4月1日，《民事案件案由规定》正式施行。《最高人民法院关于实施〈民事案件案由规定〉的通知》中对民事案件案由的定义作出了明确完整的解释：民事案件案由是民事诉讼案件的名称，反映案件所涉及的民事法律关系的性质，是人民法院将诉讼争议所包含的法律关系进行的概括。民事案件案由具有发展性，《民事案件案由规定》发布实施后，随着农村土地承包经营纠纷调解仲裁法、人民调解法、保险法、专利法、侵权责任法等法律的制定或修订，审判实践中出现了许多新类型民事案件，需要对2008年《民事案件案由规定》进行补充和完善。经深入调查研究，广泛征求意见，最高人民法院对2008年《民事案件案由规定》进行了修改，并于2011年发布了修改后的《民事案件案由规定》。

二、民事案件案由的作用

1. 决定法院的审理对象。案件案由反映案件所涉及的民事法律关系的性质，是人民法院将诉讼争议所包含的法律关系进行的概括。该法律关系反映到民事诉讼中就是诉讼标的，即法院在民事诉讼中予以审理和判断的对象。具体而言，是指当事人之间发生争议的请求法院审判的民事实体法律关系或者民事实体权利。诉讼标的是民事诉讼理论中的重要课题，也是存在较多争议的一个研究领域。诉讼标的决定了法院审理和裁判的对象。法院的裁判权是广泛的，但在具体案件的审理方面，法院的裁判权却是被动和有限的。民事诉讼处理的对象为私法上的权利义务关系，而私法关系遵循私法自治的基本原则，该原则在民事诉讼中主要体现为两点：一是是否向法院提起诉讼并通过裁判解决纠纷取决于当事人的意思；二是提起诉讼后，在多大范围内作出裁判，法院也必须尊重当事人的意愿。以上两点，也就是所谓的不告不理原则。因此，一旦当事人选定了案由，也就选定了诉讼标的，法院的审理范围便据此确定。

2. 决定具体的审判部门。《人民法院组织法》规定，基层人民法院可以设刑事审判庭、民事审判庭和经济审判庭；根据地区、人口和案件情况可以设立若干人民法庭。中级人民法院设刑事审判庭、民事审判庭、经济审判庭，根据需要可以设其他审判庭。高级人民法院设刑事审判庭、民事审判庭、经济审判庭，根据需要可以设其他审判庭。以最高人民法院为例，民事审判部门包括民事审判第一庭、民事审判第二庭、民事审判第三庭（知识产权审判庭）、民事审判第四庭等。为便于业务对口交流管理，各下级法院也一般设置民事审判第一庭、民事审判第二庭、民事审判第三庭、民事审判第四庭。在受案范围上，民一庭主要负责婚姻家庭、人身权利、劳动争议、房地产及相关合同、农村土地承包合同等纠纷案件（即传统民事案件），民二庭主要负责审理合同、公司、证券、保险、票据等商事纠纷案件。因此，不同案由的案件归属同一法院的不同审判部门审理。在网络消费纠纷案件中，合同类纠纷一般由商事审判庭审理，侵权类纠纷由民事审判庭审理。

三、民事案件案由的确定

民事案件案由应当依据当事人主张的民事法律关系的性质来确定。鉴于具体案件中当事人的诉讼请求、争议的焦点可能有多个，争议的标的也可能是多个，为保证案由的高度概括和简洁明了，《民事案件案由规定》关于案由的确定标准，即对民事案件案由的表述方式原则上确定为“法律关系性质”加“纠纷”，一般不再包含争议焦点、标的物、侵权方式等要素。但是，考虑到当事人诉争的民事法律关系的性质具有复杂性，为了更准确地体现诉争的民事法律关系和便于司法统计，《民事案件案由规定》在坚持以法律关系性质作为案由的确定标准的同时，对少部分案由也依据请求权、形成权或者确认之诉、形成之诉的标准进行确定，对少部分案由也包含争议焦点、标的物、侵权方式等要素。

实务中，在确定具体案件的立案案由时，应当按照原告主张的法律关系的性质予以认定。对于当事人主张的案由，应当结合诉讼请求和事实理由进行判断。在有些案件中，当事人可能在诉讼请求中直接表述为“判令被告支付货款”或者“判令被告偿还借款”等，因而通过诉讼请求就可以判断出原告所主张的发生争议的法律关系的性质是买卖合同关系还是借款合同关系。但是，如果当事人在诉讼请求中仅表述为“判令被告向原告支付人民币×××元”，那么，仅仅通过诉讼请求无法确定原告所主张的发生争议的法律关系，还需要结合原告在起诉状中所记载的事实理由予以确定。

四、网络消费纠纷案由

在网络消费纠纷案件中，作为原告的当事人一般有两种：消费者与使用者（或者第三人）。其中，使用者（或者第三人）与生产者、销售者不存在直接的合同上的法律关系，因而只能成为侵权类消费纠纷案件的当事人。消费者与销售者之间存在直接的买卖、服务等合同关系，既可以成为合同类消费纠纷案件的当事人，也可以成为侵权类消费纠纷案件的当事人。但在消费者与生产者的关系上，因双方不存在直接合同关系，只能成立侵权类关系。当事人在提起网络消费纠纷诉讼时，应当根据其身份是消费者还是消费者以外的第三人，以及被告系销售者还是生产者选择正确的案由。如果消费者以外的第三人针对销售者或生产者提起网络消费纠纷诉讼，那么案由类型不能选择为合同类消费纠纷，正确的案件案由类型应当为侵权类消费纠纷。

在根据当事人的不同身份确定了网络消费纠纷的基本案由类型后，接下来应依据案件事实进一步细化并确定最终案由。案件事实，是指导致案件当事人之间法律关系产生、变化与消灭的客观事实。具体来说，消费者以销售者为被告提起诉讼的，虽然理论上其既可以成为合同类纠纷的原告，又可以成为侵权类纠纷的原告，但在确定最终具体案由时，却受到案件事实的影响：1. 如果案件事实不涉及人身、财产损害，则消费者仅能提起合同类消费纠纷，追究对方的违约责任。假如消费者选择侵权类案由，那么，由于案件事实不足以证明双方发生了侵权关系，法院应当以查明后的合同关系作为案件案由。2. 如果案件事实涉及人身、财产损害，在消费者起诉销售者的情况下，会发生请求权竞合。在请求权竞合的情形下，人民法院应当按照消费者自主选择行使的请求权，根据当事人诉争的法律关系的性质，确定相应的案由。

五、案件案由与诉讼标的的关系

1. 诉讼标的的概念与识别。诉讼标的是民事诉讼理论与实务中的重要问题。在概念上，诉讼标的是指法院审理和裁判的对象。然而，仅仅通过上述概念并不能完全揭示诉讼标的的具体所指。在诉讼标的理论中，最为重要的是诉讼标的的识别和认定。关于诉讼标的的识别，学说上存在两种主要观点：①

实体法说，认为诉讼标的就是实体法上的请求权。根据该说，有多少个实体法请求权，就有几个诉讼标的。但是，该学说面临至少两个无法解决的问题：第一，实体法上的请求权，是指权利人要求义务人为或者不为一定行为的权利，对应于诉讼类型中的给付之诉。但是，在形成之诉和确认之诉中，并不存在实体法上的请求权。第二，在请求权竞合的情况下，按照实体法的诉讼标的理论，存在两个不同的诉讼标的，当事人以违约起诉并败诉后，由于违约之诉判决的既判力不及于侵权之诉，其可以继续以侵权为由起诉。鉴于实体法说的上述问题，实体法学者尝试对诉讼标的就是"实体法上的请求权"的观点进行了修订：在案件事实满足具有同一个法律后果的众多请求权规范的构成要件时，实际上涉及的是一个"统一的请求权"，而上述众多请求权规范只是支持该请求权成立的不同理由。也就是说，把请求权竞合转向请求权规范竞合，即新实体法说。比如，在违约和侵权竞合的情况下，由于权利人基于违约或者侵权所主张的损害赔偿请求权都旨在满足法律所保护的同一个利益，所以在此情形下，只涉及一个诉讼标的，即损害赔偿请求权。法院从实体上判决原告败诉，原告不能再基于任何法律理由主张该损害赔偿请求权。

诉讼法说，认为实体法学说并不能给诉讼标的的界定提供完善的方案，因而提出诉讼标的并不是实体法上的请求权，而是诉讼上的请求。对于诉讼上的请求的确定，区分一分肢说和二分肢说。一分肢说认为，原告在起诉时的申请（即诉讼请求）是确定诉讼标的的根本依据，原告所陈述的事实和理由只不过是使得诉讼标的得以具体化的辅助性工具。比如，消费者请求经营者退还货款1000元，而双方存在多笔数额都是1000元的消费交易，如果不在事实中明确

---

① ［德］穆泽拉克：《德国民事诉讼法基础教程》，周翠译，中国政法大学出版社2005年版，第86~90页。

该1000元涉及的具体交易时间等情况，就无法确定诉讼标的。二分肢说认为，原告的诉讼请求以及其陈述的事实理由在决定诉讼标的时具有同样重要的作用。在上述退还货款案件中，一分肢说和二分肢说关于诉讼标的的认识不存在差异。但是，在以下情形中，两者存在不同：消费者购买了1万元的商品，以支票方式向经营者支付了全部购物款，但是经营者入账时因空头支票而被银行退票，经营者起诉要求消费者支付1万元。对于该案件，按照一分肢说，由于经营者的诉讼上的请求只有一个，所以诉讼标的也只有一个，相关的事实理由只不过使得该1万元款项得以具体化。根据二分肢说，诉讼标的不仅仅取决于诉讼请求。虽然经营者的诉讼请求只有一个，但是根据其陈述的事实理由，其实涉及两个不同的生活事实，一个是买卖合同关系，另一个是票据关系，所以本案的诉讼标的有两个：支付货款请求权和票据追索权。

在我国，目前主要还是以"诉讼标的是发生争议的请求法院审判的民事实体法律关系或者民事实体权利"作为识别诉讼标的的依据。[①] 有学者提出，由于不同诉讼类型的目的、功能有所不同，强求设立统一的诉讼标的识别标准往往导致顾此失彼，所以应当根据不同的诉讼类型分别界定相应的识别标准。[②] 德国学者也提出了"诉讼标的的相对论"，即整个诉讼法中不存在统一适用的用于识别诉讼标的标准，诉讼标的的识别具有可变性。[③]

2. 案件案由与诉讼标的的识别。《民事案件案由规定》对民事案件案由的表述方式原则上确定为"法律关系性质"加"纠纷"，对少部分案由也依据请求权、形成权或者确认之诉、形成之诉的标准进行确定。由此可见，我国主要是根据诉讼标的的性质来确定案件案由。

【关联案件】

刘某清诉长沙县金井茶厂网络购物合同纠纷案[④]

原告（被上诉人）：刘某清。

被告（上诉人）：长沙县金井茶厂。

---

① 江伟主编：《民事诉讼法》，中国人民大学出版社2013年版，第27页。

② 张卫平：《民事诉讼法（第3版）》，中国人民大学出版社2015年版，第138页。

③ ［德］穆泽拉克：《德国民事诉讼法基础教程》，周翠译，中国政法大学出版社2005年版，第90页。

④ 北京市第一中级人民法院（2016）京01民辖终650号。

〔基本案情〕

刘某清通过“工商银行融e购”的网络信息平台购买长沙县金井茶厂销售的涉案商品。其后，刘某清以买卖合同纠纷为案由将长沙县金井茶厂诉至法院。长沙县金井茶厂在提交答辩状期间对管辖权提出异议，认为本案应由被告住所地法院管辖，要求将本案移送至湖南省长沙县人民法院审理。一审法院以本案属于买卖合同纠纷为由确定管辖并驳回了管辖权异议申请。

长沙县金井茶厂不服裁定，提起上诉。其上诉理由是，刘某清虽与长沙县金井茶厂成立买卖关系，但刘某清起诉依据《食品安全法》的相关规定主张十倍赔偿金。因食品安全问题产生的民事责任本质上属于产品责任，且侵权责任法明确将产品责任作为一种特殊侵权类型纳入侵权法的调整范围。因此，根据《民事案件案由规定》，被侵权人依据《食品安全法》主张十倍赔偿金的案件案由应当统一确定为产品质量损害赔偿纠纷。刘某清及北京市石景山区人民法院以买卖合同纠纷审理该案是错误的，据此驳回长沙县金井茶厂对本案提出的管辖异议也是错误的。本案应依据《民事诉讼法》第28条“因侵权行为提起的诉讼，由侵权行为地或者被告住所地人民法院管辖”的规定来确定管辖法院。

〔法院观点〕

北京市第一中级人民法院经审查认为，关于长沙县金井茶厂所诉称本案应为产品责任纠纷，应由侵权行为地或被告住所地法院管辖的上诉理由。法院认为，在产品合同纠纷中，可能会出现合同责任和侵权责任竞合的情形，法院应当以起诉时原告主张的纠纷类型确定管辖法院。如果原告选择以合同纠纷起诉，则法院应根据《民事诉讼法》第23条的规定，即按照被告住所地或者合同履行地确定管辖法院。故对长沙县金井茶厂的上诉理由，法院不予采纳。

【疑难解答】

1. 消费者起诉的案由与查明的诉争法律关系不一致的，如何处理？

网络消费本质上属于合同行为，消费者以商品不合格为由起诉销售者的，可能构成请求权竞合，在立案和管辖阶段，按照原告的主张确定案件案由，其可以选择合同纠纷或者侵权纠纷作为案由。但是，经过实体审理，消费者起诉的法律关系与实际诉争的法律关系不一致的，人民法院在结案时应当根据审理查明的当事人之间实际存在的法律关系的性质，相应变更案件的案由，并在裁判文书中说明理由。

2. 消费者同时起诉经营者、网络交易平台、快递公司的，如何确定案由？

案件案由反映诉争法律关系的性质。在特定案件中，当事人争议的法律关系可能是单一的，也可能是多个。消费者同时起诉经营者、网络交易平台、快递公司的，属于普通共同诉讼，应分别根据消费者的请求权基础确定争议的法律关系：消费者与经营者之间争议法律关系为网络购物合同纠纷。《最高人民法院关于印发修改后的〈民事案件案由规定〉的通知》要求，同一诉讼中涉及两个以上的法律关系的，应当依当事人诉争的法律关系的性质确定案由，均为诉争法律关系的，则按诉争的两个以上法律关系确定并列的两个案由。

02. 合同履行地的认定

【裁判规则】

网络购物合同成立后，通过信息网络交付标的的，以买受人住所地为合同履行地；通过其他方式交付标的的，收货地为合同履行地。对于其他消费合同纠纷，根据争议标的确定合同履行地。

【解读适用】

一、以信息网络方式订立合同

合同行为属于法律行为，经由各方当事人意思表示一致而成立。订立合同，应当通过要约和承诺的方式进行。《合同法》第14条规定："要约是希望和他人订立合同的意思表示，该意思表示应当符合下列规定：（一）内容具体确定；（二）表明经受要约人承诺，要约人即受该意思表示约束。"第21条规定："承诺是受要约人同意要约的意思表示。"因此，要约与承诺都属于意思表示。法律对于意思表示的作出方式并无限制，行为人可以明示或者默示作出意思表示，在有法律规定、当事人约定或者符合当事人之间的交易习惯时，沉默也可以视为意思表示。

《合同法》第10条第1款规定："当事人订立合同，有书面形式、口头形式和其他形式。"这种分类是从外观表现形式对合同加以区分，如商品房销售合同通过书面形式订立，小卖部购物采取口头形式，自动售货机购买商品则为其他形式订立合同。在传统消费中，无论采用书面形式、口头形式或者其他形式订立消费合同，消费者与经营者，或者消费者与经营者的履行辅助人都是当面订立合同，该特点决定了经营者所面对的消费者在地域范围上具有局限性。比如，一家北京商家的消费者绝大部分来自北京市，甚至仅仅是该商家所在的行政区。

随着信息技术特别是网络技术的不断发展，国际互联网的全球化热潮使人类社会进入了一个新的信息时代。作为现代文明产儿的网络已经渗透到社会、经济及生活的各个领域，为人们进行信息交流搭建起了一座互动平台。由于互联网具有不受时间、地域限制的特性，一种与传统交易形态截然不同的、通过互联网进行消费交易的方式应运而生，网络消费由此产生和发展。相较于传统消费，网络消费的覆盖范围极大地得到扩展，任何一个经营者都可以通过互联网与世界各地的消费者订立合同。如果说以前人们主要是从合同以书面形式、口头形式和其他方式订立加以把握消费合同，那么现在以是否通过“信息网络方式订立”为标准对消费合同进行分类，显得更为重要。

判断消费合同是否以信息网络方式订立，关键在于正确理解信息网络的内涵。信息网络不是法律概念，而是技术概念。法律没有对非法律专有概念作出明确界定的，应当按照该概念在其领域的通常解释确定其内涵。法律对技术概念作出界定的，应以法律规定为准。《民事诉讼法》以及《最高人民法院关于适用〈中华人民共和国民事诉讼法〉的解释》（以下简称《民诉法解释》）都未对“信息网络”作出界定。从普通人的认知而言，互联网应当属于信息网络的范畴。但是，不能仅仅将信息网络限定于互联网这一范畴。《最高人民法院关于审理侵害信息网络传播权民事纠纷案件适用法律若干问题的规定》第2条规定：“本规定所称信息网络，包括以计算机、电视机、固定电话机、移动电话机等电子设备为终端的计算机互联网、广播电视网、固定通信网、移动通信网等信息网络，以及向公众开放的局域网络。”因此，在《民事诉讼法》未对信息网络的概念作出特殊规定的情况下，从法律的体系解释出发，只要是以上述司法解释中所列举的方式订立的合同，都应认定为通过以信息网络方式订立的合同。其中，以互联网方式订立合同是通过信息网络方式订立合同的最重要类型。

二、标的物的交付方式

在以转移财产为内容的合同中，不同的标的物的交付方式亦不相同。在网络消费中，买卖合同是最典型的消费形式。虽然在经济生活中广泛地使用买卖合同这一概念，但仍有必要在法律上明确其内涵。通常，人们将所有转移财产的行为都称为买卖，如买卖汽车、买卖股权、买卖商标权等。法律意义上的买卖合同与通常意义上使用的买卖并不相同。虽然买卖合同从古至今都是最为常见、最为重要的合同类型，但在不同的社会发展阶段，买卖合同的标的物范围有所不同。在罗马法上，买卖合同的标的物都是有体物，罗马法上所谓的无体物，实际上指的是权利并非物。进入工业时代后，随着科技和经济的发展，电、气、热等无体物也成为交易对象。《合同法》第130条规定："买卖合同是出卖人转移标的物的所有权于买受人，买受人支付价款的合同。"该条使用了所有权这一概念，而所有权属于物权法中的概念，所有权的客体为民法中的物。根据民法理论，物是指具有财产价值的能被人所支配的有体物和自然力。① 股权、知识产权显然不属于有体物或者自然力，由此可见，我国合同法意义上的买卖合同仅指以动产、不动产或者自然力为标的物的转移所有权的合同。传统的消费买卖合同标的物主要有房屋、汽车、食品、家具等各种有体的生活用品，以上标的物也是网络消费的最主要对象。

通过互联网订立的消费买卖合同，在合同成立生效后，出卖人的主要合同义务是交付标的物并转移所有权。关于交付的方式，分为现实交付和观念交付。《物权法》第25条规定："动产物权设立和转让前，权利人已经依法占有该动产的，物权自法律行为生效时发生效力。"第26条规定："动产物权设立和转让前，第三人依法占有该动产的，负有交付义务的人可以通过转让请求第三人返还原物的权利代替交付。"第27条规定："动产物权转让时，双方又约定由出让人继续占有该动产的，物权自该约定生效时发生效力。"以上方式分别为简易交付、指示交付和占有改定。

随着互联网的发展，各种虚拟网络产品或者电子信息产品得以产生并成为交易对象，以电子信息产品为交易对象的交易合同的数量和交易额激增。电子信息产品与传统民法中所称的"物"的特征存在诸多不同，以有体物为典型交易对象的买卖合同相关法律规定，能否直接适用于电子信息产品的交易合同，不无疑义。我国尚未就以电子信息产品为标的物的交易合同制定专门的法律规定，目前，以无实物载体的电子信息产品为标的物的交易合同应适用《合同

---

① 刘家安：《物权法论》，中国政法大学出版社2015年版，第12页。

法》中有关买卖合同的规定。[①]

这里需要区分电子信息产品是否有实物载体。有实物载体的电子信息产品，如存有计算机软件的光盘、影视光盘，在买卖合同的交易实践中，是按照动产予以处理的，即交付方式适用动产交付的相关法律规定。但是，对于无实物载体的电子信息产品，其虚拟性导致无法适用动产的交付方式，而只能通过信息网络交付。从实践来看，以信息网络方式交付标的主要有两种方式：1. 交付权利凭证。在该交付方式下，双方交付的并非电子信息产品本身，而是仅交付电子信息产品的权利凭证，如访问或者使用特定信息产品的密码。在此情形下，买受人取得权利凭证后，即可自由决定取得、使用该电子信息产品的时间。2. 以在线网络传输的方式接受或者下载该产品。在该交付方式下，通过电子方式在线传输实现电子信息产品的交付，如在音乐网站购买下载音乐歌曲等。

三、买受人住所地的确定

网络消费纠纷中的买受人系自然人。消费者通过互联网购买的标的物系无实物载体的电子信息产品，且电子信息产品通过信息网络交付的，应当以作为买受人的消费者住所地为合同履行地。关于自然人的住所地，《民法通则》第15条规定："公民以他的户籍所在地的居住地为住所，经常居住地与住所不一致的，经常居住地视为住所。"《民法总则》第25条规定："自然人以户籍登记或者其他有效身份登记记载的居所为住所；经常居所与住所不一致的，经常居所视为住所。"比较民法通则与民法总则关于住所的规定，民法总则增加了"居所""其他有效身份登记""经常居所"的词语表达。由于民法总则实施后暂不废止民法通则，两者规定不一致的，根据新法优先于旧法的原则，适用民法总则的规定。[②]

自然人的住所是指自然人生活和法律关系的中心地。一个人在生活中总要和其他人有多种交往，会有多种法律关系，为了便于交往和确立正常的法律关系，就需要确定法律关系的中心地，在法律上将法律关系的中心地称为住所。[③]在法律意义上，住所包含两个基本要素：一个是实际居住的客观事实，另一个

---

① 最高人民法院民事审判第二庭编：《最高人民法院关于买卖合同司法解释理解与适用》，人民法院出版社2016年版，第113页。

② 李建国：《关于〈中华人民共和国民法总则（草案）〉的说明》。

③ 魏振瀛主编：《民法学》，北京大学出版社2006年版，第67页。

是永久居住的主观意图。公民的住所，除法律另有规定外，每个自然人只能有一个。如果需要变更住所地，也必须经过户籍登记方能生效。与住所相比，居所并不要求特定长度的居住时间，更不要求有永久居住的意图，只要求实际居住即可，因而，自然人可以拥有多处居所。

一直以来，我国司法实践中都以户籍所在地为住所，这在早期人员流动、异地就业不多的情况下，问题不大。随着社会经济的发展，人员流动和异地就业日趋频繁，尤其是大量青壮年人员外出务工，长期不回户籍地的情况十分常见。这就导致了在实际上，户籍地已经不再是其生活和法律关系的中心地。如果还固守户籍地就是住所地的认定标准，就会导致立法与实践脱节。随着我国大力推进户籍制度改革，积极推行居住证制度，而居住证制度作为一种针对流动人口的身份登记制度将日益淡化户籍制度的身份登记功能，所以《民法总则》中增加了“其他有效身份登记”这一表述。

鉴于户籍地与人员流动之间的矛盾关系，《民法通则》就已经作出规定：经常居住地与住所不一致的，经常居住地视为住所。《民法总则》保留了该规定，只是在具体表述用词上有所变化，即经常居所与住所不一致的，经常居所视为住所。经常居所包含两层含义：一是要求自然人在一地拥有一个居所；二是要求自然人经常居住该场所。司法实践中，对于“经常”的判断往往依据的是时间标准。《最高人民法院关于贯彻执行〈中华人民共和国民法通则〉若干问题的意见（试行）》第9条第1款规定：“公民离开住所地最后连续居住一年以上的地方，为经常居住地。但住医院治病的除外。”根据该规定，“经常”的认定涉及两个方面：1. 最后连续居住，这里的“最后”表明，只计算纠纷发生时的连续居住，而不考虑在此之前有无连续居住的情形。2. 连接居住一年以上，强调的是居住满一年，不能中断，只有持续的居住才可能形成生活、社交的中心，也才能产生相应的法律关系。

四、收货地的认定

网络消费纠纷中，买卖标的物为有体物或者有实物载体的电子信息产品的，应当以收货地为合同履行地。实践中，互联网买卖合同的标的为有体物或者有实物载体的电子信息产品的，经营者一般通过邮寄方式交付商品。因此，收货地就是指消费者签收商品的地点。

对于收货地的判断，应当以快递单上所记载的地址为准。这里存在疑问的是，收货地是否必须是消费者的住所地，即户籍所在地、其他有效身份登记记载的地址或者经常居所。基于以下理由，应当认为不要求收货地与住所地相同。首先，从文义解释来说，收货地是指消费者签收商品的地点，或者说，经营者通过快递将商品运达的目的地。收货地与住所地系两个完全不同的概念。其次，从体系解释来说，如果认为收货地必须与住所地相同，将导致法律区分不同交付方式从而分别以住所地和收货地为管辖连接地的规定的目的落空。最后，从目的解释来说，在当前人员流动频繁的情况下，很多人在收货地尚未取得户籍或者办理居住证，又没有达到连续居住满一年的经常居所的要求，以收货地为履行地就是方便消费者在其居住地点提起诉讼，而不考虑在该地实际居住的情况。否则，连续居住不满一年的消费者要么选择向经营者所在地法院起诉，要么选择向消费者自己的住所地法院起诉，而上述地址都不位于消费者收货并当前居住生活的地方，给消费者维权造成不便。

在网络消费实践中，除了邮寄交付方式外，还存在自提交付的方式。消费者可以就近选择自己居住地附近的自提点，也可以基于特殊原因选择其他自提点。对于自提交付的，仍然按照收货地确定管辖。但是，收货地应当认定为自提点所在地，而不能认定为消费者的住所地。

五、争议标的的认定

《民诉法解释》第 20 条规定，“以信息网络方式订立的买卖合同，通过信息网络交付标的的，以买受人住所地为合同履行地；通过其他方式交付标的的，收货地为合同履行地”。在文义上，该规定只能适用于通过互联网订立的买卖合同纠纷，即网络购物合同纠纷。对于网络购物合同纠纷以外的其他网络消费纠纷，不包括在本条适用的范围内。

对于其他网络消费合同履行地的认定，应按照《民诉法解释》第 18 条的规定确定，即“合同约定履行地点的，以约定的履行地点为合同履行地。合同对履行地点没有约定或者约定不明确，争议标的为给付货币的，接收货币一方所在地为合同履行地；交付不动产的，不动产所在地为合同履行地；其他标的，履行义务一方所在地为合同履行地。即时结清的合同，交易行为地为合同履行地。合同没有实际履行，当事人双方住所地都不在合同约定的履行地的，由被告住所地人民法院管辖”。实践中，对于合同履行地的确定非常复杂，争议较多。为统一合同履行地的确定规则，使之更加明确具体，减少争议，《民诉法解释》起草时在1992年《最高人民法院关于适用〈中华人民共和国民事诉讼法〉若干问题的意见》的第18条到第22条规定的基础上，统一修改为《民诉法解释》的第18条规定，作为确定合同履行地的一般规则，适用于除《民诉法解释》特殊规定的租赁合同、保险合同、网络买卖合同外的各类合同纠纷案件。

根据《民诉法解释》第18条的规定，确定合同履行地法院管辖时，分三个层面处理。首先，当事人在合同中对合同履行地点有约定的，则按照约定确定合同履行地，从而确定合同履行的管辖法院，除该条第3款规定情形外，不考虑该合同是否已经实际履行以及实际履行地点是否与约定的不同。其次，如果当事人在合同中对履行地点没有约定或者约定不明确的，则按照合同纠纷中争议标的的种类来分别确定合同履行地。具体分为三种情形：一是争议的标的是给付货币的，则以接收货币一方的所在地为合同履行地；二是争议标的为交付不动产的，以不动产所在地作为合同的履行地；三是争议标的为前述给付货币和交付不动产之外的其他标的的，如动产、财产权利的交付等，则以履行义务一方的所在地为合同履行地。最后，《民诉法解释》规定了按照合同履行地确定管辖法院的两种特例。一是当事人虽然在合同中约定了履行地，但没有实际履行，且当事人住所地都不在合同中约定的履行地点的，则直接由被告住所地人民法院管辖，不再适用合同履行地确定管辖法院；二是当事人在合同中没有约定履行地点或者约定不明的即时结清的合同，则直接以实际交易行为地为合同履行地。

对于《民诉法解释》第18条的适用，关键在于对争议标的的理解。在《民诉法解释》实施初期，不少观点将第18条中规定的争议标的理解为诉讼请求。具体而言，诉讼请求中要求支付金钱的，争议标的为给付货币，诉讼请求为要求转移不动产的，争议标的为交付不动产；除此之外的其他诉讼请求，争议标的为其他标的。这种观点是不正确的。适用该条要注意以下几个问题：第一，关于争议标的的理解问题。《民诉法解释》第18条第2款规定了按照“争议标的”种类分别确定合同履行地，准确把握“争议标的”是关键。该条规定使用“争议标的”一词，主要是来源于《合同法》第62条第3项规定并借鉴其他国家合同履行地的确定规则，就是指当事人诉讼请求所指向的合同义务内容，因此，可以称为“涉诉债务”。合同履行地就是合同义务的履行地，合同义务履行地根据合同义务的履行情况，可以是一个履行地，也可以是不同的履行地。双务合同和多务合同，当事人分别负有不同的合同义务，通常每一合同义务都有其履行地，《合同法》第62条第3项规定如是。当事人因合同义务的履行而发生合同纠纷，起诉到法院时，以合同履行地确定管辖法院的，则以当事人争议的合同义务的履行地作为确定管辖的合同履行地。这既明确简单，又符合纠纷管辖的最密切联系地点的原则要求。即使是单务合同，如果存在两项以上的不同合同义务时，也可能出现两个以上履行地的情况。发生合同纠纷时，也要以争议的合同义务来确定履行地。对“争议标的”的理解，特别注意不能把“争议标的”等同于诉讼请求。诉讼请求在合同纠纷中，是基于合同关系主张对方承担的合同责任的声明。合同履行地不能按照诉讼请求种类来确定，只能依照争议的合同义务来确定，也即诉讼请求所指向的合同义务。第二，关于争议标的为给付货币的理解问题。该条规定的争议标的为给付货币，是指争议的合同义务是以给付货币为内容。最为典型的合同义务为给付货币的是借款合同。如果贷款方起诉借款人要求还本付息，争议标的则为借款方负有的向贷款方归还本金和利息的义务，接收货币的一方，就是贷款方，此时贷款方可以其所在地为合同履行地，向该地法院提起诉讼。借款合同中，贷款方需划出借款或借款方需归还借款，双方都有可能成为接收货币的一方，债权人和债务人都有可能成为接收货币的一方，也都有可能成为合同履行义务一方所在地。如果借款方在借款合同签订后，贷款方违约未交付借款，借款人起诉要求贷款人发放借款的，争议标的就是贷款方负有的向借款方发放借款的义务，接收货币的一方就是借款方，此时借款方可以以其所在地为合同履行地，向该地法院提起诉讼。借款合同之外的其他合同，如果争议的合同义务内容为给付货币的，也可以适用本条关于接收货币一方为合同履行地的规定确定管辖法院。例如，买卖合同约定买方负有先支付货款的义务，卖方后交付货物，买方未按照合同支付货款的，卖方起诉要求买方支付货款的，争议标的为给付货币，卖方为接收货币一方，卖方所在地可以认定为合同履行地。第三，关于其他标的以履行义务一方所在地为合同履行地的理解问题。其他标的，是指货币和不动产以外的其他标的，包括动产、财产权利等。实践中应当注意，当事人起诉要求对方支付金钱，也即诉讼请求是给付金钱，该金钱给付请求既可能是基于合同中给付货币义务产生的，也可能是基于非给付货币义务产生的。此时不能直接依据诉讼请求确定争议标的，而应按照诉讼请求所指向的合同义务内容来确定争议标的。如买卖合同，A 为出卖货物方，B 为买受方，如 A 起诉要求 B 支付货款的，争议标的为给付货款，A 作为接收货款的一方，其所在地为合同履行地；如 B 起诉 A 承担支付违约金责任或者赔偿损失的，争议标的为 A 负有的交付货物的义务，则 A 为履行义务一方，A 所在地为合同履行地。第四，关于合同确认之诉和形成之诉适用合同履行地确定管辖的问题。《民诉法解释》第 18 条第 2 款规定的三种情形，分别针对给付货币、交付不动产和履行其他标的，总的来说，只考虑了给付之诉的情形。合同纠纷不仅有给付之诉，也存在确认之诉和形成之诉。单纯地请求确认合同效力或者请求解除合同的诉讼，其争议标的并非合同中的具体义务，而是合同是否有效或者合同法律关系是否解除的问题，此类合同纠纷就不能按照《民诉法解释》第 18 条第 2 款来确定合同履行地。对此，当事人对合同履行地有约定的，也可以按照约定的履行地来确定管辖法院；对合同履行地没有约定或者约定不明的，只能由被告住所地人民法院管辖。①

【关联案件】

许某锋诉福建隽永天香茶叶有限公司买卖合同纠纷案②

原告：许某锋。

被告：福建隽永天香茶叶有限公司。

〔基本案情〕

许某锋于 2016 年 8 月 17 日在隽永公司在浙江天猫网络有限公司开设网店（隽永旗舰店）处购买“隽永坦洋工夫红茶叶高档罐装盒装”，邮寄地址福建省莆田市秀屿区东峤镇上塘村信用社。许某锋认为隽永公司夸大所诉商品的质量等级与原告有重大利害关系的信息误导原告，严重侵害了许某锋的合法知情权，故诉至法院。

莆田市秀屿区人民法院以“本案被告隽永公司住所地在福建省福安市，本案合同履行地应为快递公司揽件的福建省福安市”为由，裁定：本案移送福安市人民法院处理。

---

① 高民智：《关于民诉法解释中有关管辖若干问题的理解与适用》，载《人民法院报》2015 年 8 月 27 日，第 5 版。

② 福建省高级人民法院（2016）闽民辖 32 号。

宁德市中级人民法院以“在本案现有证据未表明合同双方当事人对履行地点存在约定，且系通过其他方式交付标的的情形下，收货地即莆田市秀屿区为合同履行地，原告选择合同履行地人民法院管辖，向莆田市秀屿区人民法院提起诉讼，符合法律规定，莆田市秀屿区人民法院应予管辖审理”为由，报请福建省高级人民法院指定管辖。

〔法院观点〕

福建省高级人民法院经审查认为，根据许某锋起诉的诉讼请求、所述的事实理由及起诉时提交的证据材料，本案为以信息网络方式订立的买卖合同纠纷。根据《民事诉讼法》第23条规定，本案有管辖权的法院为被告住所地或合同履行地法院。根据《民诉法解释》第20条“以信息网络方式订立的买卖合同，通过信息网络交付标的的，以买受人住所地为合同履行地；通过其他方式交付标的的，收货地为合同履行地。合同对履行地有约定的，从其约定”的规定，本案属于线上订立、线下交货的买卖合同，即通过其他方式交付标的，应以收货地为合同履行地。许某锋提供的交易订单信息及物流信息显示，本案讼争买卖合同的收货地为莆田市秀屿区，故莆田市秀屿区人民法院作为合同履行地法院对本案享有管辖权。莆田市秀屿区人民法院在享有管辖权情形下将案件移送其他法院不当，本院予以纠正。依据《中华人民共和国民事诉讼法》第36条规定，裁定如下：本案由莆田市秀屿区人民法院审理。

【疑难解答】

1. 以信息网络方式交付商品的，消费者应提交哪些材料证明住所地？

根据法律规定，住所地包括户籍登记地、其他有效身份登记记载的居所、经常居所。消费者可以提交户口本、身份证、居住证证明其住所地。消费者不能提供以上证据证明的，必须提交证据证明其经常居所，包括暂住证、租赁合同、派出所证明、街道办证明等。但是，要注意两点：一是上述材料必须可以证明消费者截止到起诉时在该地连续居住一年以上，不能发生中断。比如，消费者曾经在北京市某区县连续居住三年，回老家生活半年后，又返回该地重新租房、办理暂住证等，则以前居住的三年时间发生中断，不能用于计算连续居住时间。二是小区物业出具的证明一般不能作为连续居住的证据。考虑到实践中，物业公司都是企业，不是政府等公权力机关，其日常管理等规范程度不一，出具的居住证明不能像公文书那样具备较高的证明力，消费者在提供物业出具的居住证明的同时应当一并提交租赁合同或者房屋所有权证书，仅仅提供该居住证明的，不能作为认定经常居所的依据。

2. **实物交付商品的，消费者起诉时应当如何证明收货地？**

网络消费的标的物为实物的，一般通过快递邮寄方式进行交付，快递单据上记载的地址就是收货地，消费者可以提交快递单据证明收货地。实践中，快递单据都是粘贴在包裹上，很多消费者在签收后，一般会将包装丢弃。在有些情况下，由于书写的原因，导致消费者留存的快递单据的字迹不清晰，无法识别具体内容。在上述情况下，消费者可以提交订单详情打印件。订单详情打印件系网络系统自动生成的内容，除非经营者有证据推翻订单详情中所记载的收货地，否则，应当以该地址作为收货地。另外，收货地不同于住所地，消费者在起诉时无须提交居住证、租赁合同等证明其住所或经常居所位于收货地。

3. **电视电话购物的，能否以收货地作为合同履行地？**

除网络消费外，电视购物和电话购物也是常见的非实体消费方式。《最高人民法院关于审理侵害信息网络传播权民事纠纷案件适用法律若干问题的规定》第2条规定："本规定所称信息网络，包括以计算机、电视机、固定电话机、移动电话机等电子设备为终端的计算机互联网、广播电视网、固定通信网、移动通信网等信息网络，以及向公众开放的局域网络。"因此，电视、电话购物同样属于以信息网络方式订立的消费合同，如果采取邮寄等方式交付商品的，应当以收货地为合同履行地。

03. 格式管辖协议的效力

【裁判规则】

网络商品经营者未采取合理方式提请消费者注意格式管辖条款，或者该条款对消费者不公平、不合理的，该格式管辖条款无效，不得作为确定管辖法院的依据。

【解读适用】

一、协议管辖的基本问题

协议管辖，又称合意管辖或约定管辖，是指双方当事人在民事纠纷发生之前或者发生之后，合意约定第一审民事案件的管辖法院。在法定管辖中，除了专属管辖外，主要都是基于当事人之间公平及便利诉讼的考虑而作出的规定。因此，当双方当事人希望到与之不同的法院进行诉讼时，那么即便按照其意思来认可管辖，也不会违反法定管辖的制度目的。当事人双方合意选择其他法院接受裁判时，法律也应当认可该协议的效力。所以，合意管辖是一种侧重于强调当事人便利的制度。①

《民事诉讼法》第 34 条规定："合同或者其他财产权益纠纷的当事人可以书面协议选择被告住所地、合同履行地、合同签订地、原告住所地、标的物所在地等与争议有实际联系的地点的人民法院管辖，但不得违反本法对级别管辖和专属管辖的规定。"同时，《民诉法解释》第 29 条至第 33 条规定对协议管辖作出了进一步的细化规定。根据上述法律规定，当事人可以协议选择管辖法院，但应当注意以下问题：1. 选择范围：仅限于被告住所地、合同履行地、合同签订地、原告住所地、标的物所在地以及其他与争议有实际联系的地点的人民法院。协议管辖的主旨在于充分体现当事人的意思自治、维护当事人管辖利益，但协议管辖不能扰乱应有的管辖秩序。查明案件事实是法院审理的主要任务和作出正确裁判的前提条件，合理的管辖制度应当促进案件事实的查明，因此只有管辖依据与争议有实际联系，才能实现这种目标。如果允许当事人任意选择与争议无关的地点作为确定管辖法院的依据，势必不利于案件事实的查明，也会影响到法院的审判效率。如果当事人选择了与争议没有实际联系的地点的人民法院，该协议无效，应当依据上述法定管辖确定管辖法院。2. 形式要求：协议管辖以当事人双方就管辖事宜达成合意为前提。原告在起诉时如果不能提供书面形式的证据证明双方存在管辖合意，在被告不在场的情况下，法院立案部门无法仅依据原告单方的口头陈述认定双方存在管辖合意。因此，当事人必须以书面形式选择管辖法院，书面形式是指合同书、信件和数据电文（包括电报、电传、传真、电子数据交换和电子邮件）等可以有形地表现所载内容的形式。《民诉法解释》第 29 条规定："民事诉讼法第三十四条规定的书面协议，包括书面合同中的协议管辖条款或者诉讼前以书面形式达成的选择管辖的协议。"3. 选择时间：协议管辖是意思自治原则在民事诉讼领域适用的结果。只

---

① ［日］新堂幸司：《新民事诉讼法》，林剑锋译，法律出版社 2008 年版，第 79 页。

要在符合上述两个条件的情况下，当事人双方不仅可以在签订合同时就管辖问题达成书面协议，还可以在纠纷发生后提起诉讼前选择管辖法院。4. 选择法院：当事人只能合意选择第一审管辖法院。这里注意的是，并不要求当事人在协议中明确写明特定法院的名称。即使当事人约定的管辖法院不够明确，但只要根据管辖协议约定的地域能够确定具体管辖法院的，就应当认为管辖协议有效。常见的情形是，当事人仅约定了某一地域的法院，可以按照级别管辖标准往上确定具体的法院（上级法院相对于下级法院而言是唯一的），但不能按照级别管辖的标准从上级法院往下级法院确定具体的法院（一个上级法院对应的下级法院一般有多个，特殊情况除外）。比如，管辖协议约定"由北京市的法院管辖"，而该案的诉讼标的额刚好属于北京市高级人民法院的级别管辖范围，则案件应当由该院管辖。如果案件的诉讼标的额符合北京市所有基层法院的管辖范围，则无法确定相应的法院。[①] 基于上述理由，《民诉法解释》第 30 条规定："根据管辖协议，起诉时能够确定管辖法院的，从其约定；不能确定的，依照民事诉讼法的相关规定确定管辖。管辖协议约定两个以上与争议有实际联系的地点的人民法院管辖，原告可以向其中一个人民法院起诉。"

我国《民事诉讼法》第 34 条规定的是明示的协议管辖。此外，还存在默示的协议管辖，即虽然双方当事人在起诉前未签订管辖协议，但是，一方向没有管辖权的法院起诉，法院受理后被告不对管辖权提出异议并应诉答辩，从而根据当事人的行为推断出当事人均同意该法院管辖。基于此，默示的协议管辖又称为应诉管辖。《民事诉讼法》第 127 条第 2 款规定："当事人未提出管辖异议，并应诉答辩的，视为受诉人民法院有管辖权，但违反级别管辖和专属管辖规定的除外。"《民诉法解释》第 223 条第 2 款规定："当事人未提出管辖异议，就案件实体内容进行答辩、陈述或者反诉的，可以认定为民事诉讼法第一百二十七条第二款规定的应诉答辩。"需要注意的是，应诉管辖的后果是使得没有管辖权的法院取得管辖权，因此，当事人在答辩期间届满后未应诉答辩，人民法院在一审开庭前，发现案件不属于本院管辖的，应当裁定移送有管辖权的人民法院。如果当事人应诉答辩的，法院不得依职权移送。

---

① 沈德咏主编：《最高人民法院民事诉讼法司法解释理解与适用（上）》，人民法院出版社 2015 年版，第 184 页。

二、格式条款的基本问题

传统上，当事人通过个别磋商、讨价还价的方式商定合同条款，进而订立合同。随着经济的发展，交易规模的不断扩大，以银行、保险、旅游、房屋预售等为典型的企业为了与不特定多数人订立合同，采取单方提前拟定合同条款，由相对人决定是否接受。该条款在我国称为格式条款，在我国台湾地区称为定型化契约条款，在德国称为一般交易条款，在法国则称为附合契约。① 格式条款可以促进企业的合理经营，降低企业交易成本，有其存在价值，在现代经济生活中具有重要地位。但是，对格式条款提供一方而言有利的同时，格式条款却有可能对合同相对人带来不利。一方面，经营者经常利用其优势地位，订立对自己有利、而对相对人不利的格式条款；另一方面，合同相对人囿于知识水平、认知能力等原因，不知道格式条款的存在，或者虽然知其存在，但因格式条款内容繁多、复杂，字体细小，不易阅读，难以理解其内涵。在有些情形下，基于经济地位的不平等等原因，合同相对人即使知道格式条款的存在、明白其内容，也不得不接受该条款。因此，防止格式条款带来的不公平结果，成为立法和司法的重要任务。

格式条款的控制应当区分为订入控制和内容控制两个方面。订入控制，解决的是“格式条款是否被有效地订入了合同”这个问题。根据合同订立的基本方式，只有双方当事人对某项内容达成合意，该内容才能成为合同的内容。订入控制的出发点是，由于格式合同不仅在表现形式上字体细小导致合同相对人往往难以察觉其存在，而且格式条款往往都对合同相对人不利，所以提供格式条款的一方必须对格式条款进行相应的提示，以使得相对人知道格式条款的存在，并进而对其表示同意，从而使得格式条款成为合同的内容。《合同法》第39条第1款规定：“采用格式条款订立合同的，提供格式条款的一方应当遵循公平原则确定当事人之间的权利和义务，并采取合理的方式提请对方注意免除或者限制其责任的条款，按照对方的要求，对该条款予以说明。”该条规定是对提示义务的要求。应注意的是，订入控制涉及的是格式条款是否成为合同内容，所以，未履行提示义务的后果是格式条款未被订入合同，不能成为合同的

---

① 王泽鉴：《定型化旅游契约的司法控制》，载《民法学说与判例研究》，北京大学出版社2015年版，第458页。

内容。《合同法》第39条第1款只规定了提请注意义务，但未明确未履行该义务的后果，导致实践中，不少判决都认为未履行提示义务的格式条款无效。虽然格式条款无效与格式条款未订入合同在结果上都是对当事人不能发生约束力，但两者在法律逻辑和性质上存在差异，对此，应有正确认识。

除了订入控制外，法律对格式条款还采取内容控制。在格式条款因履行提示义务而订入合同成为合同内容后，接下来应当从实体内容上对格式条款进行控制。比如，《德国民法典》第307条规定，一般交易条款违反诚实信用原则的要求，显然不利于合同相对人的，不生效力。我国《合同法》第40条规定："格式条款具有本法第五十二条和第五十三条规定情形的，或者提供格式条款一方免除其责任、加重对方责任、排除对方主要权利的，该条款无效。"该规定属于对格式条款内容的控制。除此之外，其他法律对格式条款的内容控制有规定，应当适用相关规定。《合同法》第41条规定："对格式条款的理解发生争议的，应当按照通常理解予以解释。对格式条款有两种以上解释的，应当作出不利于提供格式条款一方的解释。格式条款和非格式条款不一致的，应当采用非格式条款。"该规定是从合同条款的解释方面对格式条款进行控制。该控制本质上也属于内容控制，因为如果某个格式条款是不清楚和难以理解的，那么，就有充分的理由相信该条款存在对相对人不利的可能。①

三、格式管辖协议的效力

格式条款虽然多用于合同中的实体权利义务关系，但诉讼领域的格式条款并不鲜见。格式管辖协议，或者格式管辖条款，是指一方当事人提前拟定好合同纠纷中的管辖法院，合同相对人只能选择接受或者拒绝的情形。格式管辖协议，是协议管辖与格式条款的结合。对于格式管辖协议的效力，要分别从协议管辖的法律规定和格式条款的法律规定入手进行认定。实务中，格式管辖协议的效力认定，主要涉及从格式条款角度进行评定。格式管辖协议既可以发生于网络消费合同中，也可以发生于线下实体店面的消费合同中。但是，考虑到消费者的广泛性，网络商品经营者经常会约定其住所地法院为管辖法院，网络消费合同中的格式管辖协议远远多于线下消费。

---

① ［德］罗歇尔德斯：《德国债法总论》，沈小军等译，中国人民大学出版社2014年版，第131页。

对于网络消费合同中的格式管辖协议，其效力的认定应当分别从订入控制和内容控制两个方面进行。具体来说，不仅要审查网络商品经营者是否履行了提示注意义务，还要考虑审查该约定的具体内容。关于格式管辖协议的订入控制，法律依据是《民诉法解释》第 31 条："经营者使用格式条款与消费者订立管辖协议，未采取合理方式提请消费者注意，消费者主张管辖协议无效的，人民法院应予支持。"从法理上说，未采取合理方式提请消费者注意的，后果应当是格式条款未被纳入合同中，不成为合同的内容，从而不能作为确定双方权利义务的依据。本司法解释规定为，不履行提示注意义务的，管辖协议无效，不符合关于格式条款订入控制的法理。关于格式管辖协议的内容控制，诉讼法本身并未做规定，实体法依据应当优先适用《消费者权益保护法》第 26 条的规定，即"经营者在经营活动中使用格式条款的，应当以显著方式提请消费者注意商品或者服务的数量和质量、价款或者费用、履行期限和方式、安全注意事项和风险警示、售后服务、民事责任等与消费者有重大利害关系的内容，并按照消费者的要求予以说明。经营者不得以格式条款、通知、声明、店堂告示等方式，作出排除或者限制消费者权利、减轻或者免除经营者责任、加重消费者责任等对消费者不公平、不合理的规定，不得利用格式条款并借助技术手段强制交易。格式条款、通知、声明、店堂告示等含有前款所列内容的，其内容无效。"经法院审查，格式管辖协议排除或者限制消费者权利，在结果上对消费者不公平、不合理的，应当认定该格式管辖协议无效。一般来说，网络商品经营者的经营范围具有全国性，消费者散布广泛，格式管辖条款将增加消费者的维权成本，极大地阻碍了消费者的诉权，对消费者不公平、不合理，应当排除该约定的效力。

但是，应当注意的是，格式管辖条款的订入控制和内容控制应当采取对消费者有利原则。格式管辖协议排除了消费者依法选择管辖法院的权利，也容易造成消费者的诉讼不方便，但是，如果消费者在诉讼中未以经营者未履行提示注意义务为由主张管辖协议无效，那么法院不应当依职权审查经营者是否尽到了提示义务，并且依职权认定格式管辖协议无效。理由在于，格式管辖协议本质上是为了保护消费者的利益，方便其参加诉讼活动，如果消费者未对格式管辖协议提出异议，那么，就应当认为其接受了格式管辖协议的约束。此外，虽然格式管辖协议一般来说都是对经营者有利，但是也并不排除在特殊情况下对消费者有利的情形，如消费者恰好在约定的管辖地点长期出差，那么，由该地法院管辖对消费者而言并不会造成诉讼不便利的后果。进一步而言，法院除了不依职权审查格式管辖条款是否订入合同外，也不依职权审查格式管辖协议条款的效力。协议管辖本身就是为了方便当事人而设立的制度，并未考虑法院受案的方便性问题，而格式管辖协议中的法律规制重点在于确保不损害弱势一方的利益，对消费者提供保护的方式是赋予当事人从诉讼法角度提出抗辩的权利，即从订入控制和内容控制两个方面对格式管辖协议效力提出异议。但是，这种权利由消费者根据自己的利益决定是否行使。

四、合同履行地的约定效力

在管辖方面，存在协议管辖与法定管辖之区分。本部分所涉及的格式管辖协议，仅指协议管辖而言。在法定管辖下，合同纠纷由住所地或合同履行地法院管辖。《民诉法解释》第 20 条规定："以信息网络方式订立的买卖合同，通过信息网络交付标的的，以买受人住所地为合同履行地；通过其他方式交付标的的，收货地为合同履行地。合同对履行地有约定的，从其约定。"以住所地或收货地为合同履行地，是以当事人未约定合同履行地为前提，《民诉法解释》第 18 条也明确规定了当事人对合同履行地有约定的，不再按照争议标的确定履行地。在网络消费中，如果经营者未采取格式管辖协议的方式约定，发生纠纷的，由其住所地或者其他管辖连接点法院管辖，而是仅仅在购物网页或者注册须知中载明相关合同履行地为经营者住所地的，该约定的效力应当如何认定？是否适用格式管辖协议中的订入控制和内容控制作为审查标准？对此，法院裁判存在差异。

在吴某祥诉深圳市领秀时代科技开发有限责任公司买卖合同纠纷案件中，[①]法院经审查认为，本案纠纷是吴某祥通过互联网半岛铁盒领秀时代专卖店（又名半岛铁盒官方专卖店）购买商品引发的纠纷，《民事诉讼法》第 23 条的规定："因合同纠纷引起的诉讼，由被告住所地或者合同履行地人民法院管辖。"经查，在半岛铁盒官方专卖店内所有出售的商品网页都有明确注明"本店所有商品发货地即为合同履行地"的内容，该内容是明确的，当吴某祥在该专卖店上购买商品时即与卖方就买卖合同的履行地点达成合意，双方约定合同的履行

---

① 广州市中级人民法院（2016）粤 01 民辖终 3129 号。

地点为涉案商品的发货地。

在许某诉八马茶业股份有限公司等网络购物合同纠纷案件中，[①] 法院认为，八马茶业公司上诉主张已在产品出售页面中标注了“合同履行地：深圳”，应视为双方就合同履行地进行了约定。本案中，八马茶业公司未能提供证据证明许某购买涉案商品时上述标注已经存在。此外，八马茶业公司主张的合同履行地为深圳市的条款属于格式条款，该条款约定的事项涉及消费者将来诉讼权利的行使，八马茶业公司提供的证据不能充分证明其已经采取合理的方式提请消费者注意并对该条款进行说明，且阅读该条款并非购买商品的必经程序，故不能认定双方就合同履行地进行了明确的约定。双方当事人在合同中约定的收货地应认定为合同履行地。

我们认为，从保护消费者权益的角度出发，应当从订入控制和内容控制两个方面对合同履行地的约定效力进行审查。在这样的思路下，就意味着绝大部分网络消费中的格式管辖协议以及合同履行地约定都是无效的，除非消费者不主张无效，或者该约定在内容上不会造成不公平、不合理的后果。至于是否造成不公平、不合理的后果，应当针对特定案件的特定消费者进行分析。对该消费者不公平、不合理的管辖约定，不意味着对所有其他消费者不公平、不合理。

五、仲裁协议条款的效力

仲裁，是指纠纷主体根据有关规定或者双方协议，将争议提交给一定的机构以第三方居中裁判的一种方式。仲裁比较适合那些专业性较强、涉及商业秘密或者当事人不希望纠纷的解决公开化的民事纠纷。总的来说，仲裁程序比民事诉讼程序能更快地作出裁判，因为它没有审级，所以诉讼的时间成本和金钱成本更为低廉，还可以选择在相关领域具有专门知识的仲裁员。[②] 达成仲裁协议是利用仲裁程序解决民事纠纷的基本前提。《仲裁法》第 4 条规定：“当事人采用仲裁方式解决纠纷，应当双方自愿，达成仲裁协议。没有仲裁协议，一方申请仲裁的，仲裁委员会不予受理。”在网络消费中，当事人也可以选择通过仲裁方式解决民事纠纷。但是，网络消费中，如同管辖协议一样，仲裁协议是由经营者提前拟定，消费者只能选择接受或者拒绝，所以，实务中争议多发生

① 北京市第二中级人民法院（2017）京 02 民辖终 1095 号。

② ［德］罗森贝克等：《德国民事诉讼法（下）》，中国法制出版社 2007 年版，第 1360 页。

在该仲裁协议的效力方面。

应当明确的是，网络商品经营者提前拟定并展示于网页的仲裁协议是否适用《民诉法解释》第31条“经营者使用格式条款与消费者订立管辖协议，未采取合理方式提请消费者注意，消费者主张管辖协议无效的，人民法院应予支持”之规定。从文义上讲，本条规范的对象是管辖协议，管辖属于法院与法院之间的分工问题，仲裁协议则涉及法院与仲裁机构之间对特定民事纠纷的裁判权限。因此，该条规定在文义上不能直接适用于网络消费仲裁协议。但是，仲裁协议以双方当事人达成合意为前提，如果消费者根本没有注意到仲裁协议条款的存在，就不存在达成仲裁协议的可能。就此而言，基于仲裁协议系网络商品经营者单方提前拟定并重复利用的事实，应当对仲裁协议进行订入控制，即网络商品经营者必须履行提请消费者注意的义务。同时，以《消费者权益保护法》第26第2款条“经营者不得以格式条款、通知、声明、店堂告示等方式，作出排除或者限制消费者权利、减轻或者免除经营者责任、加重消费者责任等对消费者不公平、不合理的规定，不得利用格式条款并借助技术手段强制交易”之规定为法律依据，还应当对网络消费中的仲裁协议进行内容控制和审查。

【关联案件】

王某诉缙云县灰鲸电子商务商行网络购物合同纠纷案[①]

原告（上诉人）：王某。

被告（被上诉人）：缙云县灰鲸电子商务商行。

〔基本案情〕

王某上诉称，第一，本案是因为网络购物产生纠纷，收货地是北京市通州区，故北京市通州区人民法院具有管辖权。第二，北京市通州区人民法院采信电子商行提交的在网络店铺的首页进行管辖公示的证据是错误的。店铺经营者随时都可以对淘宝店铺的内容自行修改，电子商行提交的截图产生于起诉之后的8月5日，无法证明王某购物当时6月30日的页面状况。该截图不是原件，无法证明真实性；该页面打印件不具有关联性，电子商行只有提供证据证明6月30日及之前就已经进行了管辖公示，才具有关联性。淘宝对于页面数据都有

① 北京市第三中级人民法院（2017）京03民辖终1480号。

保存，电子商行完全可以要求第三方平台提供王某购物当时的页面状况。第三，退一步讲，即使电子商行在6月30日及之前在店铺首页进行了管辖公示，也不产生约定管辖的效力。《民诉法解释》第31条规定："经营者使用格式条款与消费者订立管辖协议，未采取合理方式提请消费者注意，消费者主张管辖协议无效的，人民法院应予支持。"基于该条款，确定本案所涉的争议解决条款的适用应着重从"经营者是否采取合理方式提请消费者注意"来考量。本案是网上购物，应与实体店铺中购物相区别。实体店铺一定存在一个或多个大门入口，消费者必然从大门入口进入，所以告示只需要张贴在大门入口，消费者就可以很容易看到，这种情形下，即便消费者称其没有看到，法律也会推定其看到了。而网络购物，虽然存在一个"大门"（店铺首页），但是店铺商品的陈列是开放的，消费者不是必须通过大门才能进入店铺并浏览商品。相反，消费者可以不经过大门（店铺首页）直接搜索到感兴趣的商品并浏览，然后下单购买。这样，如果有卖家把有关告示张贴于大门（店铺首页），则相当多的买家根本看不到店铺首页的告示，此时消费者声称其没有看到店铺首页的告示时，法律就不能推定消费者看到了。买家没有看到告示，则意味着没有与卖家就管辖问题达成协议。实际上，大部分的淘宝买家想买东西的时候，都是直接搜索产品名称，然后在搜索结果中查看感兴趣的商品，觉得合适就下单购买，而不会去看店铺首页。本案中，王某的目标就是西班牙火腿，所以在淘宝网输入"西班牙火腿"，在搜索结果中看中了电子商行的西班牙火腿，打开该页面，下单购买，就完成了购物过程，根本没有必要去电子商行的首页查看。在电子商行没有证据证明王某购物时浏览了店铺首页的情况下，法院依据常理和大多数人网络购物并不查看店铺首页这个事实，应该判定电子商行公示于店铺首页而不是产品介绍页面的管辖告示对王某无效，不产生约定管辖的法律效力。依据常理和惯常购物习惯，网购某种产品的时候，是一定会查看该产品页面，而技术上，卖家完全可以在产品页面进行管辖公示。所以，只有在具体的产品页面进行管辖公示，无论消费者是否承认看到该公示，都可以推定其看到了，双方达成了管辖协议。但是如果只是在店铺首页进行管辖公示，则不应该推定消费者看到了该公式。据此，王某请求二审法院撤销一审裁定，本案由北京市通州区人民法院审理。

电子商行对于王某的上诉答辩称，电子商行在网络店铺首页进行了管辖公示。电子商行提供的截图时间为收到起诉状之后，符合逻辑和常理，若是提供王某购物之前的截图才是不真实的。本案中，约定的管辖条款已通过文字加大、使用醒目颜色的方式提醒消费者，是合理的方式，不违反法律规定。管辖协议在店铺显眼的位置（店铺首页）展示，已经是较好的方案，就像实体店买东西，难道要把店铺公告放在每个产品上？淘宝店铺首页就有一个模块是“店铺公告”，按照王某的逻辑，店铺首页的店铺公告是不是就没有存在的必要了？甚至连店铺首页都没有存在的必要了？这显然不合理，王某为了自身的购物习惯而否定了店铺合理的公告方法，甚至明明看到公告也说没有看到，是个人臆断，缺乏法律依据。另，关于管辖的约定不影响消费者的实体权利，也没有减轻经营者应当承担的责任。据此，电子商行请求二审法院驳回王某的上诉请求。

〔法院观点〕

北京市第三中级人民法院经审理认为，王某系以网络购物合同纠纷为由提起的诉讼，并请求判令电子商行赔偿王某购物款等。《民诉法解释》第 31 条规定：“经营者使用格式条款与消费者订立管辖协议，未采取合理方式提请消费者注意，消费者主张管辖协议无效的，人民法院应予支持。”电子商行虽主张其在网络店铺首页的“温馨提示”中载明“……出现纠纷协商不成时，双方均同意以店铺经营者住所地人民法院为管辖法院。”但鉴于网络购物的特殊性，消费者在网络购物时无须进入店铺首页即可直接进入商品页面购买商品，故不足以证实电子商行对消费者进行了合理提示，该协议管辖无效。《民事诉讼法》第 23 条规定：“因合同纠纷提起的诉讼，由被告住所地或者合同履行地人民法院管辖。”《民诉法解释》第 20 条规定：“以信息网络方式订立的买卖合同，通过信息网络交付标的的，以买受人住所地为合同履行地；通过其他方式交付标的的，收货地为合同履行地。合同对履行地有约定的，从其约定。”本案中，王某所诉之交易系买卖双方通过互联网买卖商品，买卖双方在本案王某订单中约定的收货地位于北京市通州区，该地点即为本案买卖合同的合同履行地，故本案的合同履行地位于北京市通州区，北京市通州区人民法院作为合同履行地人民法院依法对本案有管辖权。综上，一审裁定结果有误，本院应予纠正。依照《中华人民共和国民事诉讼法》第 170 条第 1 款第 2 项、第 171 条、第 175 条之规定，裁定如下：一、撤销北京市通州区人民法院（2017）京 0112 民初 24031 号民事裁定；二、本案由北京市通州区人民法院审理。

何某诉新泰市新汶和淘汇百货商店网络购物合同纠纷案[①]

原告（被上诉人）：何某。

被告（上诉人）：新泰市新汶和淘汇百货商店。

〔基本案情〕

新泰市新汶和淘汇百货商店上诉称，上诉人的店铺明确约定了争议解决条款，约定“发生争议，友好协商。协商不成的，可向中国国际经济贸易仲裁委员会申请仲裁”。该争议解决条款在店铺首页采用红色字体书写，显著区别于店铺首页其他任何说明文字。上诉人将争议解决条款采用红色字体做显著区分的行为，已充分尽到《民诉法解释》第31条规定的，“采取合理方式提请消费者注意”的义务。被上诉人购物时除需关注店铺内商品的价格、型号等相关内容外，理应关注店铺中已采取合理方式明确提请消费者注意的其他重要条款。在上诉人已尽到法定义务时，如被上诉人仍主张争议解决条款无效的，被上诉人应承担举证责任，无法举证的，应承担不利的法律后果。被上诉人何某于2017年3月26日和2017年4月1日在和淘汇店铺购买商品，应视为知晓并认可和淘汇的争议解决条款。《仲裁法》第26条规定，当事人达成仲裁协议，一方向人民法院起诉未声明有仲裁协议，人民法院受理后，另一方在首次开庭前提交仲裁协议的，人民法院应当驳回起诉。综上，上诉人请求依法撤销原审裁定，依法驳回被上诉人起诉。

〔法院观点〕

广州市中级人民法院经审理认为，本案为网络购物合同纠纷。根据《民事诉讼法》第23条“因合同纠纷引起的诉讼，由被告住所地或者合同履行地人民法院管辖”及《民诉法解释》第20条“以信息网络方式订立的买卖合同，通过信息网络交付标的的，以买受人住所地为合同履行地；通过其他方式交付标的的，收货地为合同履行地。合同对履行地有约定的，从其约定”的规定，本案网络订单载明的收货地址位于广州市白云区，即合同履行地在原审法院辖区内，故原审法院对本案有管辖权。关于“和淘汇”淘宝店铺首页中有关管辖权约定的条款是否有效的问题。根据《合同法》第39条、第40条的规定，“采用格式条款订立合同的，提供格式条款的一方应当遵循公平原则确定当事

① 广州市中级人民法院（2017）粤01民辖终1533号。

人之间的权利和义务，并采取合理的方式提请对方注意免除或者限制其责任的条款，按照对方的要求，对该条款予以说明。”“提供格式条款一方免除其责任、加重对该责任、排除对方主要权利的，该条款无效。”《消费者权益保护法》第26条规定：经营者不得以格式条款、通知、声明、店堂告示等方式，作出对消费者不公平、不合理的规定，或者减轻、免除其损害消费者合法权益应当承担的民事责任。格式、通知、声明、店堂告示等含有前款所列内容的，其内容无效。本案中，因涉案争议解决条款夹杂在大量烦琐资讯中，用户难以注意到该格式条款的具体内容，故不能认定上诉人已采取合理方式提请用户注意，且该协议管辖格式条款严重不合理加重了消费者在管辖方面的负担。因为对广大消费者而言，网上购物的商品价格往往不高，但其住所地或者合同履行地往往与网站所在地相隔甚远。如果根据该协议管辖格式条款，可能使得网站所在地以外的所有消费者负担大量的额外的、相比购物价格明显不合理的差旅和时间花费，导致作为原告的消费者的诉讼权利无法正常实现。因此，上诉人所属网站上的在线服务协议中的管辖协议格式条款应视为对被上诉人无效的格式条款。综上所述，原审裁定正确，本院予以维持。上诉人上诉的理由不成立，本院予以驳回。依照《中华人民共和国民事诉讼法》第170条第1款第1项、第171条之规定，裁定如下：驳回上诉，维持原裁定。

王某良诉山东皇尊庄园山楂酒有限公司网络购物合同纠纷案[①]

原告（被上诉人）：王某良。

被告（上诉人）：山东皇尊庄园山楂酒有限公司。

〔基本案情〕

皇尊庄园公司上诉称，《淘宝服务协议》客观存在，使用淘宝平台服务必须签订这一协议，协议相对方包括王某良在内所有使用淘宝平台服务的单位和个人，一审法院未认定该协议存在是错误的。协议管辖约定优于法定管辖适用，本案已约定以被告住所地人民法院为管辖法院，一审法院适用合同履行地人民法院管辖是错误的。《淘宝服务协议》第9条第3款约定：“因本协议产生之争议需根据您使用的服务归属的平台确定具体的争议对象，例如因您使用淘宝服务所产生的争议应由淘宝的经营者与您沟通并处理。一旦产生争议，您与淘宝

① 北京市第二中级人民法院（2016）京02民辖终1075号。

平台的经营者均同意以被告住所地人民法院为第一审管辖法院。”双方在注册淘宝账号时已约定管辖，出现争议由被告住所地人民法院管辖。皇尊庄园公司住所地在山东省青州市，应由山东省青州市人民法院管辖，请求撤销一审裁定并将本案移送山东省青州市人民法院审理。

〔法院观点〕

北京市第二中级人民法院经审理认为，王某良以其在淘宝网站上购买皇尊庄园公司销售的产品不符合国家安全标准为由提起本案诉讼，要求判令皇尊庄园公司退货并支付王某良购物款 88 元及快递费 7 元，赔偿王某良 500 元等，故本案属于因合同纠纷提起的诉讼。《民事诉讼法》第 23 条规定：“因合同纠纷提起的诉讼，由被告住所地或者合同履行地人民法院管辖。”《民诉法解释》第 20 条规定：“以信息网络方式订立的买卖合同，通过信息网络交付标的的，以买受人住所地为合同履行地；通过其他方式交付标的的，收货地为合同履行地。合同对履行地有约定的，从其约定。”本案双方当事人未对合同履行地进行约定。王某良通过网络信息订立的买卖合同，皇尊庄园公司通过快递向王某良交付货物，故本案应以收货地作为合同履行地。经一审法院查明，涉案商品收货地为北京市丰台区。据此，北京市丰台区人民法院作为合同履行地法院依法对本案有管辖权。王某良选择向北京市丰台区人民法院提起诉讼，符合《民事诉讼法》第 35 条关于“两个以上人民法院都有管辖权的诉讼，原告可以向其中一个人民法院起诉；原告向两个以上有管辖权的人民法院起诉的，由最先立案的人民法院管辖”的规定，本院应予支持。关于皇尊庄园公司主张根据《淘宝服务协议》的约定，双方在注册淘宝账号时已约定管辖，出现争议由被告住所地人民法院管辖一节，因经营者不得以格式条款、通知、声明、店堂告示等方式，作出排除或者限制消费者权利、减轻或者免除经营者责任、加重消费者责任等对消费者不公平、不合理的规定，故皇尊庄园公司该项上诉主张不成立，本院不予支持。综上，皇尊庄园公司关于本案应由山东省青州市人民法院管辖的上诉理由不成立，其上诉请求应予驳回。依照《中华人民共和国民事诉讼法》第 170 条第 1 款第 1 项、第 171 条规定，裁定如下：驳回上诉，维持原裁定。

【疑难解答】

1. 如何认定网络商品经营者尽到了提请注意义务？

实践中，消费者往往关注实体方面的合同条文多一些，容易忽视争议解决条款，也不太了解争议解决条款给自己将来可能带来的影响。网络商品经营者未按照法律规定采取合理方式提请消费者注意格式管辖协议条款的，应当认定为无效。对于“合理的方式”的认定，《最高人民法院关于适用〈中华人民共和国合同法〉若干问题的解释（二）》第6条规定：“提供格式条款的一方对格式条款中免除或者限制其责任的内容，在合同订立时采用足以引起对方注意的文字、符号、字体等特别标识，并按照对方的要求对该格式条款予以说明的，人民法院应当认定符合合同法第三十九条所称‘采取合理的方式’。提供格式条款一方对已尽合理提示及说明义务承担举证责任。”实务中，法院应当结合具体案情中的网页内容显示方式、识别的难易程度、字体的大小等，综合确定网络商品经营者是否尽到了提请消费者注意格式管辖协议条款的义务。

2. **尽到合理提示义务的格式管辖协议是否必然有效？**

格式管辖协议的法律审查包括订入控制和内容控制两个方面，网络商品经营者尽到了合理提示义务，只是符合了订入控制的要件，使得格式管辖协议条款成为合同内容。但是，还必须从内容控制入手，审查格式管辖协议条款是否存在损害消费者权益、对消费者不公平以及不合理的情形。如果格式管辖协议不符合内容控制的要求，消费者据此主张格式管辖协议无效，那么，即使网络商品经营者尽到了合理提示义务，该格式管辖协议亦应认定为无效。

3. **线下格式管辖协议与网络格式管辖协议的效力认定是否存在区别？**

线下格式管辖协议，是指在非网络消费中，经营者与消费者签订的格式管辖协议。对线下格式管辖协议的效力的认定，也遵循订入控制和内容控制两个方面。但是，与网络消费中的格式管辖协议相比，两者在内容控制方面存在一定区别。在网络格式管辖协议中，经营者通常约定发生纠纷的，由其住所地法院管辖，这就导致散布于全国各地的与该网店发生交易的消费者都必须前往其住所地法院参加诉讼，极大地增加了消费者的维权成本，对消费者不公平、不合理。可以说，只要消费者对网络格式管辖协议提出异议，法院一般都会从内容控制方面否定该格式管辖协议的效力。但是，在线下消费中，经营者的经营范围有地域上的限制，消费者一般都与经营者处于同一或者相近地域，格式管辖协议条款在结果上不会像网络格式管辖协议那样给众多消费者造成诉讼不便利，其有效性的认定一般没有网络格式管辖协议那样严格。

04. 共同诉讼的管辖

【裁判规则】

消费者同时起诉网络商品经营者与网络交易平台的，根据消费者起诉的案由确定管辖法院。网络交易平台以其不是合同相对人等理由提出管辖权异议的，不予支持。

【解读适用】

一、同时起诉的诉讼性质

网络消费纠纷中，消费者经常会同时起诉网络商品经营者与网络交易平台，造成案件中被告为复数的情况。在民事诉讼中，一方或者双方当事人为二人及以上的诉讼称为共同诉讼。因此，同时起诉的案件属于共同诉讼。

共同诉讼的制度价值在于，通过数个当事人同时收集诉讼资料并由法院同时进行审理，可以节省法院与当事人的时间和劳动，而且也可以避免出现不同法院作出的裁判相互抵触的情形。[①] 众所周知，共同诉讼区分为普通共同诉讼和必要共同诉讼。《民事诉讼法》第 52 条第 1 款规定："当事人一方或者双方为二人以上，其诉讼标的是共同的，或者诉讼标的是同一种类、人民法院认为可以合并审理并经当事人同意的，为共同诉讼。"可见，民事诉讼法对普通共同诉讼与必要共同诉讼的区分以"诉讼标的是否共同"为标准，但是，法律本身却未对诉讼标的的内涵以及诉讼标的的识别作出规定。在民事诉讼理论上，诉讼标的是民事诉讼最为基础、重要，同时也是最充满争议的问题。即使在德国、日本等大陆法系民事诉讼立法与理论研究较为成熟的国家，对于诉讼标的的识别，人们也没有提出一套普遍接受的固定标准。在这种情况下，就给司法实践中共同诉讼的识别，造成了很多困难。

通过总结域外的理论研究，对于普通共同诉讼与必要共同诉讼大致可以采取以下区分标准：在普通共同诉讼中，实际上存在多个独立的诉讼标的（或者法律关系），具体来说，在原告为复数的共同诉讼中，每一个原告都可以分别起诉被告；在被告为复数的共同诉讼中，原告可以分别起诉每一个被告。换言

① ［日］中村英郎：《新民事诉讼法讲义》，陈刚等译，法律出版社 2001 年版，第 73 页。

之，普通共同诉讼是把数个简单诉讼合并在一个诉讼程序中，从而实现诉讼的经济性。比如，在同一起交通事故中造成多个路人受伤的，数个路人可以作为普通共同诉讼的原告对同一加害人提起侵权之诉。又如，房东将同一房屋的不同卧室出租给数个租客，各个租客都不按期支付租金的，房东可以将数个租客作为普通共同诉讼的被告提起租赁合同之诉。

与普通共同诉讼不同，必要共同诉讼在理论上又区分为固有的必要共同诉讼和类似的必要共同诉讼。固有的必要共同诉讼，是指数个共同诉讼人必须一起起诉或者应诉，未一起起诉或者应诉的，应当予以追加，而且必须在同一份裁判中对这些共同诉讼人的权利义务作出认定，不能分别在不同的裁判中进行认定。固有的必要共同诉讼的产生基础是诉讼实施权的共有，诉讼实施权属于全体共同诉讼人，单个共同诉讼人不享有诉讼实施权。对于单个共同诉讼人是否具有诉讼实施权，则依据实体法的规定进行判断。比如，《物权法》第 97 条规定："处分共有的不动产或者动产以及对共有的不动产或者动产作重大修缮的，应当经占份额三分之二以上的按份共有人或者全体共同共有人同意，但共有人之间另有约定的除外。"因此，对于共同共有的不动产的处分权属于全体共有，涉及该处分权的诉讼实施权就属于全体共有。类似的必要共同诉讼，不涉及诉讼实施权的共同行使问题，每个当事人都享有单独的诉讼实施权，但是，如果当事人选择作为共同诉讼人参加诉讼，由于该诉讼的既判力存在主体上的扩展，那么，就必须按照必要共同诉讼的相关规则进行审理，即合一审理、合一裁判。比如，单个股东起诉要求确认公司决议无效，法院作出胜诉判决后，该判决对其他未起诉的股东也有既判力，其他股东不能再提起相同的确认无效之诉。如果数个股东同时起诉要求确认公司决议无效的，为了防止裁判矛盾，就必须统一进行审理、统一作出裁判，不允许分别进行审理、分别进行裁判。

消费者同时起诉网络商品经营者与网络交易平台的，不涉及共同的诉讼实施权（即消费者可以单独起诉网络商品经营者或者网络交易平台），也不涉及既判力的主体扩展（即单独起诉网络商品经营者的，消费者的胜诉判决并不对网络交易平台产生既判力），应当属于普通共同诉讼。

二、普通共同诉讼的管辖

普通共同诉讼本质上属于数个独立的诉合并在同一个诉讼程序中审理，只有普通共同诉讼符合合并审理的要件的，才可以合并审理，此要件称为共同诉讼的合法性要件。《德国民事诉讼法》第59条和第60条规定，数个当事人对诉讼标的有共同权利，或者根据同一事实及法律上的原因而享有权利或负担义务时，或者诉讼标的的请求或义务是同种类的并且是由基本上同种类的事实及法律上原因引发的，该数个当事人可以作为共同诉讼人起诉或被诉。[①] 我国台湾地区的规定与之类似。[②] 我国《民事诉讼法》规定："诉讼标的是同一种类、人民法院认为可以合并审理并经当事人同意。"与国外相比，增加了"经当事人同意"这一要件。

普通共同诉讼除了上述实体性合法要件外，还应具备程序性要件，包括管辖要件。关于普通共同诉讼的管辖问题，《德国民事诉讼法》本身并未直接规定共同诉讼的管辖法院，根据该法第36条第1款第3项的规定，如果数个共同诉讼人的普通审判籍不同，而该诉讼又不存在共同的特别审判籍的，由直接上级法院确定管辖法院。[③] 我国台湾地区"民事诉讼法"第20条对共同诉讼的管辖作出明确规定："共同诉讼之被告数人，其住所不在一法院管辖区域内者，各该住所地之法院俱有管辖权。但依据第四条至第二十一条规定有共同管辖法院者，由该法院管辖。"据此，存在共同的管辖法院的，由该法院管辖，否则，任何一个被告住所地法院都有管辖权。

《民事诉讼法》第21条第3款规定："同一诉讼的几个被告住所地、经常居住地在两个以上人民法院辖区的，各该人民法院都有管辖权。"虽然该条并未使用"共同诉讼"概念，但"同一诉讼的几个被告"显然是消极共同诉讼（即被告是多人的共同诉讼，区别于原告为多人的积极共同诉讼）的特征，因此，该条系对消极共同诉讼的管辖规则规定。与我国台湾地区"民事诉讼法"相比，《民事诉讼法》第21条第3款对于共同诉讼的管辖没有规定"共同管辖法院优先"的原则，同时由于第21条本身是对一般地域管辖的规定，故从逻辑上说，似乎可以理解为我国共同诉讼中的管辖仅按照一般地域管辖确定，不涉及适用特别管辖的规定。具体来说，消费者因网购产品缺陷导致人身、财产损害的，消费者以产品责任纠纷同时起诉了网络商品经营者与产品生产者的，两

---

① 《德国民事诉讼法》，丁启明译，厦门大学出版社2016年版，第12页。

② 杨建华：《民事诉讼法要论》，北京大学出版社2013年版，第84页。

③ ［德］穆泽拉克：《德国民事诉讼法基础教程》，周翠译，中国政法大学出版社2005年版，第137页。

个被告的住所地法院都有管辖权，消费者可以选择其一提起诉讼，而不再考虑《民事诉讼法》第28条“因侵权行为提起的诉讼，由侵权行为地或者被告住所地人民法院管辖”的规定。这就导致，如果侵权行为地（包括侵权行为实施地、侵权结果发生地）与销售者、生产者的住所地都属于不同法院辖区的，消费者只能选择向其中一个被告的住所地起诉，而不能选择向侵权行为地中的侵权结果发生地（即消费者住所地）的法院起诉，增加了消费者维权的成本。

参照我国台湾地区的规定，应当认为，在共同诉讼中，如果根据特别管辖原则可以确定存在对数个被告都具有管辖权的共同管辖法院，那么就应当由该法院管辖。否则，各个被告住所地法院都有管辖权。比如，甲、乙两人共同作为买方与丙签订货物买卖合同，后因甲、乙二人均未付款，丙将二人诉至法院。在该案中，按照合同纠纷的管辖规则，合同履行地法院有管辖权。如果合同未明确约定合同履行地，由于争议标的为给付货币，故应以接收货币一方即丙的住所地为履行地，所以合同履行地属于共同的管辖连接点，应当由合同履行地法院管辖。相反，如果甲为买方，乙、丙共同作为出卖人，则在乙、丙拒绝交付货物的情况下，甲以乙、丙为共同被告提起共同诉讼，根据争议标的性质，应当由乙、丙的住所地法院管辖，但是乙、丙分别位于不同的法院辖区，不存在共同的管辖法院，只能按照《民事诉讼法》第21条第3款的规定，乙、丙住所地法院都享有管辖权。

需要特别注意的是，我国的普通共同诉讼的成立要件之一为“经当事人同意”。在普通共同诉讼中，任何一个被告不同意按照普通共同诉讼合并进行审理，那么，法院就不能合并审理。[①] 法院经审查后认为普通共同诉讼的构成要件不满足的，应当分案进行审理。此时，法院实际上在审理两个独立的案件，故应当分别审查起诉条件是否满足。

三、管辖权异议的实务处理

网络消费纠纷中，最常见的共同被告是网络商品经营者和网络交易平台。消费者提起网络消费纠纷诉讼的，一般以收货地作为合同履行地向其住所地法院提起诉讼，或者以侵权结果发生地作为依据向其住所地法院提起诉讼。由于消费者的住所地与网络商品经营者、网络交易平台的住所地经常位于不同地域，

---

① 最高人民法院（2016）最高法民辖终字158号；（2016）最高法民终198号。

导致后者经常会提起管辖权异议申请。实务中，经营者和网络交易平台提起管辖权异议申请的理由主要有以下两种情形：

1. 网络商品经营者以网络交易平台的用户注册协议约定了管辖法院为由，要求将案件移送至协议约定法院审理。比如，《淘宝服务协议》会规定："您因使用淘宝平台服务所产生及与淘宝平台服务有关的争议，由淘宝与您协商解决，协商不成时，任何一方均可向被告所在地人民法院提起诉讼。"有的网络商品经营者就会提出，该管辖条款适用对象是"使用淘宝平台服务产生的纠纷"，消费者因在淘宝网购物而与经营者发生纠纷的，属于该情形，故应当由作为被告的网络商品经营者的住所地法院管辖。此种理解，实际上是将上述管辖条款中"被告"范围扩大至网络商品经营者。对此，法院最常见的裁判思路是，《淘宝平台服务协议》的签约主体仅限于淘宝平台注册者与淘宝平台经营者。根据合同相对性原则，在并无专门条款予以说明的情况下，不能对淘宝平台上从事网络零售活动的其他参与主体产生约束力。网络商品经营者并非《淘宝服务协议》的签约主体，《淘宝服务协议》约定的管辖条款对其并无约束力，网络商品经营者无权依据他人所签管辖条款，对管辖权问题提出异议。[①]

2. 网络交易平台以其不是消费交易关系的相对人为由，要求将案件移送至其住所地管辖。消费者以网络购物合同纠纷为由提起诉讼，同时起诉经营者与网络交易平台，网络交易平台并非网络购物合同的相对人，自不待言。由于案件属于普通共同诉讼，本质上系将两个独立的案件合并在一个程序中审理，所以应当符合《民事诉讼法》第 52 条第 1 款规定的普通共同诉讼的合并审理条件。其中，包括当事人同意合并审理。对于"经当事人同意的"的理解，民事诉讼理论与实务并未给予足够关注。当事人以书面或者口头形式表示同意的，自然属于该情形。当事人未书面或口头就是否同意合并审理作出明确表示的，可否通过其参加诉讼的行为推定其同意，值得思考。一般来说，如果当事人未对共同诉讼的合并审理提出明确异议，而是实施了应诉答辩行为，则可以推定当事人同意合并审理，且法院至少可以基于应诉答辩行为取得管辖权。但是，如果当事人仅仅提出管辖权异议，未对合并审理提出异议申请，从公平角度而言，当事人囿于法律知识不足，无法对案件是否属于共同诉讼以及共同诉讼的

① 北京市第一中级人民法院（2017）京01民辖终580号。

构成要件有充分的认识，从解释上说，应当得出当事人不同意合并审理的后果。从目前司法实践来看，大部分法院在共同被告未明确对合并审理提出异议的情况下，并不对合并审理的合法性进行审查，只是对管辖权异议作出处理。在处理网络交易平台的管辖权异议申请时，普遍的裁判思路是以消费者起诉的案件案由确定管辖法院，而由于消费者多以其与网络商品经营者的法律关系确定案由，所以只要法院基于该案件案由取得管辖权，则网络交易平台以其并非交易的相对方，或者其与消费者签订有管辖协议等理由提出管辖权异议申请的，法院都不予支持。

【关联案件】

陈某新诉浙江天猫网络有限公司等网络购物合同纠纷案[①]

原告（上诉人）：陈某新。

被告（被上诉人）：浙江天猫网络有限公司。

被告：步步高教育电子有限公司。

〔基本案情〕

2015年3月3日，陈某新在步步高公司开设在天猫网络公司网络购物平台上的“步步高母婴旗舰店”购买步步高牌T2幼儿点读机一台。收货地址为：江苏省盐城市亭湖区沿河西路10号第×号仓库，收货人为陈某新。陈某新认为，步步高公司在网络上宣传“步步高点读机是领导品牌，全国销量第一、超过3600万家庭选择了步步高点读机”，但其没有标明在什么时期内获得“全国销量第一”评比结果，违背了事物不断发展、变化的客观规律，也起到了抬高自己、贬低其他竞争对手的作用，使消费者因误解而产生从众的购买行为。天猫网络公司作为第三方交易平台，有义务对通过平台销售商品的经营者及其发布的商品信息作检查监控，对步步高公司违规行为，没有及时采取措施制止，应当依法与步步高公司承担连带责任。

天猫网络公司在一审提交答辩状期间对管辖权提出异议，认为根据买家注册时同意确认的《淘宝服务协议》：“您与淘宝平台的经营者均同意以被告住所地人民法院为第一审管辖法院。”该协议约定以被告住所地为管辖法院，符合一般管辖原则，陈某新与天猫网络公司在诉讼中的地位完全相等，该管辖约定

① 江苏省盐城市中级人民法院（2015）盐商辖终字第00105号。

条款不涉及实体权利，且不存在有一方免除其责任，加重对方责任，排除对方主要权利的情形，故该管辖条款应属有效条款。《淘宝服务协议》开头即用黑体字作出特别提示，对协议管辖条款也以黑体字作出了注明，已经履行了其责任。我公司与陈某新之间的管辖条款合法合理，本案应适用协议管辖，杭州市余杭区人民法院拥有管辖权。

〔法院观点〕

江苏省盐城市亭湖区人民法院经审理认为，陈某新在使用天猫网络公司经营的淘宝服务平台购买商品时，点击同意了天猫网络公司提供的《淘宝服务协议》。本案依据双方约定确定管辖权，即由天猫网络公司住所地浙江省杭州市余杭区人民法院管辖，裁定：本案移送浙江省杭州市余杭区人民法院审理。

江苏省盐城市中级人民法院经审查认为，首先，本案纠纷主要是上诉人陈某新与原审被告步步高公司因买卖合同纠纷所致，也即本案的法律关系主要是买卖合同关系。根据《淘宝服务协议》的约定，该协议的签约主体是淘宝平台经营者与淘宝注册用户之间，并非淘宝注册用户之间。故淘宝注册用户之间的权利义务关系不受《淘宝服务协议》的约束，也即《淘宝服务协议》中有关协议管辖的约定对上诉人陈某新与原审被告步步高公司之间并无约束力。上诉人陈某新与原审被告步步高公司之间管辖法院的确定应根据法律规定确定。根据《民诉法解释》第20条的规定："以信息网络方式订立的买卖合同，通过信息网络交付标的的，以买受人住所地为合同履行地；通过其他方式交付标的的，收货地为合同履行地。合同对履行地有约定的，从其约定。"本案收货地址为上诉人陈某新住所地，合同履行地应认定为上诉人住所地。其次，如上所述，本案案由为买卖合同纠纷，应以买卖法律关系确定本案管辖。而在买卖法律关系中并无对管辖法院进行约定，根据法律规定，本案买卖法律关系纠纷的管辖法院应为上诉人陈某新住所地法院。上诉人陈某新与被上诉人天猫网络公司不存在买卖法律关系，《淘宝服务协议》中有关协议管辖的约定当然也不适用于本案。同时，根据2015年4月24日发布的《淘宝服务协议》的约定，淘宝可根据国家法律法规变化及维护交易秩序、保护消费者需要，不时修改《淘宝服务协议》等，如用户在变更事项生效后仍继续使用淘宝平台服务，则视为同意已生效后的变更事项。而在该变更后的《淘宝服务协议》管辖协议为"任何一方均可向被告所在地人民法院提起诉讼"，该约定并未禁止原告依据法律规定确定管辖法院。综上所述，本案原审法院对本案具有管辖权，应对上诉人陈某新的起诉予以审理。原审法院裁定将本案移送不当，应予纠正。依照《中华人民共和国民事诉讼法》第23条、第170条第1款第2项，《最高人民法院关于适用〈中华人民共和国民事诉讼法〉的解释》第十八条的规定，裁定如下：一、撤销江苏省盐城市亭湖区人民法院（2015）亭商初字第513号民事裁定；二、驳回浙江天猫网络有限公司提出的管辖权异议。

【疑难解答】

1. 消费者同时起诉网络商品经营者与生产商时如何确定管辖法院？

消费者选择同时起诉网络商品经营者与产品生产商的，属于共同诉讼，应当根据消费者选择的案件案由确定管辖法院。消费者选择以网络购物合同纠纷起诉的，生产商以其不是合同相对人为由提出管辖权异议的，法院不予支持。

2. 消费者仅起诉网络交易平台的，法院是否主动追加经营者为共同被告？

《消费者权益保护法》第44条规定："消费者通过网络交易平台购买商品或者接受服务，其合法权益受到损害的，可以向销售者或者服务者要求赔偿。网络交易平台提供者不能提供销售者或者服务者的真实名称、地址和有效联系方式的，消费者也可以向网络交易平台提供者要求赔偿；网络交易平台提供者作出更有利于消费者的承诺的，应当履行承诺。网络交易平台提供者赔偿后，有权向销售者或者服务者追偿。网络交易平台提供者明知或者应知销售者或者服务者利用其平台侵害消费者合法权益，未采取必要措施的，依法与该销售者或者服务者承担连带责任。"上述规定是消费者要求网络交易平台承担法律责任的最主要法律依据。消费者起诉网络商品经营者的，涉及的争议法律关系为买卖合同等关系。消费者分别与网络交易平台、网络商品经营者形成不同性质的法律关系。这两个法律关系是独立的诉讼标的，不涉及诉讼实施权的共同行使，是普通共同诉讼，当事人可以选择单独和一并起诉。消费者仅起诉网络交易平台的，法院不应依职权主动追加经营者为共同被告。

第二章 合同的订立

05. 网页展示的性质

【裁判规则】

网络商品经营者明确约定，商品网页展示的性质为要约邀请，消费者下单为要约，发出送货确认通知为承诺。消费者同意该使用条件，视为双方就此达成了合意。在消费者下单付款后、经营者确认发货前，消费合同未成立。

【解读适用】

一、要约与要约邀请

网络消费的法律后果是，消费者与网络商品经营者之间形成合同关系。根据《民法总则》第 134 条，合同行为基于双方或者多方的意思表示一致成立。合同由至少两人作出的内容上一致的意思表示组成，人们将时间上的第一个意思表示称为要约，将后一个称为承诺。《合同法》第 13 条规定："当事人订立合同，采取要约、承诺方式。"通常，要约与承诺的区分较为容易。《合同法》第 14 条规定："要约是希望和他人订立合同的意思表示，该意思表示应当符合下列规定：（一）内容具体确定；（二）表明经受要约人承诺，要约人即受该意思表示约束。"第 21 条规定："承诺是受要约人同意要约的意思表示。"

与要约密切关联的问题是其与要约邀请的区别。要约邀请，又称要约引诱，是希望他人向自己发出要约的意思表示。要约邀请的目的不是订立合同，而是邀请相对人向自己作出要约的意思表示。所以，要约邀请只是当事人订立合同的预备行为，本身并不发生法律效果。《合同法》第 15 条规定："要约邀请是希望他人向自己发出要约的意思表示。寄送的价目表、拍卖公告、招标公告、招股说明书、商业广告等为要约邀请。商业广告的内容符合要约规定的，视为要约。"该条采取概括加列举的方式对要约邀请进行了界定。

虽然要约与要约邀请在理论上的区别是清晰的，但实务中仍然存在一些模糊地带。比如，对于商店橱窗内标定价格的陈列物，在英美普通法看来，其目的旨在吸引顾客作出要约的表示，因此原则上认定为要约邀请。与之不同，《瑞士债务关系法》、我国台湾地区民法规定，货物标定卖价陈列者，将为要约。再比如，在超市货架上陈列的货物，属于要约邀请，顾客持商品到收银处结账为要约。但在大陆法系，则认为在货架上陈列商品为要约。[①] 德国学者认为，向公众作出的公告（包括报纸广告、通过邮件散发的广告及信息、产品目录等）缺少效果意思，因此它们并不是法律意义上的要约，而只是请求他人作出要约的要约邀请。如果它们属于要约，那么无数人都可以通过承诺使合同成立。由此，所有这些合同都将是有效的，供货人可能只能履行一份合同并因不履行合同而应向其他的合同当事人承担损害赔偿责任。通过将上述行为认定为要约邀请，就可以避免这样的后果。[②]

实务中，某个行为究竟为要约抑或为要约邀请，是一个解释的问题。在理论上，要约与要约邀请的区别方法主要包括：从当事人的目的看，只有具备缔结合同的目的（即效果意思）的行为才属于要约，否则，不是要约。从法律的规定看，法律有明文规定的，依照其规定。法律无明文规定的，按照意思表示的内容是否明确、交易习惯、社会一般观念等加以判断。[③]

二、网络消费的模式

以前，人们的消费行为主要发生于“市场”“店铺”等有形的地理场所。经营者通过货架、橱窗、柜台等展示商品，消费者通过自由选择确定购买意向后，与销售者进行讨价还价，最终以口头形式订立消费合同，而且合同的订立与履行在时间上非常紧密。在这种传统的消费模式下，很少发生对于要约与承诺、要约与要约邀请的区别争议。

网络消费的产生和发展极大地提高了人们消费的便捷性，而且改变了人们的消费习惯和消费模式。所谓消费习惯，是指传统的购买模式是 AIDA 模式，即 Attention 注意、Interest 兴趣、Desire 欲望、Action 行动。在互联网时代，消费者的购买模式发生了变化。在产生兴趣之后、采取购买行动之前，消费者会

---

① 陈自强：《民法讲义 I：契约之成立与生效》，法律出版社 2002 年版，第 60 页。

② ［德］汉斯·布洛克斯：《德国民法总论》，张艳译，中国人民大学出版社 2014 年版，第 84 页。

③ 崔建远：《合同法》，北京大学出版社 2016 年版，第 39 页。

主动、有意识地去网上搜集和了解产品的详细信息，如价格信息、质量信息、其他人对该产品的评价等。在购买行为结束以后，消费者还有可能上网对产品和服务进行评价。在消费模式方面，人们的消费场所从有形的地理场所搬到了无形的网络市场，消费者与经营者不再是面对面沟通，而是通过聊天软件进行协商。更多情况下，消费者在不与网络商品经营者沟通的情况下直接下单购物。而且，借助于互联网的特性，网络商品经营者不仅可以在购物界面展示商品价格等基本信息，还可以在“商品详情”中通过大量精致的图片、诱惑的宣传语、丰富的视频招徕消费者。在这种“无声”的购物模式下，对于要约与承诺、要约与要约邀请的区分问题就凸显出来。

三、网页展示的性质

网络商品经营者通过网页展示商品信息、标明商品价格，消费者下单付款。在通常观念认识中，合同已经成立并生效，消费者也已履行了付款义务。然而，问题并非如此简单。实践中，部分网络商品经营者在网页或者用户注册协议中明确约定，只有收到发货通知等确认邮件时，合同才成立生效。因此，网络消费中，网页展示的性质（即要约抑或要约邀请）的认定就显得十分重要。

（一）理论分析

商品网页展示的性质认定本质上是一个解释问题。要约与要约邀请的解释认定涉及以下方面：从当事人的目的看，只有具备缔结合同的目的（即效果意思）的行为才属于要约，否则，不是要约。从法律的规定看，法律有明文规定的，依照其规定。法律无明文规定的，按照意思表示的内容是否明确、交易习惯、社会一般观念等加以判断。

《合同法》第14条规定：“要约是希望和他人订立合同的意思表示，该意思表示应当符合下列规定：（一）内容具体确定；（二）表明经受要约人承诺，要约人即受该意思表示约束。”第15条规定：“要约邀请是希望他人向自己发出要约的意思表示。寄送的价目表、拍卖公告、招标公告、招股说明书、商业广告等为要约邀请。商业广告的内容符合要约规定的，视为要约。”根据上述规定，判断某项行为属于要约还是要约邀请，关键在于“内容是否具体确定”和是否具备“受约束的效果意思”。

“内容具体确定”是指要约应当具备足以使得合同成立的主要条件，具备合同成立的最低限度的内容，但并非要求面面俱到。合同法没有对“内容具体确定”做进一步解释，也没有提供判断内容是否具体确定的基本标准。通说认为，只要作为合同要素的内容达到了具体确定的程度即可。至于合同要素是指什么，则需要依据具体的合同类型加以判断。[①]《最高人民法院关于适用〈中华人民共和国合同法〉若干问题的解释（二）》第1条第1款规定：“当事人对合同是否成立存在争议，人民法院能够确定当事人名称或者姓名、标的和数量的，一般应当认定合同成立。但法律另有规定或者当事人另有约定的除外。”上述规定，可以适用于买卖合同或者参照适用于其他合同要素的认定。在网络消费中，网络商品经营者在商品展示网页中会体现商品价格以及商品的其他信息，网页展示信息的完整性使得人们认为网页展示具备了要约应有的“内容具体确定”。但是进一步推敲，会发现这种认识存在缺陷。如上所述，要约应当具备合同成立的基本要素，以网络购物合同为例，当事人、标的和数量是最低限度的要求。在商品网页展示中，虽然有关商品性能、功效、特点等介绍的信息非常完备，但这些信息并不是合同成立必备要素。相反，商品网页展示上仅仅标注了商品的单价，并没有数量。换言之，经营者在网页上展示商品时，并未对其意图出售的商品的数量作出明确的意思表示。实际上，商品的数量是消费者在下单时具体确定的。在消费者下单时，标的物、数量、收货人等合同成立的基本要素才得以确定。因此，既然商品网页展示缺少“数量”这一基本要素，就不能认定商品网页展示属于要约。

“受约束的效果意思”是指行为人同意，只要该意思表示经过对方承诺，就愿意受该意思表示约束。该特征是要约与要约邀请的最本质特征。但是，“效果意思”本质上属于内心的主观状况，需要在具体情况下进行解释认定。具体包括：[②] 第一，表示人表示其为要约的，或者表示其为要约邀请的，依其表示。第二，表示人未为表示的，法律明确规定该情形为要约或者要约邀请的，按照法律规定确定。第三，在其他情形下，应当根据以下因素解释表示人的意思，如表示内容是否具体详尽、是否注重相对人的特殊身份、表示的对象是特定人还是不特定多数人、磋商的过错、交易惯例等。一般来说，对于特定人的意思表示，更倾向于解释为要约。对于不特定多数人的意思表示，以解释为要

① 韩世远：《合同法总论（第3版）》，法律出版社2011年版，第80页。

② 王泽鉴：《债法原理》，北京大学出版社2013年版，第175页。

约邀请为宜。理由在于，根据利益衡量，如果解释为要约，将会可能导致产生大规模的承诺，造成合同数量超过表示人的预期。从该角度而言，商品的网页展示也不宜认定为要约，因为商品的网页展示所针对的对象在范围上非常广泛，在理论上潜在的消费者是全球范围内的不特定主体，如果将网页展示认定为要约，将导致经营者的违约风险被无限放大，在利益衡量上有失公平。正是基于上述风险考虑，尤其是担心库存商品数量不足以满足大规模订单的需求，网络商品经营者会直接约定网页展示为要约邀请，消费者下单为要约，发出送货确认通知为承诺，以明确的行为传达出其不具备“受约束的效果意思”。

综上，基于《合同法》关于要约构成要件的分析，网页展示既不符合“内容具体确定”的要求，也不具备“受约束的效果意思”。因而，商品的网页展示不属于要约，而是属于要约邀请。

（二）约定效力

商品的网页展示属于要约邀请，得出该结论的根据在于网页展示不符合合同法关于要约构成要件的要求。当然，网络商品经营者为了最大程度减少诉讼风险，也可以明确约定网页展示不属于要约。从逻辑上说，既然网页展示本来就不属于法律规定的要约，那么，经营者是否作出特殊约定都无影响，也没有必要对该约定的效力进行认定。但是，虽然当前网页展示的形式决定了其不具备要约的构成要件（如，缺少合同成立的必备要件），但随着互联网技术的发展，也不能完全否定网页展示将来可能符合要约构成要件的可能性。而且，在当前实务中，并非所有的法院都对网页展示是否属于要约从法律规定本身入手进行认定，那么，在消费者对网络商品经营者关于网页展示依约定属于要约邀请的抗辩意见提出异议的情况下，法院仍有必要对该约定的效力进行认定。鉴于上述理由，在此对“网页展示性质的约定效力”进行探讨。

从表现形式上，“网页展示性质的约定”主要显示在购物网页或者用户注册协议中。这些内容是网络商品经营者提前拟定，适用于不特定多数消费者的购物行为，所以属于格式条款。关于格式条款的效力，应当从订入控制和内容控制两个方面进行认定。在订入控制方面，审查重点在于经营者是否采取合理方式尽到了提请消费者注意的义务。

在王某诉艺鉴典藏（北京）网络科技有限公司网络购物合同纠纷案中，①王某因艺鉴典藏公司无故不履行发货义务构成违约，诉至法院要求艺鉴典藏公司交付拍卖所得的绘画作品。法院经审理查明，《艺典商城用户注册协议》（以下简称《注册协议》）第7.2条规定，本站上销售方展示的艺术品和价格等信息仅仅是要约邀请，销售方收到您的订单信息后，只有在销售方将您在订单中订购的艺术品从仓库实际向您发出时（以艺术品出库为标志），方视为您与销售方之间就实际直接向您发出的艺术品建立了合同关系。法院认为，艺鉴典藏公司将其待售拍品的名称、价款、作者、尺寸等详细信息陈列于其网站之上，内容明确具体，与商品标价陈列出售具有同一意义，根据法律规定和一般交易观念判断，当符合要约的特性。消费者通过网站在其允许的状态下自由选购点击加入购物车，并在确定其他送货、付款信息之后确认订单，应当视为进行了承诺。《注册协议》系未与相对人协商的、预先设定的、不允许相对人对其内容作出变更的格式条款。艺鉴典藏公司对此应当作出合理的、充分的提示，提醒消费者注意该项特别约定，并判断选择是否进行此项交易。但艺鉴典藏公司并未尽到提示注意的义务。艺鉴典藏公司关于《注册协议》中关于要约承诺的相关条款应视为没有订入合同，当然也不应对消费者发生效力。

格式条款的内容控制的一般标准是诚实信用原则，即提供格式条款的一方应当充分顾及对方的合法权益，避免造成利益状态严重不均衡的后果。具体到“网页展示为要约邀请”这一格式条款，能否认定其不符合内容控制，违背了诚实信用原则，从而归于无效呢？《合同法》第40条规定：“格式条款具有本法第五十二条和第五十三条规定情形的，或者提供格式条款一方免除其责任、加重对方责任、排除对方主要权利的，该条款无效。”显然，“网页展示系要约邀请”的约定不存在违反《合同法》第52条和第53条之情形。至于“免除其责任、加重对方责任、排除对方主要权利”的问题，是以合同有效成立为前提，而该格式条款是关于合同成立的约定，难以依据《合同法》第40条否定该格式条款的效力。《消费者权益保护法》第26条第2款、第3款规定：“经营者不得以格式条款、通知、声明、店堂告示等方式，作出排除或者限制消费者权利、减轻或者免除经营者责任、加重消费者责任等对消费者不公平、不合

① 北京市朝阳区人民法院（2014）朝民（商）初字第42727号。

理的规定，不得利用格式条款并借助技术手段强制交易。格式条款、通知、声明、店堂告示等含有前款所列内容的，其内容无效。”“网页展示为要约邀请”这一格式条款只不过是对合同订立过程的约定，不宜认定为对消费者不公平、不合理的情形，亦不能据此认定该格式条款无效。

四、合同不成立的后果

网页展示属于要约邀请，消费者下单属于要约，经营者发出发货通知为承诺，此种网络消费模式可能会导致经营者基于各种理由拒不发货，并且在诉讼中提出合同未成立的抗辩意见。但是，这并不意味着消费者的权利不能得到法律的保护，消费者可以要求网络商品经营者承担缔约过失责任。

缔约上过失，最早由耶林提出，针对的是合同没有有效成立的情况下，无过错一方的利益保护问题。耶林认为，从事契约订立的人，是从契约交易外的消极义务范畴，进入契约上的积极义务范畴，其因此而承担的首要义务，系于缔约时应尽必要的注意。法律保护的并非仅仅是一个业已存在的契约关系，正在发生的契约关系也应包括在内。否则，契约交易将暴露于外，不受保护，缔约当事人一方不能因而成为他方疏忽或不注意的牺牲品。[①] 基于上述认识，有了缔约上过失责任制度，即当事人为缔结合同而从事磋商、准备或者接触之际，因一方当事人未尽到必要注意，致使对方当事人遭受损害，应向对方承担损害赔偿责任。缔约过失责任性质上属于法定之债，但由于基于缔约行为而产生，所以在德国被称为准法律行为之债。

我国《合同法》规定了缔约过失责任，在体例上包括两种方式，一种是具体的缔约过失责任。例如，《合同法》第 58 条规定：“合同无效或者被撤销后，因该合同取得的财产，应当予以返还；不能返还或者没有必要返还的，应当折价补偿。有过错的一方应当赔偿对方因此所受到的损失，双方都有过错的，应当各自承担相应的责任。”因合同无效而产生的损害赔偿就属于具体的缔约过失责任。除此之外，还包括合同被撤销、效力待定的合同未被追认等情形下，无过错一方的损失赔偿问题。另一种是一般的缔约过失责任。《合同法》第 42 条规定：“当事人在订立合同过程中有下列情形之一，给对方造成损失的，应当承担损害赔偿责任：（一）假借订立合同，恶意进行磋商；（二）故意隐瞒与

---

① 王洪亮：《债法总论》，北京大学出版社 2016 年版，第 67 页。

订立合同有关的重要事实或者提供虚假情况；（三）有其他违背诚实信用原则的行为。”网络消费合同未成立的情况下，没有《合同法》第 58 条的适用余地。消费者的损害赔偿请求权的基础为第 42 条。

缔约过失责任以缔约当事人在缔约过程中因过错违反先合同义务为成立条件。在此需要注意：第一，虽然我国合同法规定的违约责任以无过错责任为一般原则，但是缔约过失责任采过错原则。因为在缔约过程中，当事人并没有形成确定性的合同关系，只是因为缔约行为而负担一定的注意义务，只有因过错违反该义务，才承担责任。第二，先合同义务的内容具有广泛性和发展性，《合同法》第 42 条规定了常见的义务，如善意缔约义务、信息真实义务，但并不意味着先合同义务仅限于此。当事人的先合同义务的范围从根本上来说要按照诚实信用原则进行判断，本质的价值取向是要在缔约过程中顾及对方的利益。换言之，不能因为缔约行为而给当事人既有的利益造成损害。基于此，德国法上的先合同义务在性质上属于保护义务，而不是给付义务。第三，承担缔约过失责任并不以合同不成立、无效、被撤销等为前提。即使在合同有效成立的情况下，也可能损害当事人的利益。比如，由于当事人在缔约过程中故意隐瞒重要信息导致对方订立了于己不利的合同，也应当承担缔约过失责任。第四，缔约过失责任的赔偿范围为信赖利益，因缔约过失行为致对方财产的直接损失，也包括受害方财产应增加而未增加的间接损失，具体包括：缔约费用；准备履行或已履行合同所支付的费用；上述费用的利息损失；因信赖合同有效丧失其他订约机会的损失；为救济损害、减少损失而支出的必要费用等。但不得超过履行利益。

网络消费中，网络商品经营者以合同未成立为由拒不发货的，应当根据具体情况判定其是否承担缔约过失责任。根据缔约过失责任的理论基础，双方在缔约过程中负有先合同义务，这种义务既包括积极促成合同正常的订立、生效，也包括避免对方的既有利益不因合同的订立而受到损害。因此，在消费者下单后，经营者应当诚实守信地作出承诺。如果经营者拒绝发货的原因是，自始就不具备缔约的意图，那么就可以认定为恶意磋商。如果经营者拒绝发货的原因是，因电脑系统计算错误导致商品库存不足，那么既可以认定其不存在过错无须承担责任，也可以酌情判决其承担部分责任，具体的法院观点取决于法院对经营者是否有过错以及过错程度的认定。[1]

【关联案件】

李某涛诉北京世纪卓越信息技术有限公司网络购物合同纠纷案[2]

原告（被上诉人）：李某涛。

被告（上诉人）：北京世纪卓越信息技术有限公司。

〔基本案情〕

世纪卓越公司系亚马逊网站的所有者。2014 年 10 月 29 日，李某涛在亚马逊网站下单购买了 4 台“ECOVACS 科沃斯智能家用扫地机战斧 CEN360”，单价 94 元，在线支付共计 376 元。世纪卓越公司回复邮件称：已经收到订单，确定了预计送达商品的时间，但有可能由于商品缺货等原因无法发货。同时也说明邮件仅确认收到订单，并不代表接受订单，只有发出发货确认的邮件双方之间的合同才成立。

世纪卓越公司称将扫地机的价格标注为 94 元系操作错误，此价格并非扫地机的真实售价。后世纪卓越公司未发货并已将相应的款项退还李某涛。双方认可 ECOVACS 科沃斯智能家用扫地机战斧 CEN360 在本次价格变动之前的售价为 949 元。

2015 年 12 月 14 日，北京市隆安律师事务所向李某涛开具了律师费发票，金额为 3000 元。一审诉讼中，另查明，消费者在亚马逊网站购物时，进入登录页面，输入邮箱地址或手机号码及密码，使用条件以链接按钮形式出现在登录按钮下方，消费者将选中商品放入购物车，填写送货地址、付款方式等信息后继续进入检查订单页面，“检查订单”以加粗加大字体出现在页面最上端，下面普通字体载明“当您选择了我们的商品和服务，即表示您已经接受了亚马逊的隐私声明和使用条件”；“您点击订单确认按钮后，我们将向您发送电子邮件或短信以确认我们已收到您的订单。我们向您发送电子邮件或短信，通知您商品已发货之后，我们和您之间的订购合同才成立。”该页面对产品型号、订购数量、送货地址、付款方式等内容进行了字体加粗加黑处理。随后消费者点击提交订单按钮，购买成功。在整个购买过程，使用条件和隐私声明均以普通字

---

[1] 上海市浦东新区人民法院（2014）浦民一（民）初字第 9048 号。

[2] 北京市第三中级人民法院（2017）京 03 民终 1239 号。

体的链接按钮形式出现在页面最下端；消费者购买商品后，可以在商品未从库房发出前取消商品或订单。亚马逊网站中公布的“使用条件”载明：如果您在本网站访问或购物，使用我们的产品或服务，使用移动应用或软件，您便接受了以下使用条件；使用本网站服务即表明您同意使用条件，请仔细阅读这些使用条件。使用条件中关于合同缔结条款中约定：“如果您通过本网站订购商品，本网站上展示的商品和价格等信息仅仅是要约邀请，您的订单将成为订购商品的要约。收到您的订单后，我们将向您发送一电子邮件或短信确认我们已收到您的订单，其中载明订单的细节，但该确认不代表我们接受您的订单。只有当我们向您发出发货确认的电子邮件或短信，通知您我们已将您订购的商品发出时，才构成我们对您的订单的接受，我们和您之间的订购合同才成立”。“价格”部分约定：对于由亚马逊销售的商品，直到您发出订单并经我们确认发货，我们才能确认该商品的销售价格；尽管我们尽最大的努力确保本网站上商品价格的准确性，我们的商品目录里的一小部分商品可能偶尔会有定价错误；如果某一商品的正确定价应高于我们的网站定价，我们有权根据具体情况决定在发货前联系您或咨询您的意见，或者取消您的订单并通知您。

〔法院观点〕

北京市朝阳区人民法院一审法院认为，本案争议焦点有二：第一，世纪卓越公司与李某涛之间买卖合同是否已经成立；第二，世纪卓越公司是否应向李某涛赔偿损失。关于焦点一，我国合同法规定，当事人订立合同，采取要约、承诺方式。承诺生效时合同成立。网站展示商品对商品的描述非常具体和明确，对此种展示属于要约还是要约邀请历来存在争议。如果确定展示属于要约则消费者下单为承诺，则自消费者下单时合同成立，如果确定展示属于要约邀请则消费者下单为要约，网站确认构成承诺，双方的合同自网站确认时合同成立。商事交易应遵循双方当事人的意思自治，当事人在对展示属于要约或者要约邀请存在合意或者网站已经事先声明的情况下，应尊重交易主体在交易时的合意。亚马逊网站在使用条件部分明确约定商品展示的性质为要约邀请，消费者下单为要约，只有网站发出送货确认才构成承诺。消费者同意该使用条件，视为双方就此达成了合议。所以，消费者下单付款后，在网站确认发货前合同并未成立。世纪卓越公司并未确认可以向李某涛发货，故双方之间的买卖关系未成立。关于第二个焦点问题，我国《合同法》第42条规定，当事人在订立合同过程中有下列情形之一，给对方造成损失的，应当承担损害赔偿责任：（一）假借订立合同，恶意进行磋商；（二）故意隐瞒与订立合同有关的重要事实或者提供虚假情况；（三）有其他违背诚实信用原则的行为。合同法的此项规定确立了我国合同法中的缔约过失责任，缔约过失责任是在合同未成立、无效、可撤销的情况下，有过错一方应承担的责任。在网络购物合同中，买卖双方的信息严重不对称，消费者无从知晓某种商品的库存，但是作为网站经营者而言，其有能力掌握商品的动态库存，在某种商品缺货的情况下应及时告知消费者并阻止消费者付款。世纪卓越公司在无法交付涉案商品的情况下仍接受消费者下单，且并未告知消费者商品标价错误，其行为存在过错，应承担缔约过失责任。因世纪卓越公司单方取消订单，致使李某涛丧失了以94元价购买到扫地机的交易机会，世纪卓越公司应向李某涛赔偿4台扫地机正常销售价格3796元与376元之间的差价损失3420元。李某涛要求世纪卓越公司赔偿3420元损失的诉讼请求，于法有据，一审法院予以支持。因世纪卓越公司单方取消订单的行为引发了本次诉讼，李某涛为本次诉讼委托律师参加诉讼并支付了律师费，故对李某涛要求世纪卓越公司支付律师费的诉讼请求，一审法院予以支持。李某涛主张的快递费、交通费、误工费、精神损失费缺乏事实和法律依据，一审法院不予支持。综上所述，依据《中华人民共和国合同法》第13条、第25条、第42条之规定，判决：一、北京世纪卓越信息技术有限公司于判决生效之日起10日内向李某涛赔偿差价损失3420元；二、北京世纪卓越信息技术有限公司于判决生效之日起10日内向李某涛赔偿律师费3000元；三、驳回李某涛的其他诉讼请求。如果未按判决指定的期间履行给付金钱义务，应当按照《中华人民共和国民事诉讼法》第253条之规定，加倍支付迟延履行期间的债务利息。

北京市第三中级人民法院二审认为，本院认为：本案主要争议问题有二，一是双方交易未能实现，世纪卓越公司应否承担赔偿责任，二是世纪卓越公司应否承担消费者的律师费损失。

首先，在网络购物中，网购平台在某些时段以明显低于原价的价格，开展特价优惠、折扣、秒杀等促销活动较为常见，该行为亦是网购平台吸引消费者、提高知名度的常见营销手段。另外，囿于个人经验、年龄等条件，且消费者与网购平台对网购商品的信息掌握并不对等，消费者对经营信息难以辨识，无从知悉网站是否存在库存短缺、系统出错等情况。故在网站未有明显标示和提醒的情况下，作为消费者，李某涛在看到网站中标价为94元的扫地机时并无法判断是该网站标价错误，还是网购平台开展的促销活动，基于对网购的一般认知，其认为该价格为网站的实际销售价格亦具有合理性。从另外一个角度看，某一低价商品出现在网购平台，实难判断该情形系属经营者标价错误或是经营者开展的促销活动甚至是恶意促销，在交易未能顺利进行情形下，若网购平台不承担赔偿责任或仅需承担货款占有期间的利息损失，尤其是在未提示库存量的情形下，将不利于对虚假促销、恶意单方砍单行为的规制。故在不能判断所标价格系属错误标价还是促销标价情形下，李某涛基于对世纪卓越公司的合理信赖而下单购买商品，而世纪卓越公司未能对网购平台管理尽到自身责任，因自身原因取消订单，一审判决由世纪卓越公司承担赔偿商品差价责任，并无不当。

其次，消费者对网络购物的选择，与其个人偏好及网购平台的信誉等因素息息相关。世纪卓越公司作为拥有较高社会知名度及良好的商业信誉的大型网络销售平台，对所售商品和提供服务应尽到自身的审查及管理规范责任，对网站上商品的发布、标价、订单、发货等均有经营管理的义务。网络购物中，网站通常采用提示剩余库存量、在超过库存量之后无法下单、限制单笔订单购买数量等系统设置保证交易顺利进行。世纪卓越公司有且应有能力掌握所售商品的动态库存信息，但其未采取基本的技术措施对所售商品库存量进行提示并阻止消费者在缺货的情况下下单，导致订单量远超过库存量，产生大量诉讼并造成损失扩大，应当承担由此带来的不利法律后果。本案中，亚马逊网站在“使用条件”中约定消费者下单为要约，网站发出送货确认后才构成承诺，现消费者购买商品，阅读使用条件并同意，视为双方就此达成合意。在李某涛下单之后，亚马逊网站并未向其发出送货确认信息，故双方之间买卖合同并未成立。李某涛委托律师并支付律师费，系因世纪卓越公司取消订单行为引发的本次诉讼，北京市隆安律师事务所为李某涛开具了律师费发票，该费用为实际损失。故无论是标价错误还是库存不足所导致的交易无法实现，均因世纪卓越公司原因造成，而世纪卓越公司对于所售商品信息、标价、库存量的审查及订单管理并不存在技术障碍或使得交易不经济之情形。故本院认为，考虑到网络购物确有区别于传统购物模式的自身特点，综合交易无法顺利进行的原因以及纠纷产生的原因，由世纪卓越公司赔偿差价损失及律师费损失，亦不失公允。

最后，网购是便捷消费的一种方式，各种优惠活动本身不仅能提高网购平台的知名度、认可度，从而使商家获取可观的经济利益，亦可使消费者花更少的钱享受更好的商品。法律不会不当干涉市场主体的经营管理及具体销售行为，亦不会对网站的销售行为轻率作出否定评价，但亦需引导、规范市场行为，防止以低价为噱头，通过虚假促销、单方砍单等方式，赚取流量、吸引消费者、促进二次消费等，损害消费者权益。网购平台应遵守诚实信用的原则，承担起保障市场交易实现的责任。世纪卓越公司作为网购平台的经营管理者，其在经营过程中，亦应注意对消费者权益的维护。合议庭注意到世纪卓越公司此前亦因标价错误，单方取消订单引起纠纷，故世纪卓越公司应对网站系统可能存在的标价问题予以重视并及时修复，避免同类问题再次发生，以维护自身经济利益及市场经济秩序。

综上所述，世纪卓越公司的上诉请求不能成立，应予驳回；一审判决处理结果合理、妥当，本院予以维持。依照《中华人民共和国民事诉讼法》第 170 条第 1 款第 1 项规定，判决如下：驳回上诉，维持原判。

【疑难解答】

1. 经营者未提出合同不成立抗辩的，法院是否主动审查？

在理论上，关于合同未成立、未生效、被撤销等事由的抗辩，属于权利阻碍的抗辩，也是无须主张的抗辩。由于这些问题直接涉及原告合同请求权的存在与否，故法院不待被告提出抗辩就应主动审查。在网络消费合同中，经营者提出合同不成立抗辩的，法院应当进行审查，自不待言。经营者没有提出合同不成立抗辩，对案件的实体内容进行了答辩，而且其答辩意见实质上是以合同有效成立为前提的，那么，法院可以基于该应诉答辩行为认定合同有效成立。存在争议的是，在缺席审判的情况下，经营者既没有提出合同不成立抗辩，也没有对案件事实作出应诉答辩的，法院应当如何处理？在理论上，法院应当主动审查。实践中，由于“只有经营者发出发货通知时合同才成立”的约定主要规定在注册协议中，原告在起诉时通常也不会提交注册协议的打印文本，所以法院一般不主动审查是否存在“以发货通知为合同成立条件”的特殊约定，而是认定合同成立。

2. 经营者未约定合同成立的具体时间的，应当如何认定？

经营者约定发货或者发送发货通知为承诺的，合同自发货或者收到发货通知时成立。经营者未具体约定合同成立的节点，是否一律以发货为承诺，有待商榷。根据网络消费的基本流程，消费者下单后，电脑系统会显示订单提交成功。能不能以该“订单提交成功”通知作为承诺，实际上涉及对具体情形中承诺的解释问题。《合同法》第 21 条规定：“承诺是受要约人同意要约的意思表示。”仅仅从表现形式上看，“订单提交成功”通知似乎可以认定为经营者的承诺。但是，“订单提交成功”通知其实是经营者确认收到了要约，并不是作出的承诺。实际上，“订单提交成功”通知几乎在消费者下单的同时出现，在这么短的时间里，经营者根本不可能确定是否作出承诺。因此，经营者未约定合同成立节点的情况下，应当根据订单系统的具体情况加以判断合同成立时间。如果订单系统中显示“您的商品已经进入某某仓库准备出库”，那合同应当自此时成立；如果订单系统不显示上述内容，则应当以系统显示已发货为合同成立时间，这与经营者约定“自发货时合同成立”在结果上并无差异。

06. 当事人的确定

【裁判规则】

网络消费合同中，原则上以账户注册人为消费者，以商品页面载明的网络店铺开设者为网络商品经营者。但是，有其他证据推翻的除外。

【解读适用】

一、实际消费者的认定

民事主体是法律行为的构成要件，只有确定了具体的法律行为主体，才可以确定法律行为的主体效力范围。对于任何一个法律关系，人们的首要任务是确定该法律关系的主体。在网络消费纠纷中，法院必须要正确认定消费关系的主体，进而依法确定各方的权利义务关系。在合同关系中，确定合同的主体，实质上在于确定要约的主体和承诺的主体。一旦确定了谁是要约人、谁是承诺人，合同关系的主体便可以确定。因此，合同关系主体的确定很大程度上是一个事实认定的问题。

《民法总则》第 135 条规定：“民事法律行为可以采用书面形式、口头形式或者其他形式；法律、行政法规规定或者当事人约定采用特定形式的，应当采用特定形式。”在一般交易中，当事人采取书面形式订立合同，那么，合同书所记载的主体自然系合同的主体，这在事实查明方面不存在困难。当事人采取口头形式订立合同，只要当事人对合同关系不持异议，或者其他证据可以证明双方存在合同关系，也可以确定合同的主体。但是，在消费领域，由于消费行为大都属于即时结清的交易，合同主体的确定存在一定困难。具体来说，消费者在超市购物，超市出具购物小票。这里会存在两个问题：第一，购物小票上并不记载消费者的姓名或者其他据以确定身份的信息。购物完毕后，如果因商品质量发生争议的，如何确定实际的消费者？是否持有购物小票的人就是消费关系的当事人？第二，虽然通常来说，在超市实际购物、付款的人为该合同的当事人。但是，合同行为属于法律行为，法律行为是可以代理实施的，如果该实际采购商品的当事人是基于他人委托而购物的，应当以哪一方为消费者？对于第一个问题，目前司法实务中，以持有购物小票和商品的人推定为实际消费者。对于第二个问题，根据代理法的基本理论，代理原则上采显名主义，代理人应当以被代理人名义实施法律行为。在超市购物中，实际购物的人既不会告诉收银员其是代理他人购物，超市也不可能知道其系代理他人实施购物行为，所以不能构成代理，其本人为当事人。

网络消费中，也面临着与上述超市购物相同的问题。不同之处在于，网络消费的实际消费者的范围相较于超市购物的情形较为有限。网络购物中，经营者通过两个途径与消费者发生联系，一个是下单的注册账号，另一个是收件人。换言之，在超市购物中，任何持有小票和商品的人都可以自称为该交易的实际消费者。网络消费中，只有注册账户的持有人和商品的收件人才有可能宣称为实际的消费者。因此，网络消费中实际消费者的确定，关键就在于确定账户的持有人，以及持有人与收件人不一致的，应当以谁为消费合同的当事人。

关于注册账户持有人的确定，区分实名账户和非实名账户进行判断。实名账户中，消费者在注册时应当提供身份证、姓名等真实信息，如支付宝账户为实名信息。非实名账户中，消费者仅需设定虚拟的用户名和密码即可注册账户。在两者中间，还存在一种类型的账户：虽然注册时消费者不需要提供身份证、姓名等个人基本信息，但是需要绑定手机进行验证。鉴于我国手机注册已经实行实名制，所以该类型的账户本质上也是实名账户。对于实名账户，可以通过注册信息确定账户持有人。对于非实名账户，在司法审判中涉及以下两个问题：

第一，法院是不是需要主动审查确定作为原告的消费者就是涉案账户的持有人？从民事诉讼中的辩论主义来说，法院据以裁判的事实资料和证据资料应当由当事人进行提供，当事人不存在争议的事实，法院应当作为裁判的依据，对于存在争议的事实，应当由当事人提供证据或者申请法院调取证据。因此，消费者提出了对自己有利的事实，而经营者对此未明确提出异议的，应当视为双方对该事实不存在争议，法院应当对该事实予以确认，无须再依职权主动要求原告提交相应证据证明他是注册账户的持有人。实务中，原告在起诉状中多会陈述其通过自己的某个账户在网店进行了消费，并且提供订单详情等予以证明，在经营者对此不提出异议的情况下，法院一般都会直接确认原告系账户持有人。但是，辩论主义原则并不是绝对的，如果案件中可能存在侵害他人合法权益的情形，法院应当采取职权主义。具体来说，虽然消费者与经营者对注册账户的归属不存在异议，但法院根据案件审理情况有合理理由怀疑原告不是账户的持有人的，则应当依职权进一步调查相关事实，防止原告通过虚假诉讼侵害账户实际持有人的权益。

第二，经营者对原告的账户持有人身份提出异议的，法院如何裁判？此时，由于双方当事人对案件基本事实发生争议，而账户持有人的状况直接影响到案件的裁判结果，所以法院必须对该争议事实进行证据调查。关于举证责任的分配，根据“谁主张，谁举证”的基本原则，消费者应当对其系账户持有人的事实承担举证证明责任。基本的判断思路是消费者是否可以提供账户的用户名和登录密码。消费者可以对登录账户查看订单进行全程公证，也可以在举证质证环节当庭登录账户。上述两种方式都可以证明消费者是账户持有人，除非经营者提出其他相反证据予以推翻。

账户持有人与收件人不一致的，应当以谁为消费合同的当事人？产生这种情况的原因可能有以下几种：1. 消费者用自己账户为自己购物，但自己不方便签收快递，由收件人作为代收人。2. 消费者用自己账户为自己购物，收件地址是自己的住址或工作地点，收件人是自己虚拟的姓名。3. 消费者用自己账户为他人购物，购物原因包括赠送礼物、委托购买等。4. 消费者借用他人账户进行购物，收件人系消费者自己。从法律关系上说，在第 1 种至第 3 种情形下，账户持有人为买受人。在第 4 种情形下，收件人为买受人。由此可见，“账户持有人与收件人不一致的，应当以谁为消费合同的当事人”在诉讼中实际上是一个事实查明的问题，只要能够确认为什么账户持有人与收件人不一致，就可以确定真正的买受人或者合同当事人。即，无论收件人与账户注册人是否一致，原则上推定账户注册人为消费合同当事人。经营者对此提出异议的，应当提供证据证明。当然，原告也可以提供相应证据证明自己为实际消费者的事实。比如，原告主张收件人为代收人的，可以提供该代收人出具的说明或者作为证人出庭作证；收件人是虚拟姓名的，应当由原告作出充分合理说明，并提交付款信息、发票等信息加以证明，等等。在诉讼中，原告不是账户注册人，而是收件人，即收件人主张自己为实际消费者的，应当提供证据证明其主张，最重要的证据为账户注册人的证人证言或书面说明。

在极为特殊的情况下，也可能出现下单人、账户持有人和收件人都不一致的情况，如甲借用乙的账户购买商品作为礼物赠送给丙（以丙为收件人）。此时，实体法律关系的当事人为下单人甲。在诉讼中，如果该下单人作为原告提起诉讼，就必须对购物过程作出详细陈述，提供账户持有人、收件人出具的说明等予以证明。否则，仍以账户持有人为合同当事人。

二、网络商品经营者的确定

网络商品经营者是指与消费者发生消费关系的主体。实践中，网络商品经营者的认定主要通过以下方式进行：

1. 以淘宝网（www.taobao.com）为典型代表的网络消费经营模式下，网络交易平台与网络商品经营者属于完全独立的主体。每个网络商品经营者都有自己的店铺名称，消费者在购物时可以加以区别。《网络交易管理办法》第8条规定："已经工商行政管理部门登记注册并领取营业执照的法人、其他经济组织或者个体工商户，从事网络商品交易及有关服务的，应当在其网站首页或者从事经营活动的主页面醒目位置公开营业执照登载的信息或者其营业执照的电子链接标识。"因此，消费者通过电脑网页或者手机客户端在淘宝网购物时，可以查询网络商品经营者的营业执照信息，营业执照登记的经营者就是消费法律关系的主体。

《网络交易管理办法》第7条第1款、第2款规定："从事网络商品交易及有关服务的经营者，应当依法办理工商登记。从事网络商品交易的自然人，应当通过第三方交易平台开展经营活动，并向第三方交易平台提交其姓名、地址、有效身份证明、有效联系方式等真实身份信息。具备登记注册条件的，依法办理工商登记。"据此，消费者无法通过店铺首页或者主页面查询到网络商品经营者的营业执照信息的，说明该网络商品经营者不是经过工商注册登记的法人，而是自然人。《网络交易管理办法》第28条规定："第三方交易平台经营者应当建立消费纠纷和解和消费维权自律制度。消费者在平台内购买商品或者接受服务，发生消费纠纷或者其合法权益受到损害时，消费者要求平台调解的，平台应当调解；消费者通过其他渠道维权的，平台应当向消费者提供经营者的真实的网站登记信息，积极协助消费者维护自身合法权益。"因此，网络商品经营者为自然人的，消费者可以要求淘宝网提供经营者的相关真实身份信息。

2. 以亚马逊（www. amazon. cn）、京东商城（www. jd. com）为典型代表的网络消费经营模式下，网络商品经营者通常以"自营"对外进行宣传，商品销售页面也会标注"由亚马逊直接销售和发货"或者"京东发货和售后"。普通消费者会以为，"自营商品"就意味着由亚马逊网站或者京东商城自己进行销售。换言之，网络商品经营者为亚马逊网站或者京东商城。所以，在发生消费纠纷时，消费者会将亚马逊网站或者京东商城作为合同关系的相对人起诉至法院。实际上，亚马逊网站的开办者名称为亚马逊卓越有限公司，标注"由亚马逊直接销售和发货"的商品的实际经营者为北京世纪卓越信息技术有限公司。消费者在亚马逊网站的页面底部的"京公网安备"和"食品经营者许可证"中可以看到详细的信息。京东商城的情况更加复杂。京东商城的所有者为北京京东叁佰陆拾度电子商务有限公司，但是其所标注"京东发货和售后"即京东自营的商品的主体并不是该公司，而是数量众多的散布于全国各地的关联公司。消费者可以在京东商城页面底部的"经营证照"部分看到相关公司。点击进入后，消费者会发现页面显示以下信息："京东商城自营商品经营者资质信息公示""以上区域为经营者的一般经营销售区域，实际中存在因各经营者销售区域、销售的商品品类发生变化或者商品库存不足因而导致向您开出订单发票的经营者可能发生变化，如不符则以您实际交易成功并为您开具发票的经营者为准。"因此，在此类网店经营模式下，虽然标注为"自营"商品，但是在法律关系上，其实与淘宝网相同，即网络商品经营者与网络交易平台是不同的独立民事主体。只不过淘宝网上的网络商品经营者与淘宝网不存在任何股权或其他关联关系，京东商城的自营商品经营者与京东商城存在关联关系。基于"自营"模式的上述特征，在具体纠纷中，网络商品经营者的确定比起淘宝网而言更容易发生争议。

3. 在诉讼中，京东商城提出主体错误的抗辩意见时，消费者经法院释明通常会变更被告。但是，在理论上，仍然有必要对该问题进行探讨。京东商城在其页面中注明："以上区域为经营者的一般经营销售区域，实际中存在因各经营者销售区域、销售的商品品类发生变化或者商品库存不足因而导致向您开出订单发票的经营者可能发生变化，如不符则以您实际交易成功并为您开具发票的经营者为准。"根据该规定，实际上消费者在下单时的交易相对人并不明确，最终的交易相对人以开具发票的经营者为准。此种交易模式实际上颠覆了传统的消费合同订立方式：在传统消费中，消费者所作出的要约的效果意思中，交易相对人肯定是其应有的内容。质言之，消费者发出要约时，合同相对人就确定了，接下来由该相对人对要约作出承诺或拒绝承诺。但是在网络商城自营模式下，消费者在下单时，并不知道其交易的相对人。换言之，消费者作出了一个主体不确定的要约，这种行为类似于悬赏广告，任何一个愿意接受要约的经营者都可以成为合同主体。只不过该经营者由京东商城的电脑系统根据库存等情况自由决定。

从意思表示的解释而言，如果消费者在下单时不限定承诺人，上述交易模式似乎不成问题。相反，消费者特别重视交易相对人的身份，则消费合同是否成立，在认定时不无疑义。关于消费者是否特别注意交易相对人的身份，应当结合交易过程、利益权衡等综合进行判断。比如，当京东商城以"自营"对外经营宣传时，就普通消费者的正常认识来看，其认为交易相对人为京东商城，该主张并不违背常理。据此，可以认为消费者在下单时其要约中的相对人为京东商城即北京京东叁佰陆拾度电子商务有限公司。消费者下单后，订单系统显示"您的订单已经进入仓库准备出货"应当认定为京东商城作出承诺。至于商品实际由具体哪个关联公司发货并开具发票，不影响合同主体。具体发货和开具发票的关联公司是京东商城在交易合同下的履行辅助人，不是合同当事人。

京东商城可能在诉讼中提出以下抗辩，网页中已经载明："以上区域为经营者的一般经营销售区域，实际中存在因各经营者销售区域、销售的商品品类发生变化或者商品库存不足因而导致向您开出订单发票的经营者可能发生变化，如不符则以您实际交易成功并为您开具发票的经营者为准。"然而，上述约定毫无疑问属于格式条款，作为普通消费者一般不可能在购物前首先查看阅读网页底部的上述内容，所以，从格式条款的订入控制来说，难以认定京东商城履行了提请注意义务。①

也有观点从发票的内容来认定合同主体，即消费者收到的发票记载的销售方应当作为合同相对人。该观点在结果上与京东商城的上述约定相同，只不过不是基于当事人的约定来认定合同当事人，而是从发票记载内容进行认定。《发票管理办法》第3条规定："本办法所称发票，是指在购销商品、提供或者接受服务以及从事其他经营活动中，开具、收取的收付款凭证。"一般来说，开具发票的基础在于双方发生了真实的交易关系。但是，并不能据此错误地得出一律以发票记载的主体作为合同当事人的结论。一方面，我国经济实践中，企业开具发票并不完全按照法律规定进行，发票开具行为不规范并不鲜见。另一方面，合同作为民事法律行为，对于其是否成立以及具体主体的认定，都应当以当事人的意思表示为准。合同产生于当事人的效果意思，发票只不过是证明合同关系的证据之一。不能仅仅依据发票认定合同当事人，而必须从交易过程入手，通过具体分析缔约中当事人的意思表示来确定合同当事人。

因此，在自营消费模式下，如果网络商城提出其不是交易当事人，经法院释明，消费者同意变更被告的，应以变更后的主体为网络商品经营者。然而，消费者提出，其基于自营消费的相对人为网络商城而下单购物，不同意变更被告的，以网络商城作为交易相对人，更加有利于尊重消费者的意思自治，也更加有利于维护消费者的权益。此时，应当将实际发货人以及发票记载的销售者作为合同履行辅助人。

三、主体错误的裁判方式

法院经审理查明，提起诉讼的原告不是网络消费关系的当事人，或者消费者起诉的被告不是作为消费关系当事人的网络商品经营者，应当如何处理？这涉及诉讼实施权、当事人适格以及"裁定驳回起诉""判决驳回诉讼请求"的问题。

从民事诉讼角度而言，当事人的资格问题主要包括以下方面：能不能成为当事人？能不能亲自参加诉讼？能不能成为本案的当事人？能不能成为取得胜诉判决的原告或者被告？前两个问题由诉讼权利能力（当事人能力）和诉讼行

---

① 南京市中级人民法院（2015）宁民终字第6715号案件中涉及自营商品交易相对人的认定，法院结合案件事实认为原告岳某春对网络交易平台不是网络销售合同相对人应知晓。因此，对其主张网络交易平台为交易相对人，不予支持。具体裁判理由见【关联案件】部分。

为能力解决，这在我国及国外民事诉讼中不存在认识不同。关键在于第三个问题的理解和第四个问题：在德国法上，第三个问题用诉讼实施权解决，第四个问题用当事人适格解决。具体来说，诉讼实施权针对主张他人权利的情形，即原则上通过法院维护权利的主体只能是权利人自己，除非发生法定诉讼担当或任意诉讼担当。诉讼实施权，解决的是原告的起诉资格问题，防止了“公共诉讼”。诉讼实施权属于诉讼要件，不具备时，造成诉不合法的结果，应当驳回诉。当事人适格属于权利保护要件，是从实体法规范上对当事人的资格进行评价，即经法院审理认定，原告确实是诉讼标的的权利人，被告系诉讼标的的义务人。原告或者被告不适格，则原告主张的诉无理由，应当驳回诉讼请求。问题在于，未经审理，如何确认原告是否主张的是自己的权利？在给付之诉中，采取主张主义，即原告主张其权利受损或者请求保护其权利，就属于行使自己的权利。[①] 至于其主张是否属实、正确，则属于当事人适格的认定。鉴于此，诉讼实施权在大量案件中并不起任何作用，因为很少有人会在诉状中明确陈述其在行使他人的权利。只有在极少数情况下，才涉及诉讼实施权的判断，这涉及诉讼担当的问题。

在我国实务中，相较于诉讼实施权，法官以及律师等多使用“当事人适格”来解决诉讼当事人的资格问题。但是，对于当事人适格的判断和处理，存在特殊性。一方面，在判断上，对于当事人适格的判断与德国法相同，即经过审理，依据实体法判断，原告是否为权利人、被告是否为义务人。另一方面，在处理上，当事人适格实际发挥诉讼实施权的作用，即当事人适格为起诉条件，而非权利保护要件，当事人不适格时裁定驳回起诉。原告不是真正权利人时以裁定驳回起诉的方式处理的理由是：我国民事诉讼法并未采纳诉讼要件理论，而是将原告的适格问题纳入起诉条件中，即原告必须与本案有直接利害关系，因此如果原告不适格，应当裁定驳回起诉。[②] 基于该认识，《最高人民法院关于审理民间借贷案件适用法律若干问题的规定》第 2 条第 2 款规定：“当事人持

---

① 确认之诉、形成之诉的当事人适格的判断标准与给付之诉不同。考虑到网络消费纠纷主要为给付之诉，在此不展开论述，参见［日］新堂幸司：《新民事诉讼法》，林剑锋译，法律出版社 2008 年版。

② 杜万华主编：《最高人民法院民间借贷司法解释理解与适用》，人民法院出版社 2015 年版，第 72 页。

有的借据、收据、欠条等债权凭证没有载明债权人，持有债权凭证的当事人提起民间借贷诉讼的，人民法院应予受理。被告对原告的债权人资格提出有事实依据的抗辩，人民法院经审理认为原告不具有债权人资格的，裁定驳回起诉。”所谓不具有债权人资格，是指原告不是原始或继受的债权人，申言之，原告不是作为诉讼标的的民间借贷法律关系的权利人，不是适格原告。但是，关于当事人不适格时应“裁定驳回起诉”抑或“判决驳回诉讼请求”在我国民事诉讼实践中至今存在争议。①

对于“裁驳”与“判驳”的问题，我们提出以下观点：

1. 在民事诉讼理论上，当事人适格区分为原告适格与被告适格。如果把《民事诉讼法》第119条第1项“原告是与本案有直接利害关系的公民、法人和其他组织”解释为起诉条件中的原告适格，那么在逻辑上，被告适格也应当是起诉条件。虽然《民事诉讼法》第119条并未明确规定被告的适格性问题，但在解释上应当作此理解。

2. 当事人不适格的，应当裁定驳回起诉。民事诉讼中的“诉的利益”要求，当事人通过诉讼程序解决纠纷应当具备必要性和实效性。当事人适格是从主体方面考察诉的利益。当事人不适格，意味着没有必要通过诉讼程序解决纠纷，法院自然应当从程序上驳回起诉。

3. 当事人适格的判断以主张主义为妥。从比较法上来看，日本法上也较少使用诉讼实施权概念，以当事人适格概念取而代之。但是，当事人适格的判断以及作用与德国法上的诉讼实施权相同，即采主张主义和诉讼要件说。② 在我国台湾地区司法实务中，当事人适格的判断标准与德国法上的诉讼实施权相同。③ 因此，德国、日本和我国台湾地区关于诉讼实施权/当事人适格的判断标准都采取主张主义。从操作上看，“原告是与本案有直接利害关系的公民、法人和其他组织”强调的是“利害关系”，如采取主张主义判断有无“直接利害关系”，最迟在开庭前，承办法官就可以确认原告是否具有诉讼实施权并作出

---

① 杜万华主编：《最高人民法院民间借贷司法解释理解与适用》，人民法院出版社2015年版，第72页。

② ［日］高桥宏志：《民事诉讼法：制度与理论的深层分析》，林剑锋译，法律出版社2003年版，第212~215页。

③ 杨建华：《民事诉讼法要论》，北京大学出版社2013年版，第199~201页。

是否裁定驳回起诉的决定，不会发生经过实体审理后又驳回起诉的问题。

综上，在网络消费纠纷中，如果原告提起给付之诉，且在起诉状中主张其为消费合同的权利人，被告为消费合同的义务人，则根据主张主义，原、被告双方都适格，原告提起诉讼符合起诉条件。法院经审理查明，原告并不是涉诉交易的真正权利人，或者被告不是正确的合同相对人的，并不属于当事人不适格，而是请求无理由。原因在于：根据请求权基础的思考方法，法院在实体审理中应查明原告主张的给付请求权是否存在，这取决于其与被告是否存在相应的合同关系。如果原告或者被告不是涉诉合同的当事人，双方之间没有产生合同关系，原告所主张的给付请求权自然不存在，缺乏实体法上的基础，应当判决驳回其诉讼请求。

【关联案件】

胡某峰诉台州尹蔻贸易有限公司网络购物合同纠纷案①

原告：胡某峰。

被告：台州尹蔻贸易有限公司。

〔基本案情〕

胡某峰主张，其于2016年12月3日在天猫平台被告的网店“尹蔻化妆品专营店”购买1盒千叶玫瑰玉润无暇BB霜；2016年12月6日原告又从该店购买8盒千叶玫瑰玉润无暇BB霜。同年12月9日收货后，胡某峰发现该产品外包装功能描述有“美白”字样，属于祛斑类特殊用途化妆品。经查询，发现该产品未取得祛斑类特殊用途化妆品批文，违反相关法律规定，系不符合安全标准的化妆品，故诉至法院。

台州尹蔻贸易有限公司辩称，胡某峰未向其公司购买过胡某峰所称的产品。古月于2016年12月3日向其公司购买1盒千叶玫瑰玉润无暇BB霜；同年12月6日向其公司购买8盒千叶玫瑰玉润无暇BB霜。收货地址上海市闵行区浦江镇江航南路××弄××号楼××室，电话××××，收货人古月。胡某峰现提供的住址和电话号码与上述地址和电话号码不同，胡某峰不是涉案产品的购买人，不符合主体资格，请求法院驳回胡某峰的诉讼请求。

针对台州尹蔻贸易有限公司的答辩意见，胡某峰称其购买的产品以古月名

① 上海市闵行区人民法院（2017）沪0112民初3410号。

字收货，实际以其本人支付宝账号或支付宝交易号为准。

〔法院观点〕

上海市闵行区人民法院经审理认为，根据胡某峰提供的证据，成交日期2016年12月6日的交易订单，虽收货人为“古月”，但该交易订单记载的支付宝交易号、付款时间、货物名称、数量、货款金额均与胡某峰支付宝交易电子回单记载的内容一致，可认定涉案产品由胡某峰购买，胡某峰与台州尹蔻贸易有限公司之间建立网络购物合同关系。收件人信息由买方自行填写，买方可以指定他人收件，台州尹蔻贸易有限公司以收货人姓名、地址、电话号码与台州尹蔻贸易有限公司不一致为由抗辩涉案产品非原告所购，依据不足，本院不予采纳。

王某诉北京世纪卓越信息技术有限公司网络购物合同纠纷案①

原告（被上诉人）：王某。

被告（上诉人）：北京世纪卓越信息技术有限公司。

〔基本案情〕

北京世纪卓越信息技术有限公司因与王某网络购物合同纠纷一案，不服北京市朝阳区人民法院（2016）京0105民初7945号民事判决，提起上诉。上诉理由之一为：原审判决遗漏查明涉案产品真实购买人为顾某妍而非王某、作公证者是顾某妍而非王某等基本事实，在缺乏有效证据情况下错误认定王某为涉案产品购买人及适格原告，基本事实认定不清及错误，依法应发回重审或改判驳回王某起诉及其全部诉讼请求。

〔法院观点〕

北京市第三中级人民法院经审理认为，北京世纪卓越信息技术有限公司上诉主张，虽然购买商品时使用了王某的亚马逊网络账户，但王某并非涉案商品的实际购买人，王某的委托代理人顾某妍才是涉案商品的实际购买人。对此本院认为，王某提交了发货单、发票、信用卡对账单等证据证明系使用王某的个人网络账户购买的涉案产品，且使用王某个人信用卡支付了相应货款，王某是网络购物合同的真实相对方，北京世纪卓越信息技术有限公司虽否认发货单、信用卡消费付款凭证的真实性，但其认可发票原件的真实性，且未提交相反证

① 北京市第三中级人民法院（2017）京03民终5059号。

据证明王某不是涉案产品的购买者。另外，虽然王某委托顾某妍代为办理了公证及诉讼事宜，但顾某妍个人亦当庭明确认可其行为系接受王某委托的行为，并不代表其个人，故应当认定王某提交的发货单、发票、信用卡消费对账单等证据及顾某妍的当庭陈述形成完整的证据链条，足以证明王某系网络购物中货物的实际购买人的事实客观成立，仅以委托事务由顾某妍完成来否定王某的主体资格，缺乏事实和法律依据，对于北京世纪卓越信息技术有限公司的该项上诉主张，本院不予支持。

岳某春诉苏宁云商集团股份有限公司网络购物合同纠纷案①

原告（上诉人）：岳某春。

被告（被上诉人）：苏宁云商集团股份有限公司。

〔基本案情〕

2014 年 7 月 18 日，岳某春在苏宁易购网站（www. suning. com）购物，选择该网站挂售商品索尼彩电 KDL－65W950B 一台（价款为 15000 元，优惠后价款为 1400 元），服务标注由“苏宁”直接销售和发货；岳某春提交订单后随即付款 1400 元（支付平台为南京苏宁易付宝网络科技有限公司），在付款网页重要声明处提示“此邮件仅表示商家已收到您提交的订单，只有当商家向您发出货物已发送及收货校验码短信时，方视为您与商家之间就实际发出的订单货物成立了合同关系；详见苏宁易购会员章程”。2014 年 7 月 18 日，网上显示岳某春提交的订单审核通过，已分给出货仓库；后该订单被取消，岳某春的付款被退回，其至今未收到上述货物。后岳某春与上海信石律师事务所签订《法律服务委托协议》，委托该所就上述纠纷提起诉讼，约定律师费 4000 元。

在苏宁易购网站购物，须先注册成为该网站会员。注册时，将出现“苏宁易购会员章程”并须点击“同意协议并注册”方可完成注册流程。苏宁云商公司提交南京公证处于 2014 年 6 月 20 日出具的（2014）宁南证经内字第 6325 号公证书，根据该公证书的内容，2014 年 6 月 10 日苏宁易购会员章程载明：“本章程由您与苏宁易购网站运营方江苏苏宁易购电子商务有限公司订立。在您申请注册成为苏宁易购网站会员前，请您仔细阅读本章程。当您选择同意苏宁易购网站会员章程（或类似同意按钮）并完成会员注册程序（涉及激活操作要求

① 江苏省南京市中级人民法院（2015）宁民终字第 6715 号。

的，您应完成激活操作）后，或以苏宁易购允许的其他方式实际使用会员服务时，即表示您自愿接受并遵守本会员章程，正式成为苏宁易购网站会员。若您不同意本章程，或对本章程的条款存在任何疑问，请停止进行苏宁易购网站会员注册程序，不要使用苏宁易购会员服务”“苏宁自营商品：指在商品详情页明确标识为由‘苏宁’销售并提供售后服务或苏宁自营的商品，此外为第三方商家商品。”第5条第2项约定：“苏宁易购网站中展示的商品及其价格、规格等信息，其性质仅为要约邀请，是商家希望您向其发出要约的意思表示，当您确定购买并成功提交订单时（您的订单内容应包含您希望购买的商品数量、价格及支付方式、收货人、联系方式、收货地址等信息），视为您向商家发出了购买订单商品的要约；订单提交成功的信息是系统自动生成，并非商家对您要约的承诺。只有系统将订单信息反馈至商家，经商家确认能够满足您的订购需求并向您发货时，方视为商家对您的邀约作出承诺，此时您与商家之间就该已发货商品成立了合同关系；您可以通过查看系统显示的订单状态，了解您与商家之间的合同是否成立以及成立的时间。”

2013年11月，苏宁云商公司将其持有的域名“suning. com”授权苏宁易购公司使用，使用期限为2013年11月1日至2018年12月31日。2013年12月27日，江苏省通信管理局批准苏宁易购公司经营增值电信业务，并颁发许可证。2014年8月13日，苏宁易购公司向工业和信息化部申请ICP信息备案并获得审核通过，备案主体信息显示：主办单位为苏宁云商公司，备案/许可证号为苏ICP备10207551号，备案网站信息显示：网站首页网址为www. suning. cn及www. suning. com，网站域名为suning. cn及suning. com，网站负责人为牛某。在苏宁易购网站底端点击电子营业执照，显示苏宁易购公司工商信息，该公司系独立企业法人。

〔法院观点〕

南京市鼓楼区人民法院一审认为：首先，岳某春在注册成为苏宁易购网站会员时认可受苏宁易购会员章程约束，该章程明确载明其由会员与苏宁易购网站运营方苏宁易购公司订立，也明确载明苏宁自营商品指在商品详情页明确标识为：“由苏宁销售并提供售后服务或苏宁自营商品。”上述条款虽系苏宁易购公司提供的制式条款，但其不存在免除苏宁易购公司责任、加重岳某春责任并排除其主要权利的情形，故上述条款对于岳某春及苏宁易购公司均产生法律效力，岳某春在注册成为会员时对苏宁易购公司为网站的运营方应知晓，岳某春以苏宁云商公司为苏宁易购网站的经营者为由，认定其系网络销售合同的相对方，与事实不符，法院不予采信。其次，苏宁云商公司虽系“www. suning. com”网站进行ICP备案时登记的主办单位，但苏宁云商公司提供的授权协议书显示其已授权苏宁易购公司使用“suning. com”域名，苏宁易购公司也领取了增值电信业务经营许可证，岳某春以苏宁云商公司系网站进行ICP备案的登记主办单位为由认定其为网络销售合同的相对方，无事实及法律依据，法院不予采信。最后，岳某春提交订单后又被取消，商家并未发货。根据岳某春提供的证据，网站截屏显示其购买的商品“由苏宁直接销售和发货，并提供售后服务”，因以“苏宁”冠名的公司有多家，故此处的“苏宁”并不能直接认定为苏宁云商公司。岳某春付款系向南京苏宁易付宝网络科技有限公司支付，退款也是由该公司退回，在此环节也未涉及本案苏宁云商公司。综上，岳某春提供的证据及法院查明事实无法确定苏宁云商公司系案涉网络购物合同的相对方，岳某春的诉讼请求应予驳回。据此，判决：驳回岳某春的诉讼请求。

南京市中级人民法院二审认为：一、在苏宁易购网站购物，须先注册成为该网站会员，注册时，将出现“苏宁易购会员章程”并须点击“同意协议并注册”方可完成注册流程。上诉人岳某春认为网站经营者并未尽到合理方式提请消费者注意义务并不属实。在注册成为苏宁易购网站会员时即认可受苏宁易购会员章程约束。该章程明确载明其由会员与苏宁易购网站运营方苏宁易购公司订立，也明确载明苏宁自营商品指在商品详情页明确标识为：“由苏宁销售并提供售后服务或苏宁自营商品。”上述条款虽系苏宁易购公司提供的格式条款，但并不存在免除苏宁易购公司责任、加重岳某春责任并排除其主要权利的情形，故上述条款对于岳某春及苏宁易购公司均产生法律效力。二、苏宁云商公司虽系“www. suning. com”网站进行ICP备案时登记的主办单位，但苏宁云商公司提供的授权协议书显示其已授权苏宁易购公司使用“suning. com”域名，苏宁易购公司也领取了增值电信业务经营许可证，岳某春以苏宁云商公司系网站进行ICP备案的登记主办单位为由认定其为网络销售合同的相对方，无事实及法律依据，本院不予采信。三、岳某春付款系向南京苏宁易付宝网络科技有限公司支付，退款也是由该公司退回，在此环节也未涉及苏宁云商公司，一审法院无须查明案涉交易款项的最终流向。综上，本院认为，岳某春在注册成为会员时对苏宁易购公司为网站的运营方应知晓，岳某春以被上诉人苏宁云商公司为苏宁易购网站的经营者为由，主张其系网络销售合同的相对方，与事实不符，本院不予支持。

【疑难解答】

1. 能否在所有网络消费纠纷中，一律以账户注册人为当事人？

消费者通过网络购物时应当先行注册账户，通过该账户实施网络消费行为。在某种程度上，可以理解为账户注册成功后，该账户就与注册人身份绑定，只要通过该账户实施的消费行为都应当认定为账户注册人的消费行为。这种认定在结果上来说，有利于简化法律关系，即发生争议后，法院仅需查明账户注册人就可以确定消费关系的当事人。但是，从实践来说，我国大量的网络消费账户并非实名注册，账户与特定身份主体之间的紧密度并未达到不可分离的程度。而且，实践中确实也存在借用他人账户购物等情况。从查明真实法律关系、符合普通消费者认知的角度来说，在法律未做特别规定的情况下，不宜在所有网络消费纠纷中，一律以账户注册人为当事人。当然，在无法查明实际下单人的情况下，应当推定账户注册人为实际消费者。

2. 未经许可擅自使用他人账户下单购物的，如何认定合同当事人？

他人未经账户注册人同意，擅自使用该账户下单购物的，应区分具体情形认定合同当事人：

（1）虽然擅自使用他人账户下单购物，但是，收货人为使用人自己，款项也是使用人自己支付（如货到付款）。此种情形下，实际上是借用他人账户进行购物，作出消费意思表示的主体是账户借用人，而不是账户注册人。因此，消费合同当事人为账户借用人。

（2）擅自使用他人账户下单购物，收货人为使用人自己，但款项是通过账户注册人的支付宝等支付。此种情形下，下单人与账户注册人成立两种法律关系：一种是账户借用关系，另一种是擅自挪用他人款项而产生的侵权关系。由于应当依据作出意思表示的主体判断合同当事人，而不是根据实际付款的主体为准，所以在下单人主张自己系合同主体，账户注册人对此无异议的情况下，消费合同当事人为该实际下单人。

（3）擅自使用他人账户下单购物，但是，无法查清该下单人的具体身份。在网络消费中，虽然注册账户主要起到购物通道的作用，并不将注册人与通过账户实施的所有下单行为完全绑定。但是，原则上推定所有通过账户进行的消费行为都是由账户注册人实施，除非有证据证明实际下单人的真实身份。此种情形下，主要涉及事实证明的问题，账户注册人必须提供证据证明下单人并不是其本人。实践中，消费者证明该事实是非常困难的。[①] 即使查明下单者非账户注册人，如下单时的账户登录地点距离账户注册人距离遥远，收货地点和收货人都与账户注册人无任何关系，从而被法院认定确实存在盗用账号下单的事实，也很难查明实际的下单人。此时，应当由注册人承担举证不能的后果，即他人未经账户注册人同意下单购物，且在交易发生后难以查明实际下单人的，应当以账户注册人为合同当事人。

---

① 济南市中级人民法院（2015）济商终字第 301 号；福州市中级人民法院（2015）榕民终字第 4141 号。

第三章　网络消费欺诈

07. 消费欺诈的认定

【裁判规则】

网络商品经营者通过商品销售网页或其他方式故意告知消费者虚假情况，或者故意隐瞒真实情况，诱使消费者作出错误意思表示的，可以认定为欺诈行为。

【解读适用】

一、消费欺诈的构成要件

在市场经济条件下，资源得到优化配置，商品经济不断发展，各种商品和服务日益丰富，消费领域不断扩大，消费者的自主选择性大大增强，消费需求不断得到满足。然而，现实中不少生产经营者缺乏职业道德和社会公德，唯利是图、不择手段，强买强卖、以假充真、以次充好，严重损害了消费者的权益。在众多侵犯消费者权益的行为中，欺诈行为最为突出。

欺诈，是典型的法律用语。在大陆法系民法中，欺诈作为民法总则中关于意思表示的相关问题加以规定。例如，《德国民法典》第 123 条规定，因受恶意诈欺或不法胁迫而为意思表示者，得撤销其意思表示。[①]《民法总则》第 148 条规定：“一方以欺诈手段，使对方在违背真实意思的情况下实施的民事法律行为，受欺诈方有权请求人民法院或者仲裁机构予以撤销。”有关欺诈的法律规定，在于保护行为人意思表示的自主决定自由。《民法总则》中“使对方在违背真实意思的情况下”之用语表述，即为体现。《民法通则》和《民法总则》都未直接对“欺诈”“欺诈手段”“欺诈行为”的内涵作出界定。《最高人民法

---

① 台湾大学法律学院、台大法律基金会编译：《德国民法典》，北京大学出版社 2017 年版，第 102 页。基于语言习惯，我国台湾地区将德语中的相对应概念翻译为诈欺，大陆地区翻译为欺诈。

院关于贯彻执行〈中华人民共和国民法通则〉若干问题的意见（试行）》第68条规定："一方当事人故意告知对方虚假情况，或者故意隐瞒真实情况，诱使对方当事人作出错误意思表示的，可以认定为欺诈行为。"结合上述规定及民法学理，欺诈的构成要求有以下方面：[①]

1. 欺诈行为。欺诈行为是一种以使他人产生错误观点或者加强或维护该观点为目的的行为。（1）欺诈行为可以是积极作为，通过明示或默示地对重要情况作出不符合事实的说明即属于此类。例如，网络商品经营者明确告知消费者所出售手机为全新品，但实际上是翻修机。当然，并非任何与事实不符的陈述都构成欺诈，这在广告宣传方面尤为突出。只要依据常理判断不会让人受其误导，即不必认定为欺诈。例如，卖瓜者自夸其瓜甜美如蜜，化妆品专柜售货员强调使用某面霜一周，将美白如雪。[②] 此外应注意的是，"不符合事实的说明"意味着可以验证该说明是否属实，不能客观检验的事实不能认定为欺诈。（2）在存在说明义务的情况下，单纯的不作为（沉默）同样可以构成欺诈行为。按照诚实信用原则以及交易惯例，相关事实对交易相对人明显具有特殊意义，那么，行为人就应当对该事实作出说明陈述。当事人是否负有说明义务，应当依据上述原则在具体个案中加以判断。

2. 因果关系。欺诈中的因果关系属于双重因果关系，相对人因欺诈而陷入错误，并且基于错误而作出意思表示。（1）以欺诈行为导致被欺诈人产生错误认识，至于产生何种错误认识并不重要。在大多数情况下，欺诈使得被欺诈人对交易中重要的人或物的特征发生错误认识。该因果关系不仅体现为欺诈行为导致产生了错误认识，还包括欺诈行为加强或者维持了该错误认识的情形。被欺诈人知道事实情况，则不存在该因果关系。需要注意的是，被欺诈人能否通过尽到必要的注意义务来了解到事实情况或避免错误认识，对于因果关系的成立不生影响。（2）被欺诈人的错误认识必须是其作出最终意思表示的原因。在没有该错误认识的情况下，被欺诈人根本不会或者不会在该时间或者只会以其他内容作出意思表示。欺诈行为所导致的错误认识对意思表示产生一定影响即

---

① 该部分相关内容参见［德］汉斯·布洛克斯：《德国民法总论》，张艳译，中国人民大学出版社2014年版，第189页；施启扬：《民法总则（修订第8版）》，中国法制出版社2010年版，第253页；朱庆育：《民法总论》，北京大学出版社2013年版，第273页。

② 王泽鉴：《民法总则》，北京大学出版社2009年版，第308页。

可。换言之，并不要求欺诈行为导致的错误认识必须是致使受欺诈人作出最终意思表示的唯一原因。

3. 行为人存在主观故意。“故意”是民法中最重要的概念，但《民法通则》《民法总则》并未对“故意”作出界定。关于“故意”的界定，应采《刑法》的规定，即“明知自己的行为会发生某种结果，并且希望或者放任这种结果发生的主观状态。”[①] “欺诈”概念本身就天然地包含了主观上的故意状态。欺诈人的故意，不仅包括实施欺诈行为的故意，而且包括使得相对人因此陷入错误认识并基于错误认识作出意思表示的故意。民法上的欺诈的制度目的在于保护意思自治，所以，民法上的欺诈并不以造成财产损失为客观构成要件之一，故无须欺诈人有给被欺诈人带来财产损失的故意，也无须欺诈人为自己或者他人牟取非法财产利益的故意，虽然实践中欺诈人往往是为了谋取财产利益。换言之，哪怕欺诈人是为了被欺诈人的利益实施欺诈行为，也不影响其恶意。

综上，网络消费欺诈的一般构成要件为：网络商品经营者故意通过明示或默示的方式告知消费者有关商品或服务的虚假信息，或者对于按照交易习惯和日常认识对消费者而言的重要信息故意加以隐瞒，导致消费者对商品或服务的功能、价格等产生了错误认识，从而基于该错误认识作出了消费决定。

网络消费欺诈的客观表现，实践中样态繁多，而且欺诈手段也日益复杂化、隐蔽化。2015 年 3 月 15 日起施行的《侵害消费者权益行为处罚办法》第 5 条规定：“经营者提供商品或者服务不得有下列行为：（一）销售的商品或者提供的服务不符合保障人身、财产安全要求；（二）销售失效、变质的商品；（三）销售伪造产地、伪造或者冒用他人的厂名、厂址、篡改生产日期的商品；（四）销售伪造或者冒用认证标志等质量标志的商品；（五）销售的商品或者提供的服务侵犯他人注册商标专用权；（六）销售伪造或者冒用知名商品特有的名称、包装、装潢的商品；（七）在销售的商品中掺杂、掺假，以假充真，以次充好，以不合格商品冒充合格商品；（八）销售国家明令淘汰并停止销售的商品；（九）提供商品或者服务中故意使用不合格的计量器具或者破坏计量器

---

① 王泽鉴：《侵权行为》，北京大学出版社 2009 年版，第 239 页。

具准确度；（十）骗取消费者价款或者费用而不提供或者不按照约定提供商品或者服务。”第6条规定：“经营者向消费者提供有关商品或者服务的信息应当真实、全面、准确，不得有下列虚假或者引人误解的宣传行为：（一）不以真实名称和标记提供商品或者服务；（二）以虚假或者引人误解的商品说明、商品标准、实物样品等方式销售商品或者服务；（三）作虚假或者引人误解的现场说明和演示；（四）采用虚构交易、虚标成交量、虚假评论或者雇佣他人等方式进行欺骗性销售诱导；（五）以虚假的‘清仓价’、‘甩卖价’、‘最低价’、‘优惠价’或者其他欺骗性价格表示销售商品或者服务；（六）以虚假的‘有奖销售’、‘还本销售’、‘体验销售’等方式销售商品或者服务；（七）谎称正品销售‘处理品’、‘残次品’、‘等外品’等商品；（八）夸大或隐瞒所提供的商品或者服务的数量、质量、性能等与消费者有重大利害关系的信息误导消费者；（九）以其他虚假或者引人误解的宣传方式误导消费者。”上述规定可以作为认定网络消费欺诈行为的参考依据。但是，网络商品经营者实施上述列举的行为，并不绝对地构成网络消费欺诈。除此之外，还应满足消费欺诈的其他构成要件。

二、消费欺诈的举证责任

在诉讼中，事实查明与法律适用具有同等重要的作用。一定程度上可以说，对于绝大部分案件而言，一旦案件事实得以确定，法律结果也便一目了然。由此可以看出，案件事实的查明对法院裁判的重要意义。从民事诉讼理论和实务来说，在辩论主义的要求下，当事人对案件事实不存在分歧的，法院就应当直接确认当事人主张的事实，作为裁判依据。如果当事人对与案件裁判有关的事实存在争议，那么，就涉及民事诉讼中最重要的问题：举证责任。

举证责任区分为行为责任和结果责任：前者是指当事人就其主张的事实负有提供证据的责任；后者是指在事实真伪不明时，主张该事实的当事人承担不利诉讼后果的责任，又称为证明责任。在整个诉讼过程中，只要当事人提出一定的事实主张，而对方当事人不认可该事实主张，且该主张又不属于免于证明的事实，那么，提出主张的当事人就要对其主张的事实提供证据。因而，当事人的行为责任是与诉讼相伴随的必然现象，是从查明案件事实而言对当事人提出的要求。[①] 如果在法院穷尽一切证据手段后仍然无法查明案件事实，即案件事实处于真伪不明的状态时，由于法官不能以事实不明拒绝裁判，所以就必须通过结果责任给法官裁判指明方向，即应当由哪一方承担案件事实不清的不利后果。“证明责任的本质和价值在于，在重要的事实主张的真实性不能被认定的情况下，它告诉法官应当作出判决的内容。也就是对不确定的事实主张承担证明责任的当事人将承受对其不利的判决。”[②] 《民诉法解释》第 90 条规定：“当事人对自己提出的诉讼请求所依据的事实或者反驳对方诉讼请求所依据的事实，应当提供证据加以证明，但法律另有规定的除外。在作出判决前，当事人未能提供证据或者证据不足以证明其事实主张的，由负有举证证明责任的当事人承担不利的后果。” 上述规定即分别体现了行为责任与结果责任。

就对诉讼结果的影响而言，结果责任相较于行为责任更具有重要意义，也是证明责任问题研究的重点。历史上，关于证明责任的分配问题，影响最大的是德国学者罗森贝克提出的法律要件分类说。简单来说，主张权利存在之人，应就权利发生的法律要件存在事实举证；否认权利存在之人，应就权利未依法产生、权利已经消灭或者权利受制约的要件事实存在举证。该说亦属于我国的通说，《最高人民法院关于民事诉讼证据的若干规定》以及《民诉法解释》中关于具体纠纷中证明责任的分配，基本上遵循了该学说。[③]

《民诉法解释》第 91 条第 1 项规定：“人民法院应当依照下列原则确定举证证明责任的承担，但法律另有规定的除外：（一）主张法律关系存在的当事人，应当对产生该法律关系的基本事实承担举证证明责任。” 在理论上，法律关系的本质是权利义务关系，当事人主张法律关系存在，实际上就是主张某种权利的存在。换言之，主张法律关系存在与主张某种权利存在是同义的。具体到网络消费欺诈中，除非法律作出特殊规定，否则，根据上述法律规定，消费者主张基于欺诈事实而享有特定权利（如，撤销合同的权利、惩罚性赔偿请求权）的，其应当对权利得以产生的基础事实承担证明责任。具体来说：

---

① 李国光主编：《最高人民法院〈关于民事诉讼证据的若干规定〉的理解与适用》，中国法制出版社 2002 年版，第 34 页。

② ［德］罗森贝克：《证明责任论》，庄敬华译，中国法制出版社 2002 年版，第 2 页。

③ 沈德咏主编：《最高人民法院民事诉讼法司法解释理解与适用（上）》，人民法院出版社 2015 年版，第 316 页。

1. 关于欺诈行为的证明。消费者主张网络商品经营者存在欺诈行为，如故意告知虚假事实，或者隐瞒重要事实，应当对此承担举证证明责任。之所以使用“举证证明责任”，是将行为责任和结果责任结合起来的结果。从查清案件事实要求出发，既然消费者提出对方存在欺诈的主张，那么他应当提供证据加以证明。从败诉风险的角度出发，一旦网络商品经营者是否存在欺诈的事实无法查清，消费者将承担败诉后果。可见，关于证明欺诈行为的行为责任和结果责任都统一于消费者。

消费者证明网络商品经营者存在欺诈的常见证据有：（1）商品展示页面的打印件。该证据用于证明网络商品经营者在销售商品时对商品信息所做的说明，即经营者提供了某种信息。应予注意的是，告知虚假事实不仅包括明示的作为，也包括默示的作为。所谓默示的作为，最典型表现是经营者将商品上架销售这一事实本身。比如，《强制性产品认证管理规定》第 2 条规定：“为保护国家安全、防止欺诈行为、保护人体健康或者安全、保护动植物生命或者健康、保护环境，国家规定的相关产品必须经过认证（以下简称强制性产品认证），并标注认证标志后，方可出厂、销售、进口或者在其他经营活动中使用。”因此，对于实施强制性产品认证的产品，未取得 3C 认证，不得上架销售。网络商品经营者上架销售属于认证目录内的产品，该销售行为可以认定为经营者默示地告知消费者该商品取得 3C 认证。（2）商品实物。欺诈，本质上反映的是名实不符。商品展示页面用于证明“名”，商品本身则用以证明“实”。比如，商品展示页面宣传商品为原装德国进口产品，但商品包装上却载明为越南制造。这里需要注意一点，网络商品经营者可能在诉讼中对商品来源提出异议，认为消费者所提交的商品并非其交付给消费者的商品，消费者对商品进行了调包。对于商品的来源，原则上，只要该商品的名称、规格、生产厂家等信息与经营者网站上展示的信息相同，就应认定该商品购买自该经营者，除非经营者提出确凿证据推翻。[①]（3）聊天记录。在网络消费中，假如商品展示页面信息不完整或者不明确，消费者可能会通过聊天软件向网络商品经营者作出进一步确认。经营者在聊天记录中关于商品信息的说明等，也是认定其是否存在欺诈的依据。（4）鉴定意见。有些商品是否在性能、品质上存在欺诈，需要通过专业手段和

① 北京市第三中级人民法院（2017）京 03 民终 3433 号。

设备才能确定，此时，鉴定意见发挥重要作用。消费者在收到商品后，对商品品质产生怀疑时，可以先单方委托鉴定。其后，以该鉴定意见作为证据向法院起诉。诉讼中，如果经营者对该鉴定意见不认可，并且申请重新进行鉴定的，法院应当委托鉴定机构进行鉴定。经营者不认可消费者提供的鉴定意见，又不申请或者不同意重新鉴定的，应对消费者的鉴定意见予以采纳。

2. 关于因果关系的证明。应予明确的是，对于因果关系的探讨应当以欺诈事实的存在为前提。如果欺诈事实不成立，则无探究因果关系的必要。准此而言，欺诈事实的证明先于因果关系的证明。[①] 本质上，因果关系的证明，涉及的是对两个事实之间有无引起与被引起关系的判断。虽然消费者对欺诈事实与购买行为之间是否存在因果关系承担举证证明责任。但实际上，只要查明确实存在欺诈事实和消费行为，接下来涉及的其实是两个事实之间是否足以成立因果关系的判断问题。因此，因果关系的证明最终取决于因果关系理论本身。在因果关系理论中，自然意义上的因果关系只是最低程度的要求。所谓自然意义的因果关系，又称为等值说，可以概括为“无此条件则无此结果”或者“无此行为，则必不生此后果”，自然意义的因果关系的功能在于排除与造成某种结果无关的事物，具有过滤的作用。[②] 由于纯粹自然意义的因果关系可能造成不合理后果，如甲与乙同时实施不同的侵权行为，且都单独可以导致某种损害后果，根据等值说，由于“无甲的行为，也会发生损害后果”，或者“无乙的行为，也会发生损害后果”，将会得出甲和乙的行为都与损害后果不存在因果关系的荒谬结论。此外，也为了避免加害人责任的漫无边际，等值说的“漫无边际的宽度”必须通过规范性的规则标准加以限制，相当性因果关系理论应运而生。[③] 相当性因果关系理论的判断公式是：“无此行为，虽必不生此损害，有此行为，通常即足生此种损害者，是为有因果关系。”举例来说，某品牌服饰在当地大为流行，为了赶时髦，甲也想在网店购买一件同样品牌的服饰。购买时商品展示网页中载明产地中国，收到商品后发现标签上标注的产地为越南。此种情形下，“产地不实”与购买行为不存在自然意义上的因果关系，因为对甲

---

① 陈聪富：《因果关系与损害赔偿》，北京大学出版社 2006 年版，第 145 页。

② 王泽鉴：《损害赔偿》，北京大学出版社 2017 年版，第 85 页。

③ ［德］罗歇尔德斯：《德国债法总论》，沈小军等译，中国人民大学出版社 2014 年版，第 324 页。

作出购物决定发挥作用的是服饰的品牌，而非产地，即产地根本不是甲在作出购买决定时考虑的问题。当然，甲也可以声称其在看到产地为中国后，才最终下定决心购买。就此而言，可以认定存在自然意义上的因果关系。但是，即使经营者在网页中的产地标注错误，也不会得出消费者购买该服饰是基于错误意思表示的结论，因为通常情况下消费者更看重服饰的品牌、成分、款式、价格等，并不看重产地，除非特定产地对特定服饰具有特殊意义，这在实践中体现为产地作为商品的重要宣传卖点。所以，“产地不实”与购买行为不具备规范意义上的相当性因果关系。

3. 关于故意的证明。按照一般侵权行为中举证责任分配，受害人对加害人存在主观故意承担举证责任。但是，与经营者相比，消费者显然处于弱势地位，是各国法律特别保护的对象。从消费者权益保护法的立法意图看，它侧重对消费者利益的保护、对经营者侵权行为的制裁。考虑到消费者与经营者之间的信息不对等及双方举证能力强弱不均等因素，让消费者举证证明经营者在提供商品或服务时有欺诈的故意，存在很大困难；以消费者对欺诈的故意举证不能为由，而使其承担不利的法律后果，显然有违公平原则。比如，《最高人民法院关于审理食品药品纠纷案件适用法律若干问题的规定》第 6 条规定，食品的生产者与销售者应当对于食品符合质量标准承担举证责任。《最高人民法院关于民事诉讼证据的若干规定》第 4 条规定，“因缺陷产品致人损害的侵权诉讼，由产品的生产者就法律规定的免责事由承担举证责任”。从以上司法解释规定的精神来看，在举证责任分配方面都采取了对消费者有利的原则。因此，在消费欺诈的故意证明问题上，应采用故意推定的归责原则，由经营者对自己无主观故意承担举证责任。司法实践中，只要消费者举证证明经营者实施了虚构事实、隐瞒真相等欺诈行为，就可推定经营者存在欺诈故意，经营者承担证明自己没有欺诈故意的举证责任。理论上，只有存在“明知”才能构成“故意”。例如，网络商品经营者只有明知商品为假冒产品却向消费者宣称为正品时，才构成欺诈。“应当……而没有……”不符合“明知”的定义。但是，在消费者保护领域，实务中大多都从经营者“应当……而没有……”中推定其存在明知，进而推定存在故意。具体来说，主要审核经营者在进货过程中是否依法建立了进货查验制度，是否尽到了查验义务。同时，要审查经营者在销售过程中是否履行了应尽的注意义务，即达到了理性经营者应具备的谨慎、勤勉的标准，如没尽到相应的义务，则推定其具有主观故意。

【关联案件】

冯某甲诉广州九五堂信息科技有限公司网络购物合同纠纷案①

原告（被上诉人）：冯某甲。

被告（上诉人）：广州九五堂信息科技有限公司。

〔基本案情〕

2016年3月15日0点32分至0点36分，冯某甲先后在九五堂公司经营的天猫店铺“九五堂数码专营店”购买“美商海盗船复仇者×××台式机电脑内存16G＊2条DDR4”4件，金额1794元。该商品详情页面上载明“价格2199元，促销价1799元，今日特价，本店活动满200元减5元”。订单载明收货地址为冯乙，价格2199元，今日特价省400元，满减活动省5元，实付款1794元。2016年3月18日，该订单签收。九五堂公司开具了发票，购买方名称为冯乙。

2016年3月17日，冯某甲与九五堂公司在线客服有如下对话：“美商海盗船复仇者×××台式机电脑内存16G＊2条DDR4，价格2199元，促销价1799元，2199元是原价，对吧？”“是的。”

九五堂公司主张涉案商品正常销售的价格为2499元，在天猫店铺中冯某甲购买之前，涉案商品并未成交过。九五堂公司提交涉案产品报关单、与盟创国际有限公司的订货单付款记录、京东商城成交记录，以证明涉案商品的进货价为1831.15元，在京东商城的销售价格为2499元。

〔法院观点〕

北京市朝阳区人民法院一审认为，冯某甲从九五堂公司购买“美商海盗船复仇者×××台式机电脑内存16G＊2条DDR4”，双方成立真实有效的买卖合同关系，该买卖合同关系系双方当事人真实意思表示，内容未违反有关法律法规的强制性规定，属合法有效。就冯某甲主张的九五堂公司存在价格欺诈问题，根据法律规定，经营者采取虚假或者其他不正当手段欺骗、误导消费者，使消费者的合法权益受到损害的行为，属于欺骗消费者行为。经营者提供商品或者服务有欺诈行为的，应当按照消费者的要求增加赔偿其受到的损失，增加赔偿

---

① 北京市第三中级人民法院（2017）京03民终10788号。

的金额为消费者购买商品的价款或者接受服务的费用的三倍。根据《禁止价格欺诈行为的规定》《关于有关〈禁止价格欺诈行为的规定〉条款解释意见的通知》等规定，虚构原价、虚假优惠折价，诱骗他人购买的，应属价格欺诈行为，其中“原价”是指经营者在本次促销活动前7日内在本交易场所成交，有交易票据的最低交易价格；如果前7日内没有交易，以本次促销活动前最后一次交易价格作为原价。本案中，九五堂公司在涉及的“美商海盗船复仇者×××台式机电脑内存16G＊2条DDR4”促销活动前7日内并未以所标的2199元的价格进行销售，该行为已构成价格欺诈行为，故上述价格欺诈行为应依照《消费者权益保护法》第55条承担赔偿责任。

北京市第三中级人民法院二审认为，冯某甲从九五堂公司购买涉诉商品，双方之间成立合法有效的买卖合同关系。双方争议焦点为，九五堂公司销售涉诉商品的价格标注是否构成价格欺诈，以及冯某甲是否受到九五堂公司价格标注的误导而产生错误认识并作出购买的意思表示。

关于九五堂公司销售涉诉商品的价格标注是否构成价格欺诈。《禁止价格欺诈行为的规定》《关于〈禁止价格欺诈行为的规定〉有关条款解释意见的通知》作为行政规章及规范性文件，对价格欺诈行为的认定具有一定的参照意义，同时应当依照民法关于欺诈的规定对经营者的标价行为进行综合判断。虚构原价，虚构降价原因，虚假优惠折价，谎称降价或者将要提价，诱骗他人购买的，应属价格欺诈行为。“虚构原价”是指经营者在促销活动中，标示的原价属于虚假、捏造，并不存在或者从未有过交易记录。经营者对未销售过的商品开展促销活动，不得使用“原价”“原售价”“成交价”等类似概念，误导消费者认为该商品在本经营场所已有成交记录。本案中，九五堂公司主张其标注的2199元价格系标牌价、上货价，并非原价，但并没有以该价格进行销售的实际交易记录，其在商品详情页面标注“价格：2199元，促销价1799元”，而没有进行必要解释说明，且该公司客服回复亦表明2199元系商品原价，会误导消费者认为该商品有按照2199元进行销售的成交记录，属于虚构原价、虚假优惠的行为，因此，九五堂公司的行为构成价格欺诈。

关于冯某甲是否受到九五堂公司价格标注的误导而产生错误认识并作出购买的意思表示。九五堂公司将1799元标注为促销价，两种标价所显示的不仅是优惠本身，还传递出优惠幅度的信息，虚假标注价格足以使消费者对优惠幅度产生错误认识而产生购买意愿，故本案所涉价格欺诈行为构成对消费者的欺诈。此外，经营者应当根据自身经营条件，准确记录所销售商品或者提供服务的价格，并保存完整的价格资料，不得弄虚作假。因此，关于九五堂公司提交的针对涉案商品上货价格及销售过程中的价格变动情况的调查取证申请，不属于法院调查取证的范围，本院不予准许。

杨某诉深圳市微峰电科技有限公司网络购物合同纠纷案[①]

原告（上诉人）：杨某。

被告（被诉人）：深圳市微峰电科技有限公司。

〔基本案情〕

2016年7月14日，杨某在微峰电公司在京东商城开设的“微峰电智能专营店”购买涉案商品1台（含赠品FIIDO智能平衡车专用车袋6.5寸），原价899元，实付879元；2016年7月17日，杨某签收该涉案商品（运单号为5180××××8913）。2016年7月19日，杨某第二次在“微峰电智能专营店”购买同一款涉案商品4台，每台899元，共计3596元；2016年7月23日，杨某签收该涉案商品（运单号为5180××××8474）。杨某主张微峰电公司存在以下欺诈行为：5台涉案商品及电源适配器均未标注厂名、厂址、执行标准及3C认证标志，系不合格商品；另，涉案商品宣传所用电池为进口锂电池，但并没有附相关材料证明其是进口的。

经一审当庭拆封运单号为5180××××8474的涉案商品1台，确认以下事实：涉案商品外包装、涉案商品车身及电源适配器上均未标注厂名、厂址、执行标准及CCC认证标志；车身粘贴有注意事项；包装内附合格证、保修卡（含生产厂家名称、地址）、涉案商品使用手册。

〔法院观点〕

北京市大兴区人民法院一审认为，杨某在微峰电公司购买涉案商品，双方成立合法有效的买卖合同关系。微峰电公司辩称涉案商品系杨某从第三方购买，但其对此并未提交证据予以证明，故对其该项答辩意见，不予采纳。《最高人民法院关于贯彻执行〈中华人民共和国民法通则〉若干问题的意见（试行）》第68条规定：一方当事人故意告知对方虚假情况，或者故意隐瞒真实情况，诱

① 北京市第二中级人民法院（2017）京02民终7838号。

使对方当事人作出错误意思表示的，可以认定为欺诈行为。本案中，杨某应对微峰电公司存在欺诈，且其因受到欺诈而购买涉案商品承担举证责任。

对于杨某第一次所购买的1台涉案商品。《强制性产品认证管理规定》第2条规定：国家规定的相关产品必须经过认证，并标注认证标志后，方可出厂、销售、进口或者在其他经营活动中使用。第4条规定：国家对实施强制性产品认证的产品，统一产品目录，统一技术规范的强制性要求、标准和合格评定程序，统一认证标志，统一收费标准。第30条规定了认证标志为“CCC”，即“中国强制性认证”。该项强制性产品认证制度是政府为保护消费者人身安全和国家安全，加强产品质量管理、依照法律法规实施的一种产品合格评定制度。现微峰电公司所售的涉案商品及电源适配器上均未标注CCC认证标志，微峰电公司亦未提交证据证明涉案商品及电源适配器已通过CCC认证，故涉案商品属明显不合格商品。

对于杨某第二次所购买的4台涉案商品。因杨某在第二次购买时已经收到第一次所购涉案商品，其在明知涉案商品不合格的情况下依然购买，微峰电公司不构成欺诈。

北京市第二中级人民法院二审认为，虽然杨某与微峰电公司之间未签订书面的买卖合同，但由于杨某自微峰电公司在京东商城开设的“微峰电智能专营店”购买涉案商品，为此杨某与微峰电公司之间形成事实上的买卖合同关系。《最高人民法院关于贯彻执行〈中华人民共和国民法通则〉若干问题的意见（试行）》第68条规定：一方当事人故意告知对方虚假情况，或者故意隐瞒真实情况，诱使对方当事人作出错误意思表示的，可以认定为欺诈行为。因此一般来讲，欺诈的认定应具备以下几个要素：1. 欺诈的故意；2. 告知对方虚假情况或隐瞒真实情况；3. 对方陷入错误认识；4. 对方基于错误认识而为意思表示。在本案中杨某在购买第二次4台涉案商品之前已经收到第一次购买的1台涉案商品，因此杨某第二次购买涉案商品前已经知道或应当知道涉案商品存在的虚假宣传行为，为此其第二次购买涉案商品时并未对涉诉商品存在的虚假宣传行为陷入错误认识，其购买第二次涉案商品的行为并非基于对虚假宣传行为陷入错误认识而作出的。即杨某购买第二次涉诉商品与其陷入错误认识之间不具备实质上的因果关系。

张某玲诉乐视控股（北京）有限公司等网络购物合同纠纷案[①]

原告（上诉人）：张某玲。

被告（被上诉人）：乐视控股（北京）有限公司。

被告（被上诉人）：乐视网信息技术（北京）股份有限公司。

被告（被上诉人）：乐视致新电子科技（天津）有限公司

〔基本案情〕

2015 年 9 月 7 日，LeMe 乐迷社区登载官方公告，主题为“919 主商品专场”全天开放购买直降 500 元活动，内容为：9.19 乐迷节当天 10 时至 24 时，主商品超级手机和超级电视各型号均降价 500 元，再使用 500 元现金券购买超级电视 X50Air 艺术版和乐视超级手机 1Pro，两种优惠方式叠加立享 1000 元优惠；其中超级电视参与机型包括超级电视 X50Air 张艺谋《归来》艺术版：超级电视 X50Air（2499）+全屏影视会员 24 个月服务费（980 元）+500 元艺术级增配包，另外赠价值 1 年 199 元 4K 内容包，超级电视 X50Air 免费赠送：超级社交遥控器 3+云弧底座+2 副 3D 眼镜；活动结束在支付全款后的 1 周内发货。

2015 年 9 月 19 日 12 时，张某玲参加上述“919 主商品专场”，在乐视商城下订单购买了乐视 TV 超级电视 letvX50Air 张艺谋《归来》艺术版。张某玲提交订单当时乐视商城自动生成《购买协议》，协议约定：甲方为乐视致新公司，客户对提交订单按钮的点击，代表已完全清楚并接受本协议的全部条款和内容，甲方将按照订单需求向客户提供相应产品或服务，在库存发生变更导致订单商品无法及时交付情况下，甲方对客户应尽通知义务，客户接到通知后可选择对订购商品型号作出相应调整或者申请退款。

2015 年 9 月 19 日，乐视商城发布 919 商城活动公告，载明：由于瞬间访问量过大造成系统崩溃，部分用户可能暂时无法提交订单，请不用着急，我们会尽快修复并延长提交订单时间至 24 小时；919 活动全天开放购买，我们准备了充足货源，活动将持续到 24 点，现货和预售同享超级电视、超级手机直降 500 元优惠特权；截至系统修复前，所有加入购物车（电视、手机）未成功支付的乐迷，完成支付后我们将赠送头戴式耳机一副；请大家不要着急，耐心等待，

---

① 北京市第三中级人民法院（2017）京 03 民终 10779 号。

错峰购买。

2015年9月24日，乐视商城发布919订单延期发货致歉公告，载明：9月19日10点至12点，乐视商城因瞬时并发流量过大，服务器拥堵宕机，订单量激增，销量巨大，919当天两款畅销机型S40Air全配版和X50Air张艺谋《归来》艺术版，支付率远超我们预期，为表达深深谢意，X50Air张艺谋《归来》艺术版可选择免费升级为新品超3X50（包含2年全屏影视会员服务费），并赠送超3X50挂架或云底座（用户2选1）。

2015年10月11日，乐视商城将更换后超级电视新品超3X50从库房发出，于2015年10月19日被张某玲拒收，订单款项3479元于2015年11月2日被退回。

张某玲提出，超级电视X50Air张艺谋《归来》艺术版电视，每台电视都有唯一编号，并有张艺谋签名的鉴证书，对于消费者具有特定意义。同时，超3X50在性能上比X50Air张艺谋《归来》艺术版更为优越。因此，乐视商城构成欺诈。

〔法院观点〕

北京市朝阳区人民法院一审认为，根据案件事实，无法推断出乐视商城存在刻意隐瞒涉诉机型备货量不足从而诱使消费者作出错误购买行为的故意，尚不足以认定乐视商城存在欺诈行为，不符合欺诈的构成要件。

北京市第三中级人民法院二审认为，LeMe乐迷社区登载的官方公告显示，主题为“919主商品专场”全天开放购买直降500元活动。该网页载明了购买超级电视、超级手机、智能硬件等商品细则。据此，促销活动覆盖多款产品并针对不特定的众多消费者。涉案超级电视是参加2015年9月19日乐视商城促销活动的多款产品之一。张某玲亦是参加该次促销活动的消费者之一。张某玲在2015年9月19日提交订单购买涉案电视机时，乐视商城自动生成《购买协议》。该协议约定：“甲方将按照订单需求向客户提供相应产品或服务，在库存发生变更导致订单商品无法及时交付情况下，甲方对客户应尽通知义务，客户接到通知后可选择对订购商品型号作出相应调整或者申请退款。”乐视商城在2015年9月24日活动结束后，针对919活动当天瞬时流量过大造成服务器拥堵，系统恢复正常后订单量激增的情况发布致歉公告，通知消费者涉案电视机支付率远超预期，用户可选择免费升级为新品超级电视第三代。依据上述查明事实，乐视商城在涉案产品销售过程中，其销售行为并没有违反《购买协议》中的约定。在发生备货量不足导致订单商品无法交付的情况下，乐视商城履行了通知义务以及约定的调整措施。此外，针对919活动中发生的宕机及涉案电视机支付率远超预期的情况，乐视商城及时发布公告通知，积极通知消费者，并未出现明显怠于履约的行为。综上，本案现有证据不足以认定涉案电视机的销售过程中存在欺诈的故意。张某玲亦无证据证明乐视控股公司、乐视网公司、乐视致新公司存在刻意隐瞒涉诉机型备货量不足从而诱使消费者作出错误购买的行为。

【疑难解答】

1. 商品宣传网页使用绝对化用语的，是否构成消费欺诈？

广告应当真实、客观地介绍商品或服务。经济社会生活是不断发展变化的，对商品或者服务的任何表述都不应当是绝对化的。在广告中使用绝对化用语，不但容易误导消费者，而且可能不正当地贬低了同类商品或者服务，[①] 因此《广告法》第9条规定，广告中不得使用“国家级”“最高级”“最佳”等用语。通俗地讲，所谓绝对化用语，就是指不符合客观条件或不受时空限制，形容事物达到某种极致状态的夸张性语言。《广告法》禁止绝对化用语的考虑主要有三个：一是绝对化用语违背了事物发展的客观规律，二是绝对化用语容易给消费者造成误导，三是绝对化用语可能导致不正当竞争。[②]

网络商品经营者违反《广告法》中禁止使用绝对化用语的规定的，应当承担行政责任。但是，绝对化用语不能与《消费者权益保护法》第55条规定的“欺诈”画等号。理由如下：第一，欺诈行为既包括积极地告知虚假信息，还包括消极地隐瞒重要信息。绝对化用语的使用，表现为经营者积极地告知消费者相关信息，消极隐瞒重要信息与绝对化用语无关。第二，消费欺诈责任的构成要件，不仅包括客观上的欺诈行为，还包括因果关系和主观故意。尤其是因果关系，对于是否构成欺诈具有重要影响。网络商品经营者使用了绝对化用语，只是可能承担欺诈责任的一个条件。即使经营者在商品网页宣传中使用了绝对

---

① 郎胜主编：《中华人民共和国广告法释义》，法律出版社2015年版，第58页。

② 刘双舟：《商业广告中绝对化用语的认定与法律适用》，中国社会科学网：http://www.cssn.cn/fx/fx_yzyw/201607/t20160728_3139517.shtml

化用语，并因此承担了行政责任，也不一定构成消费欺诈。司法实践中，多地法院对此采取了相同的裁判思路。

在张某森与上海丰全实业有限公司、纽海电子商务（上海）有限公司网络购物合同纠纷案件中，[①] 法院认为，虽然网页宣传中使用了“最小”“顶尖”等绝对化用语。但是，不当的广告宣传行为并不等于欺诈行为。电脑的型号、硬件配置、技术参数等核心内容与其广告相同。现有证据无法证实丰全公司有欺诈故意。丰全公司已对其产品的技术信息进行了全面披露，张某森完全可以依据广告页面中的相关信息综合判断是否购买产品。张某森下单购买与丰全公司的广告行为之间不存在法律上的因果关系。在万燕诉武汉京东世纪贸易有限公司网络购物合同纠纷再审审查一案中，[②] 法院认为笔记本电脑的规格参数直接影响产品的实际使用性能，也对消费者的购买行为产生实质性的影响。京东商城对涉案笔记本电脑的规格参数进行了详尽的说明，每项参数均描述准确，与万燕购得的案涉笔记本规格配置完全一致。虽然京东商城在广告宣传中使用了不当的绝对化广告用语，但其如实描述了案涉笔记本电脑的各项规格参数，故不能认定京东商城具有欺诈的主观故意，亦不构成欺诈。在宇文义诉上海五虹通讯科技有限公司网络购物合同纠纷中，[③] 二审法院亦认为，仅凭五虹公司使用了“最佳选择”“最佳伴侣”的宣传用语，不足以对消费者是否购买涉案商品造成误导，亦不符合前述有关欺诈行为的构成要件。

总结起来，网络商品经营者不仅使用了绝对化用语，而且，该用语足以导致消费者作出购买决定的，构成欺诈。因此，在绝对化用语中，一方面，要分析经营者使用绝对化用语是否存在故意，这重点在于合理区分正常的商业宣传和不当宣传的界限；另一方面，在于判断绝对化用语是否与消费者作出购买决定存在因果关系，对此，主要取决于绝对化用语是否涉及产品或服务的质量、成分、材质等核心要素。

2. 网络商品经营者迟延发货，是否构成消费欺诈？

网络商品经营者主要通过邮寄方式履行合同义务。在网购消费中，送货速

---

① 广东省广州市荔湾区人民法院（2015）穗荔法民一初字第2182号。张某森上诉后，又申请撤回了上诉。

② 江西省高级人民法院（2017）赣民申555号。

③ 北京市第二中级人民法院（2017）京02民终10555号。

度对消费者购物决定的影响越来越大，也成为网络商品经营者主要的竞争手段。迟延发货，是指经营者未在承诺的时限内发货或到货的情形。网络商品经营者在消费者下单时承诺发货或到货时间，该承诺在合同成立后成为合同内容，属于履行期限的约定。经营者未按照约定时间发货或到货，该事实与其在合同订立时提供的信息不符，系客观上的名实不符。

司法实践中，对于迟延发货是否构成消费欺诈，法院大多都是从是否存在主观故意进行认定。在林某芳诉江苏苏宁易购电子商务有限公司网络购物合同纠纷一案中，[①] 林某芳主张，苏宁易购公司在商品无货处于预售状态下，故意标注商品为有货状态。林某芳下单支付货款后，苏宁易购公司发来短信确认购物成功，约定送货时间是2014年11月14日。但是，苏宁易购公司无法提供商品，数次推迟送货时间，并且给出多种自相矛盾的借口。直到2014年11月26日，才首次通知林某芳2014年11月27日可以送货。法院认为，苏宁易购公司在履行供货义务过程中屡次延长送货时间，确系违反了双方合同约定，构成违约。但是本案中林某芳的现有证据不足以证明苏宁易购公司对其销售的商品存在故意隐瞒真实情况或提供虚假情况的情形，且其网站上显示的到货时间亦为“预计送货时间”，苏宁易购公司在预计送货时间到来前亦告知林某芳送货迟延并另行告知送货时间，无法认定苏宁易购公司存在主观的“欺诈”故意。一般来说，在经营者对延迟发货或到货作出合理解释的情况下，不宜认定经营者存在欺诈的主观故意，除非确有证据证明经营者主观上以送货时间诱使消费者购物，但实际上经常性或者从未按照承诺时间发货。

08. 消费欺诈的法律责任

【裁判规则】

网络商品经营者实施消费欺诈的，消费者可以要求退货、退款，赔偿其受到的损失，并且主张价款三倍或者最低五百元的惩罚性赔偿。

---

① 北京市第三中级人民法院（2016）京03民终2194号。另可参见杭州市余杭区人民法院（2016）浙0110民初12014号。

【解读适用】

一、消费欺诈的惩罚性赔偿

在大陆法系，无论是侵权损害赔偿还是违约损害赔偿，都是奉行单纯的补偿性民事法律责任制度，其基本功能是补偿侵权行为和违约行为的受害人因侵权行为和违约行为所遭受的损失。此种补偿既不能小于实际损失，因为赔偿小于损失数额，就使得损害没有得到完全的救济；也不能超过损失的数额，否则就会给受害人以不当利益。① 基于上述认识，德国民法典以及其他民事法律中没有惩罚性赔偿的规定。德国最高法院曾在判决中表示："不能因为过错特别严重而判决更多的赔偿""民事责任不具有惩罚功能，因此过错的严重性不能成为判决一个比实际损害更多赔偿的正当理由"。长期以来，法国一直坚持禁止在民事诉讼中判决惩罚性赔偿的传统规则，惩罚性赔偿被认为属于刑事程序的范畴。②

惩罚性赔偿主要是英美法中与补偿性赔偿相对应的一项特殊民事赔偿制度，它通过让加害人承担超出实际损害数额的赔偿，以达到惩罚和遏制严重侵权行为的目的。但由于该制度本身存在诸如合宪性以及过高的赔偿数额等问题，也是英美法系一直以来颇具争议的法律制度之一。惩罚性赔偿主要有以下特征：1. 惩罚性赔偿是民事责任方式的惩罚。惩罚性赔偿虽然称为赔偿，但是与行政罚款和刑事罚金性质不同。惩罚性赔偿适用于平等主体之间，原告与被告之间属于私的法律关系；惩罚性赔偿中加害人支付的赔偿金是给受害人而非上缴国家；惩罚性赔偿除了有法律的规定，还需要受害人申请，受害人也可以主动放弃赔偿金。2. 惩罚性赔偿的主要目的在于惩罚加害人而不是填补受害人的损害。补偿性赔偿重在对受害人损失的填补，意在恢复损害；而惩罚性赔偿则是独立于补偿性赔偿之外另行支付的一笔赔偿金，不以受害人所受到的损失为限，重在对行为的惩戒和威慑。3. 惩罚性赔偿的适用并不以受害人实际遭受了精神损害为前提，即使没有发生精神损害，只要加害人主观过错较为严重，尤其是动机恶劣、具有反社会性和道德上的可归责性，也有可能负惩罚性赔偿责任。③

---

① 杨立新：《侵权责任法（第2版）》，法律出版社2012年版，第332页。

② 李适时主编：《中华人民共和国消费者权益保护法释义》，法律出版社2013年版，第262页。

③ 张新宝等：《惩罚性赔偿的立法选择》，载《清华法学》2009年第4期。

惩罚性赔偿在我国立法中首次规定于1993年的《消费者权益保护法》。消费纠纷是我国惩罚性赔偿制度的重要适用领域。虽然在民事法律领域应否规定惩罚性赔偿制度在理论上素有争议，但是，随着《侵权责任法》《食品安全法》的颁布实施，惩罚性赔偿在我国民事法律领域已经生根结果。对于惩罚性赔偿的关注，应当从“要不要惩罚性赔偿”转向“如何确定惩罚性赔偿的具体数额”。

网络消费欺诈的惩罚性赔偿金额，按照《消费者权益保护法》第55条的规定确定。即“经营者提供商品或者服务有欺诈行为的，应当按照消费者的要求增加赔偿其受到的损失，增加赔偿的金额为消费者购买商品的价款或者接受服务的费用的三倍；增加赔偿的金额不足五百元的，为五百元。法律另有规定的，依照其规定。经营者明知商品或者服务存在缺陷，仍然向消费者提供，造成消费者或者其他受害人死亡或者健康严重损害的，受害人有权要求经营者依照本法第四十九条、第五十一条等法律规定赔偿损失，并有权要求所受损失二倍以下的惩罚性赔偿”。对本条的理解作以下说明：

1. 惩罚性赔偿属于增加赔偿的金额，在要求惩罚性赔偿前，消费者有权依法要求网络商品经营者承担民事赔偿责任。换言之，本条规定的赔偿金额是在消费者所受损失之外增加的赔偿，不影响其根据《消费者权益保护法》第48条至第54条主张赔偿的权利。

2. 《消费者权益保护法》第55条第1款和第2款规定针对不同的情形。第1款主要适用于商品或服务本身存在问题以及尚未造成死亡、健康严重损害的。第2款是2013年法律修订时新增加的内容。2009年《侵权责任法》第47条规定：“明知产品存在缺陷仍然生产、销售，造成他人死亡或者健康严重损害的，被侵权人有权请求相应的惩罚性赔偿。”第2款实质上是将《侵权责任法》上述规定在消费者保护领域具体化。

3. 《消费者权益保护法》第55条第1款和第2款规定的构成要件不同。第1款的核心在于欺诈行为；第2款不以欺诈为必要。第2款的构成要件包括两个方面：主观方面，以经营者明知商品或服务存在缺陷仍然向消费者提供为前提；客观方面，造成消费者或者其他受害人死亡或者健康严重受损。从法律表述来看，即使消费者知道商品或服务存在缺陷，仍不影响其主张惩罚性赔偿的权利。此外，经营者明知商品或者服务存在缺陷，仍然向消费者提供，但是，并没有造成消费者或者其他受害人死亡或者健康严重损害的，不适用第 2 款的规定。

二、退货退款的请求权基础

在消费欺诈纠纷中，消费者除了可以主张惩罚性赔偿之外，一般都会要求经营者进行退货、退款，网络消费纠纷中亦是如此。但是，司法实践中对该诉讼请求的关注远远不及对惩罚性赔偿重视。法官几乎把全部重点都放在是否构成欺诈的判断上，退款、退货的诉讼请求似乎成为惩罚性赔偿的附带效果：如果惩罚性赔偿诉讼请求得到支持，则退款、退货予以支持；否则，一般不予支持。此外，在退款、退货的相互关系上也存在很多细节性的问题没有统一认识，如已经使用的商品是否退还；如果商品为食物，已经食用的食品是否涉及退还等问题。

退货、退款作为消费者用于表达其诉讼请求的生活性用语，必须归类到特定法律规范以及法律概念下，才能通过涵摄的方式得出法院观点。因此，必须明确退货、退款诉讼请求的请求权基础。在法律关系上，消费者和经营者之间形成合同关系。基于合同关系，发生了货款和商品的移转。消费者要求退货、退款，在法理逻辑上，以合同关系不曾存在或者不复存在为前提，合同无效、撤销合同、解除合同乃常见的请求权基础。除此之外，还包括《消费者权益保护法》等法律的相关规定。退货、退款的常见请求权基础列举如下：

1. 《消费者权益保护法》第 24 条规定："经营者提供的商品或者服务不符合质量要求的，消费者可以依照国家规定、当事人约定退货，或者要求经营者履行更换、修理等义务。没有国家规定和当事人约定的，消费者可以自收到商品之日起七日内退货；七日后符合法定解除合同条件的，消费者可以及时退货，不符合法定解除合同条件的，可以要求经营者履行更换、修理等义务。依照前款规定进行退货、更换、修理的，经营者应当承担运输等必要费用。"

2. 《消费者权益保护法》第 25 条规定："经营者采用网络、电视、电话、邮购等方式销售商品，消费者有权自收到商品之日起七日内退货，且无需说明理由，但下列商品除外：（一）消费者定作的；（二）鲜活易腐的；（三）在线下载或者消费者拆封的音像制品、计算机软件等数字化商品；（四）交付的报纸、期刊。除前款所列商品外，其他根据商品性质并经消费者在购买时确认不宜退货的商品，不适用无理由退货。消费者退货的商品应当完好。经营者应当自收到退回商品之日起七日内返还消费者支付的商品价款。退回商品的运费由消费者承担；经营者和消费者另有约定的，按照约定。”

3.《消费者权益保护法》第52条规定：“经营者提供商品或者服务，造成消费者财产损害的，应当依照法律规定或者当事人约定承担修理、重作、更换、退货、补足商品数量、退还货款和服务费用或者赔偿损失等民事责任。”

4.《消费者权益保护法》第54条规定：“依法经有关行政部门认定为不合格的商品，消费者要求退货的，经营者应当负责退货。”

5.《产品质量法》第40条规定：“售出的产品有下列情形之一的，销售者应当负责修理、更换、退货；给购买产品的消费者造成损失的，销售者应当赔偿损失：（一）不具备产品应当具备的使用性能而事先未作说明的；（二）不符合在产品或者其包装上注明采用的产品标准的；（三）不符合以产品说明、实物样品等方式表明的质量状况的。销售者依照前款规定负责修理、更换、退货、赔偿损失后，属于生产者的责任或者属于向销售者提供产品的其他销售者（以下简称供货者）的责任的，销售者有权向生产者、供货者追偿。销售者未按照第一款规定给予修理、更换、退货或者赔偿损失的，由产品质量监督部门或者工商行政管理部门责令改正。生产者之间，销售者之间，生产者与销售者之间订立的买卖合同、承揽合同有不同约定的，合同当事人按照合同约定执行。”

6.《合同法》第111条规定：“质量不符合约定的，应当按照当事人的约定承担违约责任。对违约责任没有约定或者约定不明确，依照本法第六十一条的规定仍不能确定的，受损害方根据标的的性质以及损失的大小，可以合理选择要求对方承担修理、更换、重作、退货、减少价款或者报酬等违约责任。”①

7.《合同法》第54条规定：“下列合同，当事人一方有权请求人民法院或者仲裁机构变更或者撤销：（一）因重大误解订立的；（二）在订立合同时显失公平的。一方以欺诈、胁迫的手段或者乘人之危，使对方在违背真实意思的情况下订立的合同，受损害方有权请求人民法院或者仲裁机构变更或者撤销。当

---

① 关于本条中退货的性质，是否一律认定为解除合同，存在争议。我们认为，应当结合具体法律规范的表述进行解释。在本条中，似不宜解释为解除合同。本条的表述为“退货等违约责任”，而解除合同显然不属于违约责任范畴。崔建远：《退货、减少价款的定性与定位》，载《法律科学（西北政法大学学报）》2012年第4期。

事人请求变更的，人民法院或者仲裁机构不得撤销。”

8.《合同法》第93条规定：“当事人协商一致，可以解除合同。当事人可以约定一方解除合同的条件。解除合同的条件成就时，解除权人可以解除合同。”

9.《合同法》第94条规定：“有下列情形之一的，当事人可以解除合同：（一）因不可抗力致使不能实现合同目的；（二）在履行期限届满之前，当事人一方明确表示或者以自己的行为表明不履行主要债务；（三）当事人一方迟延履行主要债务，经催告后在合理期限内仍未履行；（四）当事人一方迟延履行债务或者有其他违约行为致使不能实现合同目的；（五）法律规定的其他情形。”

三、消费欺诈中的损失认定

《消费者权益保护法》第55条规定，“经营者提供商品或者服务有欺诈行为的，应当按照消费者的要求增加赔偿其受到的损失”。在消费欺诈的情形下，该条中“受到的损失”是指什么？应当区分情况进行认定。

1. 经营者明知商品或者服务存在缺陷，仍然向消费者提供，造成消费者或者其他受害人死亡或者健康严重损害的。在此情形下，不管是否构成消费欺诈，即消费者是否基于经营者故意提供虚假信息或隐瞒重要信息才作出消费决定，都应当按照《消费者权益保护法》第55条第2款的规定承担责任，即“受害人有权要求经营者依照本法第四十九条、第五十一条等法律规定赔偿损失，并有权要求所受损失二倍以下的惩罚性赔偿”。理由在于，第2款作为新增的规定，目的就在于针对严重恶意侵害消费者人身权益的行为，应当优先适用。在该情形下，经营者应当赔偿医疗费、护理费、交通费等为治疗和康复支出的合理费用，以及因误工减少的收入。造成残疾的，还应当赔偿残疾辅助器具费和残疾赔偿金。造成死亡的，还应当赔偿丧葬费和死亡赔偿金。造成严重精神损害的，消费者可以要求精神损害赔偿。

2. 不符合第2款构成要件的情况下的其他欺诈行为。（1）商品或服务造成消费者人身伤害，但未达到健康严重损害的。此时，按照法律关于人身损害赔偿的相关规定确定其损失，主要包括医疗费、护理费、交通费等为治疗和康复支出的合理费用，以及因误工减少的收入。（2）商品或服务造成消费者的其他财产发生损害的，按照该损害的实际金额确定损失。（3）商品或服务未造成消费者人身伤害，亦未造成其他财产损害的，消费者的损失如何确定？特举二例。

第一种情形：消费者以1000元价格网购一部手机，但是，该手机并不具备经营者在商品页面所宣称的配置和功能，实际市场价格为200元。那么，两者之间的价差800元是否系消费者的损失？从直观意义上说，经营者通过欺诈手段骗取消费者以1000元购买了实际价值200元的手机，给消费者造成了800元的损失。在不撤销或解除合同的情况下，消费者可以要求经营者退还该800元价款。

第二种情形：商品销售页面显示："价格2199元，促销价1799元"，但法院以经营者历史上并未以2199元的价格销售过涉案商品而认定为欺诈的情况下，如何确定消费者的损失？

由上述两种情形可以看出，商品或服务未造成消费者人身伤害，亦未造成其他财产损害的情况下，消费者的损失应当根据个案加以判断和证明，不能一概而论。消费者因参加诉讼产生的误工费、复印费、鉴定费等属于典型常见损失，除此之外的损失，只要证明真实存在，均可主张。但是，实务中，更为常见的情形是，大部分消费者只要求退款、退货以及惩罚性赔偿。由此可以看出，商品或服务未造成消费者人身伤害，亦未造成其他财产损害的情况下，至少可以说消费者的损失是难以证明的。

【关联案件】

杨某诉纽海信息技术（上海）有限公司网络购物合同纠纷案①

原告（上诉人）：杨某。

被告（被上诉人）：纽海信息技术（上海）有限公司。

〔基本案情〕

2016年8月20日，杨某在1号店网络平台向纽海公司购买了acer宏碁E5-572G-59YB15.6英寸笔记本电脑两台，单价4359元，共支付款项8718元。庭审中，杨某、纽海公司均提供了涉案产品销售页面宣传资料，双方确认购买时点击规格及包装一栏，标注为触摸屏，纽海公司确认涉案产品没有触摸屏功能，是当时后台文描出现错误，收到起诉材料后已及时将产品下架处理。杨某表示已使用其中一台笔记本电脑，另一台没有开封使用。纽海公司表示在不影

① 广州市中级人民法院（2017）粤01民终8212号。

响二次销售的情况下，同意退款，但不同意三倍赔偿。

〔法院观点〕

广州市荔湾区人民法院一审认为，涉案产品有多个销售页面，除规格及包装栏标注有触摸屏外，其余页面并没有突出宣扬涉案产品有触摸屏功能以吸引消费者购买，现有证据不足以证明纽海公司存在故意告知虚假情况，杨某主张纽海公司构成欺诈的依据不足，原审法院不予确认，对于杨某主张三倍赔偿的请求不予支持。但由于纽海公司确实存在标示错误，杨某要求退款的请求合理，但鉴于杨某已使用其中一台电脑，不宜作退款退货处理，对于尚未开封使用的另一台电脑，可作退款退货处理。判决如下：一、在本判决发生法律效力之日起三日内，纽海公司退还货款 4359 元给杨某；同时杨某将涉案产品 acer 宏碁 E5－572G－59YB15.6 英寸笔记本电脑一台完好退回给纽海公司，如杨某不能退还货品，则折抵纽海公司应退货款。二、驳回杨某的其他诉讼请求。

广州市中级人民法院二审认为，被上诉人在涉案产品的网页销售页面规格及包装一栏标注有触屏功能，但未在主页面、图片解说等其他页面载明此功能，亦未对此作突出宣传，其行为不属于故意陈述虚假事实或者隐瞒真实情况以使他人陷于错误意思表示的情形，尚不构成欺诈。上诉人主张被上诉人行为构成欺诈，证据不足，本院不予采纳。同时又因上诉人未提供证据证明涉案产品存在质量问题，故上诉人要求三倍赔偿的请求本院不予支持。但被上诉人在销售涉案产品过程中，确实存在信息展示瑕疵，会一定程度上影响上诉人的购买欲望，故其要求退还货款合理合法，应予支持。考虑到电子产品必须拆封使用后才能了解其性能，被上诉人认为拆封后的产品即不可退货，不合常理，上诉人要求退还两台电脑全部货款的请求有理有据，本院予以支持。原审以其中一台已经拆封使用，不支持退款退货不当，本院依法予以纠正。

【疑难解答】

消费欺诈惩罚性赔偿与允诺性赔偿能否并用?

现实中，不少商品经营者会作出诸如“假一赔十”的承诺。如果商品存在以假充真、以次充好的事实，构成消费欺诈的，消费者能否同时主张惩罚性赔偿与允诺性赔偿？该问题在实务和理论上尚未进行深入研究，存在两种观点：

第一种观点认为，消费者可以同时主张，理由如下：（1）允诺性赔偿是意定赔偿责任。单方允诺又称单务约束，是指表意人自愿向相对人作出的为自己设定某项义务而使相对人获得某项权利的意思表示。该意思表示的表意主体特定而受意对象具有不特定性，只要符合表意人所列单方表示条件的，相对人便当然取得表意人所允诺的权利。换言之，“假一赔十”单方允诺人的意思表示一经作出便产生民事法律行为的效力，表意人须受到该意思表示内容的约束，且单方不得任意反悔。（2）惩罚性赔偿是法定赔偿责任。惩罚性赔偿旨在规制销售者恶意违反合同义务的不法行为，惩罚性赔偿的功能不局限于弥补受害人的损失，更是为了通过威慑的方式惩罚不法行为人。（3）如果不赋予消费者并存的诉讼请求，无异于鼓励销售者违法夸大宣传、恶意实施欺诈行为，与保护消费者权益和营造良好市场秩序的法治目的背道而驰。只有加重对商品欺诈和服务欺诈的惩罚力度，让违法者的违法收益远低于违法成本，违法预防的价值追求才能在司法实践中贯彻落实。[①]

第二种观点认为，消费者只能择一主张。但具体案件中的裁判理由不同：有法院认为，“假一赔十”承诺应属违约责任，根据《合同法》第114条“约定的违约金过分高于造成的损失的，当事人可以请求人民法院或者仲裁机构予以适当减少”之规定，消费者未提交证据证明其损失，故法院可以依法对违约金进行调低，结合《消费者权益保护法》立法精神，法院将赔偿金确定为价款三倍。[②] 也有法院认为，虽然经营者在质保书中承诺“假一赔十”，但该约定属于违约条款，合同被撤销后合同关系即归于消灭，过错方承担责任的方式应表现为返还不当得利和赔偿损失等，而不应当为违约责任，故消费者只能主张三倍惩罚性赔偿。[③]

对于消费欺诈惩罚性赔偿与允诺性赔偿能否并用的问题，我们认为，在司法实务中，任何法律问题的解决都应当以现行法律规定和法律逻辑为出发点。于此过程中，目的性解释具有辅助性，其作用在于在个案中矫正不合理的结果。基于上述认识，我们提出以下观点：

从允诺性赔偿的性质看，“假一赔十”的直观含义是“如果产品存在假冒等情形，经营者应支付价款十倍的赔偿金。”转化为法律用语是：“经营者存在

---

① 楚士将：《惩罚性赔偿与允诺性赔偿能否并用》，载《人民法院报》2018年2月7日，第7版。

② 四川省成都市中级人民法院（2015）成民终字第5953号。

③ 四川省遂宁市中级人民法院（2017）川09民终349号。

违约行为（体现为出售假冒商品）的，应当向消费者支付价款十倍的款项。”因此，“假一赔十”属于承担违约责任的方式。《合同法》第107条规定了违约责任的主要承担方式为继续履行、采取补救措施、赔偿损失。“假一赔十”属于承担损害赔偿责任的方式。关于损害赔偿的金额，《合同法》分别规定在第113条和第114条。“假一赔十”的金额在合同订立时就已确定，性质上属于《合同法》第114条规定的违约金责任。

“假一赔十”在性质上属于惩罚性违约金还是赔偿性违约金？违约金责任，是当事人基于违约金合同而产生的附停止条件的债务，是主债务的从债务。在分类上，违约金区分为赔偿性违约金与惩罚性违约金。采惩罚性违约金者如德国，违约金责任又称作违约罚、合同罚，当事人承担违约金责任不以对方受到损害为必要，只要发生违约行为即可。对方因违约行为发生损害的，可以另行主张。如果不能证明发生损害或者不能证明损害金额的，违约金可以起到确保其获得最低程度的赔偿的作用。一般认为，《合同法》第114条第1款、第2款规定的是赔偿性违约金。而对于第114条第3款规定的是惩罚性违约金还是赔偿性违约金，存有争议。有学者指出，第114条第3款系惩罚性违约金，但仅限于履行迟延的情况。[①] 有学者持不同看法，认为即使规定违约金请求权与履行请求权并存，亦不能由此判断其性质为惩罚性违约金，真正的判断点是其能否与损害赔偿等违约责任并存。[②] 需要注意的是，即使是惩罚性违约金，仍然适用违约金的酌减规则。[③]

从法律规定来看，《最高人民法院关于适用〈中华人民共和国合同法〉若干问题的解释（二）》第28条规定：“当事人依照合同法第一百一十四条第二款的规定，请求人民法院增加违约金的，增加后的违约金数额以不超过实际损失额为限。增加违约金以后，当事人又请求对方赔偿损失的，人民法院不予支持。”因此，我国《合同法》上的违约金应当是赔偿性违约金。此外，上述司法解释第29条第2款规定：“当事人约定的违约金超过造成损失的百分之三十的，一般可以认定为合同法第一百一十四条第二款规定的‘过分高于造成的损

① 崔建远：《整体、基点、度》，载《民法九人行（第2卷）》，金桥文化出版（香港）有限公司2004年版，第140页。

② 韩世远：《违约金的理论争议与实践问题》，载《北京仲裁》第68辑，第26页。

③ 梅迪库斯：《德国债法总论》，法律出版社2004年版，第343页。

失'。"该规定允许违约金适当高于实际损失，体现出了一定程度的惩罚性。在我国司法实务界，违约金"以补偿为主、以惩罚为辅"是对违约金性质的主流观点。① 因此，"假一赔十"作为违约金，应当以"以补偿为主、以惩罚为辅"，而且受到《合同法》第114条第2款规定的酌减规则的约束。②

违约金与惩罚性赔偿能否并存?《合同法》第113条规定："当事人一方不履行合同义务或者履行合同义务不符合约定，给对方造成损失的，损失赔偿额应当相当于因违约所造成的损失，包括合同履行后可以获得的利益，但不得超过违反合同一方订立合同时预见到或者应当预见到的因违反合同可能造成的损失。经营者对消费者提供商品或者服务有欺诈行为的，依照《中华人民共和国消费者权益保护法》的规定承担损害赔偿责任。"

依据第1款规定，我国违约损害赔偿采损害填补原则，第2款将《消费者权益保护法》关于惩罚性损害赔偿的规定作为特殊性规定予以列明。由此表明，合同法本身并未采纳惩罚性赔偿，这与传统民法中损害赔偿"不以惩罚为目的、重在补偿受害人损失"的基本理论相契合。在法条逻辑上，根据《消费者权益保护法》第55条，消费者的损害赔偿范围包括两个方面：受到的损失+增加的赔偿。其中，"受到的损失"在解释上应当既包括侵权行为造成的损失，也包括违约行为造成的损失。由于《消费者权益保护法》并未对"受到的损失"的计算方法做出特殊规定，因而，如果该损失为违约损失，自然可以适用《合同法》第113条第1款的规定和第114条的规定。换言之，消费欺诈中消费者的赔偿范围=违约损害赔偿+惩罚性赔偿。具体到"假一赔十"，消费者的赔偿范围=假一赔十（请求权基础为《合同法》第114条）+惩罚性赔偿（价款三倍或五百元）。因此在消费欺诈的情况下，违约金与惩罚性赔偿可以并存。但是，由于"假一赔十"属于违约金责任，而我国的违约金"以补偿为主、以惩罚为辅"，所以"假一赔十"适用违约金酌减规则。

消费者选择撤销合同，"假一赔十"是否还有存在的合同基础?消费者撤销合同后，一方面应当将假冒商品退还经营者，另一方面有权自经营者取回价款。此时，经营者承担的是缔约过失责任。"假一赔十"属于违约金责任，以

① 王闯：《民商事审判实务若干争论问题：以合同法和担保物权法为中心》，转引自最高人民法院民事审判第二庭编：《合同案件审判指导》，法律出版社2014年版，第463页。

② 江苏省高级人民法院（2016）苏民申1778号。

合同有效存续为前提，消费者行使撤销权的，合同溯及性地消灭。在理论上，没有“假一赔十”责任的适用余地。只能要求经营者赔偿信赖损失，以及支付价款三倍或最低五百元的惩罚性赔偿金。

消费者解除合同，“假一赔十”是否继续适用？解除制度的前提是，合同成立本身并无瑕疵，但在履行过程中发生重大障碍，从而使得合同归于消灭。《最高人民法院关于审理买卖合同纠纷案件适用法律问题的解释》第26条规定，“买卖合同因违约而解除后，守约方主张继续适用违约金条款的，人民法院应予支持”。因此，消费者以假冒产品构成根本违约解除合同的，“假一赔十”这一违约金责任仍然适用。在实践中，解除和撤销在结果上都发生退货、退款的后果。但是，撤销权和解除权的行使条件并不相同，在法律上能否适用违约金责任方面亦存在差异。实务中，消费者在诉讼中仅提出退货、退款要求的，法院应当释明消费者是要求撤销合同或解除合同。如果消费者以其不懂法律主张由法院确定的，法院应当两者都进行审查，在同时符合的情况下，按照解除合同处理，以更好地维护消费者权益。

综上所述，从法律体系和法条逻辑出发，我们的结论是：在以解除合同作为退货、退款基础的情况下，消费者的赔偿范围 = 假一赔十（请求权基础为《合同法》第114条）+惩罚性赔偿（价款三倍或五百元）。其中，在经营者提出调整违约金主张的情况下，“假一赔十”金额应根据消费者的实际损失进行调整。在撤销合同的情况下，没有“假一赔十”适用的余地，消费者的赔偿范围 = 信赖损失 + 惩罚性赔偿（价款三倍或五百元）。司法实务中的难点是，如果经营者主张违约金酌减请求权的，法院如何确定消费者的实际损失，从而确定违约金的酌减幅度。

对于“假一赔十”可以适用违约金酌减规则的结论，可能存在反对意见，反对的理由可能是：非若如此，不能起到威慑不良经营者、保护消费者的作用。我们认为，如果将“假一赔十”认定为惩罚性违约金，那么，由于惩罚性违约金独立于损害赔偿制度，“假一赔十”并不是用以赔偿消费者的损失，那么，消费者的赔偿范围 = 违约损失（《合同法》第113条）+假一赔十（惩罚性违约金）+惩罚性赔偿（价款三倍或五百元）。但是，在我国目前的违约金立法和理论下，由于广泛地不承认惩罚性违约金，所以“假一赔十”只能认定为《合同法》第114条中的违约金。而且，在采惩罚性违约金的国家，法院也拥有酌情降低惩罚性违约金至适当水平的权力。所以，即使认为“假一赔十”为惩罚性违约金，也不能得出不适用酌减规则的结论。

应予强调的是，“假一赔十”与三倍惩罚性赔偿的发生条件并不相同。“假一赔十”强调的是经营者对商品质量的承诺，不以构成欺诈为前提，在不构成消费欺诈的情况下，消费者只能主张“假一赔十”。当然，这里的“假”具体是指什么，要结合具体案情予以判断。

09. 职业打假人与知假买假

【裁判规则】

以营利为目的而通过网络购买商品或者接受服务的，或者知假买假的，不能依据《消费者权益保护法》的相关规定要求网络商品经营者基于消费欺诈承担惩罚性赔偿责任。

【解读适用】

一、《消费者权益保护法》的适用范围

消费，是日常生活中人们经常提及和使用的词语。纵观周围，从电视里形形色色的广告，到街边张贴的各种海报，再到让人不胜其烦的推销电话，这种种现象时刻揭示着人们处于一个消费的社会中。人类活动在总体上可以区分为两种：生产和生活。生产和生活在客观上都体现为对物质资料的消耗，因此，广义上的消费包括了生产消费和生活消费。《消费者权益保护法》第2条规定：“消费者为生活消费需要购买、使用商品或者接受服务，其权益受本法保护；本法未作规定的，受其他有关法律、法规保护。”一般认为，该条是关于《消费者权益保护法》适用范围的规定，该条通过主体和行为性质两个方面对本法的适用对象加以限定，即本法所保护的消费者并非广义上的消费者。《消费者权益保护法》上的消费者应当满足以下两个条件：

1. 消费者须是与经营者发生交易的民事主体。消费者是相对于经营者而言的。经营者是从事经营活动的人。从主体性质上说，经营者属于商事主体，即商人。因此，作为商事主体的商人不可能属于消费者，只有非从事商事活动的民事主体才可为消费者。但仅仅为非从事商事活动的民事主体，也并非就为《消费者权益保护法》上的消费者。作为受《消费者权益保护法》保护的消费

者，还须是与经营者发生交易关系的民事主体。如果与民事主体发生交易关系的一方也并非经营者即商事主体，他们之间的关系不为《消费者权益保护法》调整，该人也就不能受《消费者权益保护法》保护。可见，消费者就是指基于与经营者的有偿交易购买、使用商品或者接受服务的一方当事人。《消费者权益保护法》所调整的消费关系仅是指因有偿取得的商品或者服务而发生的消费关系。这种关系从购买相应的商品或者服务开始到使用所购买的商品或者接受服务完毕为止。消费者是相对于经营者而言的，若提供商品或者服务的一方不属于经营者，则对方也就不能成为消费者，它们之间的关系也就不应在《消费者权益保护法》调整的范围之内。①

2. 消费者为以生活消费为目的购买、使用商品或者接受服务的人。从《消费者权益保护法》修订过程中立法机关所收到的意见来看，民众普遍对“生活消费需要”这一限制语有极高的关注。有人建议删去“为生活消费需要”，或将其修改为“不以生产经营为目的”“为生活消费需要而非营利”“非以营利为目的”“非为纯经济利益或者纯商业利益”“非以职业行为目的”，或者将其限定于“为转售之目的购买的除外”等。最终，全国人民代表大会法律委员会决定对“生活消费需要”的表述暂不修改，其理由在于“‘生活消费需要’的表述涵盖范围较宽，可以为法律适用留有余地”。② 在法律未作修改的情况下，《消费者权益保护法》中的消费者应当仍然为生活性消费者，而非生产性消费者。但是，应如何认定是生活消费还是生产消费呢？区分生活消费和生产消费可以从以下两方面考虑：（1）从消费对象客观性上考虑。一些商品和服务客观上就可区分为是用于生产还是用于生活的，应以该商品和服务的性质确定购买的消费目的。例如，商品房客观上就分为居住用房（住宅）和经营性用房（商业房），购买居住用房的，自应属于《消费者权益保护法》上的消费者；而购买商业房的，则不应为《消费者权益保护法》上的消费者。（2）从行为的主观目的考虑。有的商品和服务从客观上难以区分用于何种目的，于此情形应依购买行为的主观目的考虑。因此，一个人只要其购买商品或者接受服务的目的不是为了经营而是为了消费，那么他就是消费者；如果其购买商品或者服务的目

① 郭明瑞：《“知假买假”受消费者权益保护法保护吗？兼论消费者权益保护法的适用范围》，载《当代法学》2015 年第 6 期。

② 甘强：《重识“消费者”的法律地位》，载《政治与法律》2016 年第 12 期。

的是用于经营，则其不属于消费者。

《消费者权益保护法》上的消费者正是因为具有以上特点，使其在交易中与经营者处于信息不对称的状态，处于弱势地位，因此，为保障交易双方的平等与交易的公平，《消费者权益保护法》才对消费者予以特别的保护。“一方面，法律赋予消费者诸如知情权等各种权利，以使消费者得到相应的信息，消除双方之间的信息不平衡性；另一方面，在消费者权益受到侵害时，法律予以特别的救济。”①

一个争论已久的问题是，消费者是否仅限于自然人？学者的分歧主要发生在以下情形：现实中确实存在单位购买商品分发给职工使用的情况，如劳保用品通常都是由单位购买的。对此，学说上分为两派观点：绝大多数学者倾向于消费者仅限于社会个体成员，认为消费者指的是“为自己和家庭生活消费的目的而购买商品、接受服务的自然人”。商品虽是由单位购买的，实际上却是由自然人使用的。因此，消费该商品的仍然为自然人而不是单位，不能认定单位是消费者。在此种情形下，单位可以视为自然人购买商品的代理人。少数学者赞同在此情形下单位是消费者，认为：“消费者不能仅限于个体社会成员，也应包括法人组织，如事业单位、社会团体等。”②

在地方立法上，曾经认可消费者的概念应当包括单位在内的省份有上海、湖南、江西、黑龙江、贵州、河南、海南等地。例如，2004 年《安徽省消费者权益保护条例》第 2 条规定：“本条例所称消费者，是指为生活消费需要购买、使用商品或者接受服务的个人和单位。”但是，在 2013 年《消费者权益保护法》修订后，该条例在 2016 年修订时，该条被修改为“消费者在本省行政区域内为生活消费需要购买、使用商品或者接受服务，其合法权益受本条例保护”。目前，上海、湖南、江西、黑龙江、贵州、河南、海南修订后消费者权益保护条例都不再对单位是否属于消费者作出明确规定。

司法实践中对于消费者是否仅限于自然人还是包括单位亦存在争议，曾出现过单位以消费者身份到法院起诉的情形。这主要存在于单位为解决职工的生活需要以单位福利性质为职工购买的手机、电话卡、上网卡、食品和日用品等

① 郭明瑞：《谈谈消费者的诚信与打假》，载《法学家茶座》（第 6 辑），山东人民出版社 2004 年版，第 78 页。

② 刘忠东：《单位消费也应适用〈消费者权益保护法〉》，载《法律适用》2005 年第 3 期。

情形中。对于此类诉讼，有的法院认为，这种情况符合《消费者权益保护法》第2条的规定，单位应当属于消费者，这样有利于对消费者进行更充分的保护，应当适用《消费者权益保护法》。有的法院认为，单位不能作为消费者，消费者仅仅限于个人。单位购买商品虽然是为了职工的生活消费而非进行经营，但是出现消费者权益受损害的情况，职工仍然可以自己名义向经营者主张权利或者单位代理其主张权利。如果将单位列为消费者，可能与《消费者权益保护法》保护弱者的理念相悖。[①] 根据相关材料，最高人民法院的倾向性意见为：作为法人或非法人团体，基本上不可能“为生活消费需要”而购买、使用商品，即便是购买了公民通常用来消费的商品，其目的也往往为了办公，或为职工发放福利等非生活需要的。因此，单位不应当属于消费者。[②]

二、职业打假人的概念、历史与现状

职业打假人，通常是指明知是假冒伪劣产品而予以购买并向经营者进行索赔的人。职业打假人的存在，是历史时期的产物。当《消费者权益保护法》中对有关销售假货的行为进行惩罚性赔偿后，部分人就利用这一法条规定，专门去购买明知是假冒伪劣的商品，进而向商家索赔，以获得经济上的赔偿。这类人群就是职业打假人。职业打假人不同于一般的消费者，一方面职业打假人的维权意识比较强烈，他们对假冒伪劣产品有着相当的敏感度，往往维权容易成功。他们对销售假冒伪劣商品的商家起到了震慑的作用，让其不法销售行为暴露在公众面前，在一定程度上维护了消费者的权益。从这方面来说，职业打假人的行为是具有社会公共利益属性的。[③] 但是，在消费者权益纠纷中，存在大量职业打假人打假赚钱的情况，他们寻机购买瑕疵商品后，或直接向商家勒索，或通过诉讼取得高额赔偿。职业打假人通常采取分散购买、分别起诉的策略，或者通过借用多人名义分别购买缺陷产品，以诉讼委托代理人身份进入诉讼。近两年来职业打假诉讼呈现出新的变化：一是从传统超市、商场等实体购物转向网络购物。二是目标商品也从门类分散到以食品、药品类为主。在审判实践中发现，当前职业打假出现畸形化倾向，比起公众利益，打假人最为关注自身

---

① 王毓莹：《论〈消费者权益保护法〉的适用范围》，载《法律适用》2013年第2期。

② 最高人民法院民事审判第一庭编：《民事审判指导与参考》（总第51辑），人民法院出版社2012年版，第234页。

③ 杨菲儿：《职业打假人的法律思考》，载《法制与经济》2016年第6期。

经济利益。他们有的买到假货不是及时向工商部门、消费者权益保护组织等单位反映或诉诸法律，而是向商家勒索，要其花钱买平安。[①] 这是职业打假对社会的不利影响，也是职业打假在我国的现状。

三、“知假买假”与惩罚性赔偿

实务中，与职业打假人问题涉及最为紧密的是“知假买假是否适用惩罚性赔偿”。根据立法者的说法，知假买假“是否属于消法调整范围中的问题。这主要看《消费者权益保护法》第 2 条的规定，第 2 条规定是解决调整范围的，也就是说某一种行为受不受消法保护、适不适用消法都要根据第 2 条来进行判定。知假买假的问题，在这次修法的过程中各方面关注，我们也作为一个重要问题作了调研，反复考虑这个事情。在修改过程中，各方面对这件事情的认识很不一致，争议非常大。我感觉好像连一个相对多数的意见都难以形成。鉴于这个情况，我们这次修改消法没有就这个问题专门地作出具体的规定。在实践当中，以及在消法施行当中，无论是行政部门，还是司法机关，在处理有关知假买假纠纷的时候，还是要根据《消费者权益保护法》第 2 条的规定，结合具体案件的实际情况作出处理”。[②]

虽然职业打假人与知假买假之间通常存在紧密联系，但是，职业打假人不能等同于知假买假，两者在内涵上存在区别。第一，职业打假人并不是法律概念，该概念着重于两个方面：“职业” 和 “打假”。职业，强调的是从事某种行为的惯常性、经常性；打假，虽然其字面意思为打击假冒伪劣销售行为，但目的上是通过打击获得收益。所以，职业打假人概念本身强调的是通过消费行为谋取经济利益。与之不同，知假买假侧重强调行为人对商品信息的主观知悉状况，而不是消费的动机。正因如此，知假买假的行为可以发生在任何人身上，但很难说所有的自然人都是职业打假人。知假买假与职业打假人在认定方面存在区别，即职业打假人并不以知假买假为必要。例如，某职业打假人只是怀疑某网店存在虚假宣传行为，但为了撞撞运气，仍然下单购买了商品。此时，难以认定该行为属于知假买假，因为“知” 应当解释为 “明知”，“推定知道”

---

① 浙江高院：《“职业打假人” 诉讼增多隐患不少》，载《新华每日电讯》2015 年 3 月 16 日，第 3 版。

② 有关负责人就新《消费者权益保护法》答记者问：http：//www. npc. gov. cn/npc/zhibo/zzzb31/node_ 4246. htm，最后访问时间：2018 年 4 月 2 日。

“怀疑知道”不能包括在内。因此，职业打假人与知假买假行为对于消费欺诈的影响，应当分别进行分析。

1. 职业打假人身份对消费欺诈的影响。从司法实践来看，目前在北京、广州、上海等地形成了一批惯常性提起消费欺诈纠纷主张惩罚性赔偿的人员。从普通观念来说，这些人员毫无疑问可以归类为职业打假人。但是，由于职业打假人并非法律概念，并不存在相应的界定标准，法官不能仅以此类人员的既往诉讼行为直接认定其在具体诉讼中为职业打假人。在具体案件中，职业打假人身份主要从以下两个方面对消费欺诈的认定发挥影响：（1）原告明确认可其为职业打假人。在诉讼中，法官一般都会询问原告的身份或者购买目的。尽管绝大部分原告都会以自用、馈赠亲友等作为回答，仍有少数部分原告明确提出其身份为职业打假人或者购买目的为取得惩罚性赔偿。此时，可以直接认定原告的购物行为并不以生活消费为目的，不属于《消费者权益保护法》第 2 条的规定调整范围，不适用第 55 条中的惩罚性赔偿。（2）原告不认可其为职业打假人，但是其购买的商品数量明显超出正常生活所需。此种情形下，由于缺乏原告的自认，法院不宜直接在案件中将原告认定为职业打假人。在有些案件中，法官通过对原告购物数量、过程的分析，认为原告的消费行为不属于生活消费，同样不属于《消费者权益保护法》第 2 条的规定调整范围，不适用第 55 条中的惩罚性赔偿。例如，在孙某超诉广州同方堂生物科技股份有限公司买卖合同纠纷中，孙某超在购买涉案产品之前，已经购买过涉案产品之系列产品，并以这些产品包装上的标识存在虚假宣传为由提起过诉讼，且在本案购买的数量达到 132 盒，显然超出了个人或家庭生活需要的目的。因此，孙某超不属于《消费者权益保护法》第 2 条规定的消费者。[①]

2. 知假买假对消费欺诈的影响。消费欺诈的构成要件是，消费者基于经营者的欺诈行为而陷入错误认识，进而实施了消费行为。在知假买假的情况下，消费者主观上已经知道商品存在瑕疵，其作出消费决定与经营者的欺诈行为之间不具备因果关系。此时，不符合消费欺诈的构成要件，不适用第 55 条中的惩罚性赔偿。尚需注意的是，知假买假并不绝对排除消费欺诈的适用。比如，网络商品经营者于 2018 年 1 月 1 日在商品销售页面宣传：“APPLE 苹果牌手机，

---

① 广州市中级人民法院（2017）粤 01 民终 9324 号。

内存为10G。”售价与官方网站相同。甲是手机制造业的从业人员，知道在当时该手机并未生产内存10G的型号。但是，其仍然下单购买该手机。收货后发现，该手机不仅内存虚假，而且CPU型号与正品及网页宣传不一致。此时，消费者对内存的“知假买假”行为，不影响网络商品经营者承担消费欺诈下的惩罚性赔偿责任。

在职业打假以及知假买假的情况下，虽然不能适用《消费者权益保护法》第55条规定消费欺诈下的惩罚性赔偿责任。但是，原告仍可以按照《合同法》《侵权责任法》和《产品质量法》等规定主张权利。

【关联案件】

纪某昌诉北京燕莎友谊商城有限公司燕莎金源店等买卖合同纠纷案[①]

原告（被上诉人）：纪某昌。

被告（上诉人）：北京燕莎友谊商城有限公司燕莎金源店。

被告（上诉人）：北京燕莎友谊商城有限公司。

〔基本案情〕

2014年12月10日，纪某昌自燕莎金源店购买PICARD品牌背提包4个，价款共计13512元。2014年12月15日，纪某昌自燕莎金源店购买PICARD品牌背提包5个，价款共计18166元。2014年12月18日，纪某昌自燕莎金源店购买PICARD品牌背提包7个，价款共计19187元。2014年12月22日，纪某昌自燕莎金源店购买PICARD品牌背提包4个，价款共计10538元。2014年12月24日，纪某昌自燕莎金源店购买PICARD品牌背提包6个，价款共计22394元。2014年12月25日，纪某昌自燕莎金源店购买PICARD品牌背提包5个，价款共计15192元。2015年1月1日，纪某昌自燕莎金源店购买PICARD品牌背提包2个，价款共计5950元。2015年1月5日，纪某昌自燕莎金源店购买PICARD品牌背提包10个，价款共计25280元。2015年1月5日，纪某昌自燕莎金源店购买PICARD品牌背提包5个，价款共计13705元。四十八个背包的合格证载明事项除背包款号、价格、生产日期及颜色不同外，其他内容一致，均为：进口国德国，原产地孟加拉国，系列LUIS，面料牛皮革，执行标准QB/T1333－2010。四十八个包总计涉及五种款号及单价分别为：款号8148，单价

① 北京市第三中级人民法院（2016）京03民终12784号。

3225元；款号6714，单价4975元；款号8634，单价2975元；款号8386，单价3225元；款号6823，单价2975元。

2015年2月5日，纪某昌将款号为8634、8386，LUIS系列的两件商品送至国家毛皮质量监督检验中心进行检测，检测结果显示背包背面面料材质为人造材料，且超过总面积的20%，未在合格证中标注，属于标识不合格产品。2015年12月11日，纪某昌将款号为6823、8148、8634、6714、8386的五件商品送至国家毛皮质量监督检验中心进行检测，检测结果显示背包背面及底面面料材质为人造材料，且超过产品使用面层材料总面积的20%，未标注，属于标识不合格产品。

〔**法院观点**〕

北京市朝阳区人民法院一审认为，纪某昌所购PICARD品牌背包附带的合格证载明材质为牛皮革，但经纪某昌委托鉴定机关鉴定，鉴定结果为背包背面及底面面料材质为人造材料，且超过产品使用面层材料总面积的20%，未标注，属于标识不合格产品。燕莎公司对纪某昌提交的鉴定结果在限定的时间内没有发表其质证意见，但是明确表示就涉案的48个包不申请司法鉴定，应当承担相应的法律后果。由此可以认为纪某昌委托鉴定的5个款号的包为不合格产品，虽然纪某昌仅就其中每个款号的一件商品进行了检测，但是因每件商品的款号与所检测商品的款号均一致，可以认定其他未检测商品的标注不符合相应的国家标准，由此可以认为涉案商品属于《消费者权益保护法》规定的“作虚假或者引人误解的宣传”，已构成欺诈。

北京市第三中级人民法院二审认为，一方当事人故意告知对方虚假情况，或者故意隐瞒真实情况，诱使对方当事人作出错误意思表示的，可以认定为欺诈行为。据此，欺诈的认定应具备以下几个条件：1. 欺诈的故意；2. 告知对方虚假情况或隐瞒真实情况；3. 对方陷入错误认识，并基于错误认识而作出意思表示。具体到本案中：首先，《合同法》第60条规定：当事人应当按照约定全面履行自己的义务。当事人应当遵循诚实信用原则，根据合同的性质、目的和交易习惯履行通知、协助、保密等义务。第62条，当事人就有关合同内容约定不明确，依照本法第61条的规定仍不能确定的，适用下列规定：（一）质量要求不明确的，按照国家标准、行业标准履行；没有国家标准、行业标准的，按照通常标准或者符合合同目的的特定标准履行。本案中，依据法院查明的事实，纪某昌所购PICARD品牌背包附带的合格证载明材质为牛皮革，但依据纪某昌提交的国家毛皮质量监督中心出具的7份《检验报告》，显示：送检的5款背包（共7个）背面及底面面料材质为人造材料，且超过产品使用面层材料总面积的20%，未标注，属于标识不合格产品。虽然纪某昌仅就其中每个款号的一件或两件商品进行了检测，但是因每件商品的款号与所检测商品的款号均一致，结合纪某昌在另案中就其中三款相同款号商品曾向法院申请司法鉴定，鉴定机构出具的结论亦不符合相应国家标准。在燕莎公司、燕莎金源店未提交其他相反证据反驳的情况下，一审法院结合上述情况认定本案诉争48件背包的标注均具有不符合相应国家标准的高度可能性并无不当。燕莎金源店未按照规定如实标注商品材质，属于客观上向对方告知虚假情况或隐瞒真实情况的行为。其次，本案中认定燕莎公司、燕莎金源店的行为对纪某昌是否构成欺诈的核心问题是：纪某昌是否因燕莎公司、燕莎金源店的上述行为陷入错误认识，并基于错误认识而作出意思表示。依据燕莎公司、燕莎金源店提交的纪某昌接受青岛网络电视台的采访视频，纪某昌在接受记者采访时明确表示，其从一个朋友处偶然得知涉案PICARD品牌皮包存在未如实标注材质的情况，后纪某昌通过雇用普通消费者分51次购买了51个该品牌背包，并分别提起包括本案在内的诉讼要求索赔。纪某昌认可上述采访视频的真实性，但辩称其当时是向记者编造故事。在纪某昌未提交有效证据反驳上述采访视频的情况下，本院对其该视频证据的真实性予以确认。鉴于纪某昌在明知涉案商品存在未如实标注商品材质的情况下仍进行购买，本院难以认定其系基于燕莎金源店、燕莎公司的标注行为而陷入错误意思，并作出错误的意思表示。最后，本案中燕莎公司、燕莎金源店虽客观上未如实标注商品材质，但该行为未对纪某昌构成欺诈或侵犯其知情权，燕莎公司、燕莎金源店关于纪某昌在明知产品存在瑕疵的情况下仍然购买，其行为不符合被欺诈条件的上诉意见能够成立，本院予以采信。

《消费者权益保护法》第2条规定，消费者为生活消费需要购买、使用商品或者接受服务，其权益受本法保护；本法未作规定的，受其他有关法律、法规保护。第3条规定，经营者为消费者提供其生产、销售的商品或者提供服务，应当遵守本法；本法未作规定的，应当遵守其他有关法律、法规。依据上述规定，适用《消费者权益保护法》第55条规定的惩罚性赔偿的前提是：1. 消费目的属于《消费者权益保护法》所规定的生活消费范畴；2. 经营者的行为对消费者构成欺诈。本案中，纪某昌在接受青岛网络电视台采访时，其明确系通过雇用普通消费者分次购买诉争品牌背包，并要求通过法律诉讼程序索赔五十余万元。庭审中，纪某昌虽表示其购买诉争48个背包是为了送给朋友，但在其未提交充分有效证据的情况下，依据上述采访视频，本院无法认定纪某昌购买诉争商品系用于生活消费。结合前述本院关于燕莎公司、燕莎金源店未如实标注商品材质的行为未对纪某昌构成欺诈或侵犯其知情权的论述，本案中，纪某昌以燕莎公司、燕莎金源店对其构成欺诈为由，依据《消费者权益保护法》第55条，要求燕莎公司、燕莎金源店按照购买商品价款的三倍赔偿之请求，证据不足，亦不符合消法立法之本意，本院不予支持。

虽然本案中不适用《消费者权益保护法》第55条所规定的惩罚性赔偿。但根据《合同法》第107条和第111条规定，本案中燕莎金源店作为经营者，对相关国家标准和法律规定应当知晓，其未按照规定如实标注商品材质，违反了法律规定和合同约定，纪某昌要求其退货退款符合上述规定，应予支持。

【疑难解答】

能否在所有消费纠纷中一律否认知名打假人的消费者身份?

从司法实践来看，在一线城市已经形成了固定的职业打假人队伍，这些打假人频繁提起诉讼，甚至形成知名效应。由此，在相关诉讼中，网络商品经营者会提出原告为知名职业打假人作为抗辩。此时，就涉及在具体案件中，能否因为原告的某种众所周知的身份或者此前的相关行为，直接认定其不具备生活消费目的，不适用《消费者权益保护法》的相关规定？对此，回答是否定的。虽然特定原告在打击假冒伪劣产品、向产品经营者索赔维权方面具有一定的社会知名度，但并不意味着其在正常的市场交易过程中就不能作为普通消费者购买商品及维护其作为普通消费者的合法权益。当其基于生活消费目的实施消费行为时，其就是普通的消费者，应受到《消费者权益保护法》的保护。

在王某诉北京世纪卓越信息技术有限公司网络购物合同纠纷案中①，上诉人世纪卓越公司主张，王某不是普通消费者，其购买商品并非以个人消费为目的。王某购买的全部电子产品在三年内全部都不拆包装、不使用、专门在北京大海商务顾问有限责任公司办公场所等地点存放，不符合为生活消费目的的购买

① 北京市第三中级人民法院（2017）京03民终11606号。

商品的特征。北京大海商务顾问有限责任公司的主营业务就是“打假”，且存放商品的地址仅为存放商品而非为居住，因此王某并非属于普通消费者。王某代理人在购买产品后同步进行公证，并向行政管理部门举报进而获得相关处罚结果，并根据处罚结果将所涉产品全部提起诉讼，该行为本身就可以证明王某系为营利而进行诉讼索赔。法院认为，王某确为全国闻名的职业打假人，但其消费行为是否均应当认定为非生活正常消费，应当在具体案件中结合具体案情及主客观要素来综合评判，不宜因其职业身份而否定其可以作为正常消费者的权利。在本案中，王某购买涉诉的一台麦克风、一台手机、一台空气净化器并未超出正常生活的合理消费需求，因此世纪卓越公司以不同案件判决中对于王某身份的认定以及王某职业身份，进而不应当认定其为普通消费者，亦不应支持其惩罚性赔偿，没有事实和法律依据，法院对此不予支持。

第四章　网购食品纠纷

10. 销售不安全食品的法律责任

【裁判规则】

网络商品经营者经营明知是不符合食品安全标准的食品，消费者除要求赔偿损失外，还可以向网络商品经营者要求支付价款十倍或者损失三倍的赔偿金；增加赔偿的金额不足一千元的，为一千元。

【解读适用】

一、食品安全标准的认定

2009 年《食品安全法》通过之前，我国有食品、食品添加剂、食品相关产品国家标准 2000 余项，行业标准 2900 余项，地方标准 1200 余项。为了解决上述食品卫生标准、食品质量标准以及行业标准等多套标准同时存在的问题，从制度上确保食品安全国家标准的统一，2009 年《食品安全法》规定，除食品安全标准外，不得制定其他的食品强制性标准。《食品安全法》通过后，国务院卫生行政部门先后开展了乳制品标准、食品安全基础标准、食品卫生标准、现行食品标准的清理整合工作，拟定了我国食品安全标准框架。截至目前，国务院卫生行政部门已基本完成了食品安全国家标准的整合工作，并公布了近 500 项食品安全国家标准，包括通用标准、产品标准、生产经营规范、检验方法四类，基本覆盖了从农田到餐桌的食品生产加工各个主要环节及食品安全控制。[①]

《食品安全法》第三章专门对食品安全标准的相关问题作出规定，根据这些规定，食品安全标准具有以下特征：

1. 食品安全标准是强制性标准。《食品安全法》第 25 条规定："食品安全标准是强制执行的标准。除食品安全标准外，不得制定其他食品强制性标准。"

---

① 信春鹰主编：《中华人民共和国食品安全法解读》，中国法制出版社 2015 年版，第 66 页。

在我国，根据《标准化法》的规定，标准（含标准样品），是指农业、工业、服务业以及社会事业等领域需要统一的技术要求。标准包括国家标准、行业标准、地方标准和团体标准、企业标准。国家标准分为强制性标准、推荐性标准。其中，保障人体健康，人身、财产安全的标准和法律、行政法规规定强制执行的标准是强制性标准。国家标准的代号由大写汉语拼音字母构成。强制性国家标准的代号为 GB，推荐性国家标准的代号为 GB/T。食品安全标准关系人民群众身体健康和生命安全，是强制执行的标准。

2. 食品安全标准的内容包括对标签、标志、说明书的要求。人们通常认为，食品安全标准在内容上只涉及食品原料、食品添加剂、营养成分、食品生产加工过程等方面的要求。但是，根据《食品安全法》第 26 条的规定，除上述方面外，“对与卫生、营养等食品安全要求有关的标签、标志、说明书的要求”同样属于食品安全标准的内容。食品标签，是指在食品包装容器上或者附于食品包装容器上的一切附签、吊牌、文字、图形、符号说明物。食品标签的基本功能是通过对被标识食品的名称、规格、生产者名称等进行清晰、准确的描述，科学地向消费者传达食品的安全特性等信息。除标签外，标志、说明书都是消费者获取食品安全相关信息最直接的方式，在此基础上对是否购买食品和购买何种食品作出理性的选择。因此，标签、标志、说明书都是食品安全标准的内容，最重要者为《食品安全国家标准预包装食品标签通则》。

3. 食品安全标准的制定者是相关卫生行政部门。《食品安全法》第 27 条规定：“食品安全国家标准由国务院卫生行政部门会同国务院食品药品监督管理部门制定、公布，国务院标准化行政部门提供国家标准编号。食品中农药残留、兽药残留的限量规定及其检验方法与规程由国务院卫生行政部门、国务院农业行政部门会同国务院食品药品监督管理部门制定。屠宰畜、禽的检验规程由国务院农业行政部门会同国务院卫生行政部门制定。”第 29 条规定：“对地方特色食品，没有食品安全国家标准的，省、自治区、直辖市人民政府卫生行政部门可以制定并公布食品安全地方标准，报国务院卫生行政部门备案。食品安全国家标准制定后，该地方标准即行废止。”据此，食品安全标准的制定者是相关卫生行政部门，司法机关无权制定食品安全标准。

4. 卫生行政部门发布的有关公告属于食品安全标准。通常来说，食品安全标准都会命名为“食品安全国家标准”或者“食品安全地方标准”。但是，由于食品安全标准涉及内容广泛，随着检测技术、生产能力、居民健康需求的发展会不断发生变化，但是又不宜频繁地通过修改食品安全标准得以实现，而是由卫生行政部门发布公告的形式得以增加。以新资源食品为例，《食品安全法》第37条规定："利用新的食品原料生产食品，或者生产食品添加剂新品种、食品相关产品新品种，应当向国务院卫生行政部门提交相关产品的安全性评估材料。国务院卫生行政部门应当自收到申请之日起六十日内组织审查；对符合食品安全要求的，准予许可并公布；对不符合食品安全要求的，不予许可并书面说明理由。"由于新资源食品具有"申请－审查－公布"的动态化特点，所以关于新资源食品的相关标准要求，只能通过卫生行政部门的公告得以体现。如《关于批准茶树花等7种新资源食品的公告（卫生部公告2013年第1号）》规定，对于茶藨子叶状层菌发酵菌丝体，婴幼儿、儿童及食用真菌过敏者不宜食用，标签、说明书中应当标注不适宜人群和食用限量。该规定属于食品安全标准要求。

《食品安全法》第31条第1款规定："省级以上人民政府卫生行政部门应当在其网站上公布制定和备案的食品安全国家标准、地方标准和企业标准，供公众免费查阅、下载。"目前，绝大部分食品都已经制定了食品安全国家标准，可以在国家卫生健康委员会的官方网站查询；至于地方标准和企业标准，可以在省、直辖市、自治区的卫生行政部门网站查询。

鉴于食品安全标准特征的法定化和获取方式的公开化，对于食品安全标准的查找和认定一般不存在困难。对于食品原料、添加剂、生产经营规程是否违反食品安全标准的判断也较为确定。司法实务中，因不符合食品安全标准所引发的案件主要集中于食品标签方面。在此类案件中，法院对于食品安全标准的认定存在两种不同的思路，故在此加以探讨。

第一种观点认为，食品安全标准的认定应当严格按照《食品安全法》的规定进行：食品安全标准是强制执行的标准，推荐性标准不属于食品安全标准；食品安全标准必须由食品卫生部门制定并公布；食品安全标准内容除化学、物理卫生等要求外，还包括对标签的要求，等等。法院在审理食品标签纠纷时的第一项工作是寻找食品安全标准或者判断某项标准是否属于食品安全标准。只要相应标准具备上述《食品安全法》规定的属性，尤其是冠以"食品安全标准"的名称，就确定其为食品安全标准。法院接下来仅需对涉案食品的具体情况与标准内容进行比对，只要两者不一致，就认定不符合食品安全标准。法院不应对食品安全标准内容本身进行审查以判断其是否属于《食品安全法》第96条或第148条中所称的食品安全标准，即法院应对食品安全标准采取形式审查。比如，在食品标签纠纷中，原告通常会以《预包装食品标签通则》作为事实依据。经审查，该标准系《食品安全法》规定的食品安全标准。因而，只要涉案食品与该标准要求不一致的，就应认定为不符合食品安全标准。①

第二种观点认为，《食品安全法》规定食品安全标准应当包括下列内容：对与卫生、营养等食品安全要求有关的标签、标志、说明书的要求。据此，有观点认为，虽然食品标签属于食品安全标准的内容，但并非全部食品标签均如此。法院在审理食品标签纠纷时，不仅要找到名称为"食品安全标准"的相关规定，还应对该标准的内容进行实质审查，即只有"与卫生、营养等食品安全要求有关的标签"才属于食品安全标准。基于此种认识，原告仅仅证明食品标签不符合《预包装食品标签通则》的规定并不足以说明食品不符合食品安全标准，还必须要证明不符合《预包装食品标签通则》中"与卫生、营养等食品安全要求有关的标签要求"。②

我们认为，在食品标签纠纷案件中，从食品安全标准的体系解释、标准制定的分权原则以及标准审查的可行性考虑，应将形式审查作为法院认定食品安全标准的原则。③ 在具体适用上，可以按照以下步骤展开：

第一步：寻找标准。食品不符合食品安全标准是《食品安全法》第148条第2款规定的要件事实，对于该事实，法官必须依据食品安全标准而非普通经验进行认定。质言之，在法官认定食品是否符合食品安全标准时，该标准系认定事实的大前提。在司法实践中，基本的问题是，向法官提供相关食品安全标准是不是当事人的法律义务？如果当事人未能提供具体标准，而仅仅在起诉状以及庭审中陈述其认为食品不符合食品安全标准，那么法官是否应寻找相应的标准，还是直接驳回原告的诉讼请求？

从目前实践来看，食品标签纠纷的原告绝大部分都是通常所称的职业打假人，他们都是在做足准备工作的前提下购买商品、提起诉讼，一般都会向法官

---

① 北京市朝阳区人民法院（2015）朝民（商）初字第12924号。

② 天津市东丽区人民法院（2014）丽民初字第4899号。

③ 康临芳、马超雄：《食品标签民事纠纷的裁判思路》，载《法律适用》2016年第8期。

提供相关标准。根据诉讼法理论，在辩论主义原则下，提供诉讼资料（包括事实资料和证据资料）原则上是当事人的义务，法官依据当事人提供的诉讼资料通过自由心证认定案件事实。[①] 由此而言，食品安全标准属于证据资料，应当由当事人提交。然而，标准却又不同于一般的证据资料，在性质上系有关行政部门依据法律制定的规范性文件，类似一种广义上的法律，从“法官懂法”的诉讼原理而言，寻找相关标准应当属于法官的职责。就如同“法官在审理案件时第一步工作是找寻所应适用的法律规定”，[②] 寻找相应的食品安全标准是法官处理食品标签纠纷的重要工作，尽管实践中大部分原告都会提供相应标准作为起诉依据，但对于标准的找寻仍属于法官的职责。

第二步：解释概念。从最严格意义上说，法律非经解释不能适用，“法律解释意味着对法律用词的含义进行研究，也就是说，探究该法律用词所表达的事实、价值和应然观念。”[③] 法官认定食品是否符合安全标准的过程其实就是一个类似于适用法律的涵摄过程，必须对找寻到的标准进行解释后方能进行下一步的工作。如上所述，食品安全标准性质上系技术性规范，其用词表述较为规范、明确，理解上一般不存在分歧。然而，在发生如［指导案例 60 号］[④] 的情形时，就涉及了标准的解释问题。对于标准内容的解释问题，裁判中应当坚持两个原则：第一个原则是，遵循正确的法律解释方法，通过文义解释、体系解释、目的解释等对标准内容进行阐释，只有借助这些普遍接受的“客观化”的方法才能最大限度地发现标准应有之义，促成不同法官对同一问题产生相同的认识，避免恣意裁判；[⑤] 第二个原则是，对于主观性较强的标准内容，除非存在重大、明显的错误，否则二审以及再审应当充分尊重、信赖一审或者原审的裁判，因为相对于不确定概念在解释上的“可左可右”而言，裁判的统一性更为重要。

---

① ［日］新堂幸司：《新民事诉讼法》，林剑锋译，法律出版社 2008 年版，第 305 页。

② 梁慧星：《民法解释学（第 4 版）》，法律出版社 2015 年版，295 页。

③ ［德］齐佩利乌斯：《法学方法论》，金振豹译，法律出版社 2012 年版，第 59 页。

④ 具体裁判要旨为：食品经营者在食品标签、食品说明书上特别强调添加、含有一种或多种有价值、有特性的配料、成分，应标示所强调配料、成分的添加量或含量，未标示的，属于违反《食品安全法》的行为，工商行政管理部门依法对其实施行政处罚的，人民法院应予支持。

⑤ ［德］卡尔拉伦茨：《法学方法论》，陈爱娥译，商务印书馆 2009 年版，第 1～3、19～21 页。

第三步：比对内容。在对标准内容进行阐释明确后，下一步应将食品标签的标注情况与标准要求进行对比。根据形式审查原则，在该阶段，法官不需要对找寻到的相关标准进行区分，换言之，法官不应对标准内容根据是否与营养、卫生有关而进行划分，只要是标准的内容都应当认定为《食品安全法》第148条第2款所称的标准。这里需要注意的是，食品安全标准在表述上可能使用“不得”“应当”以及“可以”等用词，如GB7718－2011第3.8.1条规定：“可以同时使用拼音或少数民族文字，拼音不得大于相应汉字。”因此，虽然食品安全标准属于强制性标准，但是在具体内容上并非全部强制适用。法官在比对内容时，应当根据标准的具体要求得出相应的结论。比如，食品标签未使用拼音的，比对结果为未违反食品安全标准，但是，如果使用拼音，且拼音大于相应汉字的，属于违反食品安全标准。

二、经营者主观明知的认定

“明知”是《刑法》中大量犯罪的构成要件，因而在刑法规范和理论上有较多研究。最高人民法院、最高人民检察院在1992年12月11日颁布的《关于办理盗窃案件具体应用法律若干问题的解释》第8条中规定，“认定窝赃、销赃罪的‘明知’，不能仅凭被告人的口供，应当根据案件的客观事实予以分析。只要证明被告人知道或者应当知道是犯罪所得的赃物而予以窝藏或者代为销售的，就可以认定”。该司法解释开启了将“知道”和“应当知道”并列地列为“明知”的两种形式之先河。此后，各类刑事司法解释中对于“明知”的解释通常包括“知道”和“应当知道”两种形式。

民事法律中也使用了“明知”这一概念，如《合同法》第233条规定：“租赁物危及承租人的安全或者健康的，即使承租人订立合同时明知该租赁物质量不合格，承租人仍然可以随时解除合同。”《侵权责任法》第47条规定：“明知产品存在缺陷仍然生产、销售，造成他人死亡或者健康严重损害的，被侵权人有权请求相应的惩罚性赔偿。”但是，相关法律并未对“明知”本身作出界定。在民事法律中，能否认为明知包括“知道”和“应当知道”两种情形呢？

从法律规定来看，有些法律在条文上直接使用了“明知”“应知”“知道”“应当知道”。比如，《保险法》第26条第1款规定：“人寿保险以外的其他保险的被保险人或者受益人，向保险人请求赔偿或者给付保险金的诉讼时效期间为二年，自其知道或者应当知道保险事故发生之日起计算。”《广告法》第45条规定：“公共场所的管理者或者电信业务经营者、互联网信息服务提供者对其明知或者应知的利用其场所或者信息传输、发布平台发送、发布违法广告的，应当予以制止。”此时，对于“明知包括知道和应当知道”的结论应无异议。

在法律未直接区分“明知”和“应知”的情况下，不宜简单地认为所有法律规定中“明知都包括知道和应当知道”，而应根据法律条文的规范性目的出发，作出相应的认定。比如，《合同法》第233条规定：“租赁物危及承租人的安全或者健康的，即使承租人订立合同时明知该租赁物质量不合格，承租人仍然可以随时解除合同。”本条的规范目的在于保护承租人的利益，在解释上，明知应仅指知道，因为将明知解释为包括应当知道在内，对于本条的适用并无意义。《食品安全法》第148条第2款的表述为：“生产不符合食品安全标准的食品或者经营明知是不符合食品安全标准的食品，消费者除要求赔偿损失外……”在规范目的上，本条旨在为消费者提供倾向性保护、惩治打击不法食品经营者。因此，为降低消费者的举证责任负担，堵塞不法商家逃脱责任的漏洞，该条的“明知”应包括“知道和应当知道”两层含义。所谓“知道”，是指销售者在明确知道自己所出售的食品是不符合食品安全标准的情况下，仍然从事该食品的经销活动。所谓“应当知道”，是指销售者即使不知道自己所出售的是不符合食品安全标准的食品，但是其应该知道或有能力知道该食品的这一状况，这是法律为销售者设定的法定义务。如果销售者既不知道也不可能知道自己所出售的是不符合食品安全标准的食品，属“不能知道”，不属于明知。由此也可以看出，“明知”强调的是过错。

具体来说，如果包括网络商品经营者在内的食品销售者存在以下情形之一的，应当认定为《食品安全法》第148条中的“明知”：

1. 变质或超过保质期食品未及时清理的。《食品安全法》第54条第1款规定：“食品经营者应当按照保证食品安全的要求贮存食品，定期检查库存食品，及时清理变质或者超过保质期的食品。”这是食品经营者的法定义务，应当履行。食品经营者怠于定期检查、及时清理食品的，违反了法定义务，主观上存在过错，属于“知道”或“应当知道”的情形。

2. 未能提供合法进货渠道或以不合理低价非法进货的。在市场经济下，经营者在选择进货渠道时都会“货比三家”，最终选择正规渠道进货，而且进货价格与市场价格不会存在不合理差距。一般说来，如有证据表明销售者进货渠道不正规，供应商不是固定的批发商或者生产厂家，进货时，供应商提供不正常的“回扣”“手续费”等补贴费用，进货价格低于合理的价格水平、进货手续不全，应有的发票、收据、合格证、质量保证书等单据证书缺乏，该食品为不符合食品安全标准食品的可能性较大，应当认定经营者没有尽到谨慎的进货甄别义务，主观上存在过错，属于“知道”或“应当知道”的情形。

3. 更改食品生产日期、批号的。食品生产日期、批号在出厂时就已经确定。《食品安全法》明确禁止标注虚假生产日期、保质期等重要信息。现实中，部分食品经营者对过期食品或者即将过期的食品的生产日期、批号进行更改后继续销售，严重地违反了食品安全标准，危害消费者食品安全。更改食品生产日期、批号的行为，是经营者故意而为之，属于典型意义上的“明知”，而非“应当知道”。

4. 同一批次食品经有关部门检测确定为不符合食品安全标准被召回或者责令下架而仍然销售的。根据《食品安全法》第 63 条的规定，食品经营者发现其经营的食品不符合食品安全标准或者有证据证明可能危害人体健康的，应当立即停止经营，通知相关生产经营者和消费者，并记录停止经营和通知情况；第 124 条规定，食品生产经营者在食品药品监督管理部门责令其召回或者停止经营后，仍拒不召回或者停止经营的，应当承担相应行政责任。因此，同一批次食品经有关部门检测确定为不符合食品安全标准被召回或者责令下架而仍然销售的，如果被检测食品直接来源于经营者，则其构成“知道”；其他情形下，则认定为“应当知道”。

5. 未能依法进行进货查验记录的。《食品安全法》第 53 条第 2 款规定：“食品经营企业应当建立食品进货查验记录制度，如实记录食品的名称、规格、数量、生产日期或者生产批号、保质期、进货日期以及供货者名称、地址、联系方式等内容，并保存相关凭证。记录和凭证保存期限应当符合本法第五十条第二款的规定。”食品经营者违反上述法律规定，不履行进货查验记录义务的，应当认定主观上存在过错，属于“知道”或“应当知道”的情形。

6. 未能按照食品安全标准要求包装、保鲜、贮存、运输食品的。有些食品在出厂后，食品经营者需要负责食品的包装、保鲜、贮存、运输等工作。此时，食品已经脱离了生产者的管理和控制范围，相关工作的责任主体是食品经营者。

如果食品安全标准对上述工作作出了具体要求，而食品经营者未履行上述要求的，系其怠于履行法定义务，主观上存在过错，属于“知道”或“应当知道”的情形。

除上述常见情形外，根据案件具体情况，只要可以认定食品经营者知道或应当知道食品不符合食品安全的，都属于“明知”。

与“明知”的认定紧密关联的是举证责任的分配问题。“明知”作为销售者的主观心理反应，必须要通过其进货、出售等各种客观表现体现出来，这也正是法官认定其主观过错的客观依据。因此，实践中销售者的“明知”特征的判明并不能仅由其本人的陈述而定，而要符合常人的认知逻辑和民事案件证明规则，要综合分析销售者的主体情况、进货渠道、进货价格、是否履行法定进货查验义务、是否“应当知道而不知道”等多种因素来判断销售者是否存在“明知”的主观故意。[①]

三、惩罚性赔偿金额的确定

《食品安全法》第148条第2款规定：“生产不符合食品安全标准的食品或者经营明知是不符合食品安全标准的食品，消费者除要求赔偿损失外，还可以向生产者或者经营者要求支付价款十倍或者损失三倍的赔偿金；增加赔偿的金额不足一千元的，为一千元。但是，食品的标签、说明书存在不影响食品安全且不会对消费者造成误导的瑕疵的除外。”关于本条的理解，做以下说明：

1. 本条赋予了消费者要求赔偿损失和支付惩罚性赔偿的权利。从法条功能看，本条主要的目的在于为消费者创设惩罚性赔偿请求权，至于“消费者要求赔偿损失”并不是本条立法的主要目的。消费者要求经营者赔偿损失的请求权基础在于合同法和侵权责任法。即消费者可以基于违约或者侵权要求销售不安全食品的经营者赔偿其遭受的损失。

2. 本条赋予了消费者要求惩罚性赔偿金额的选择权。《消费者权益保护法》规定的惩罚性赔偿的计算方式是价款的三倍，该金额是固定的，消费者没有其他选择。本条为消费者主张的惩罚性赔偿金额提供了可选择性，即消费者可以选择主张价款十倍的赔偿金，也可以选择主张损失三倍的赔偿金。具体由消费

---

① 贡永红、胡庆东：《〈食品安全法〉中销售者“明知”的司法认定》，载《江南论坛》2015年第9期。

者根据金额大小的不同自愿进行选择。在赔偿倍数上看，损失三倍的赔偿金远远小于价款十倍。但是，通常来说，因不安全食品造成的损失大多会体现在对身体健康的影响，此时，消费者所能主张的损失费包括了医疗费、护理费、误工损失费等。这些费用的金额一般都远远大于正常购买数量的商品的价款。如果规定损失十倍的赔偿金，将过分提高惩罚性赔偿的金额。

3. 本条与《消费者权益保护法》第 55 条的关系问题。从法条上看，本条与消费欺诈的构成要件并不完全相同，区别主要在于本条不以欺诈为构成要件。但是，从实际来看，销售明知是不安全食品的行为往往与欺诈相伴而生。比如，经营者明知食品不符合食品安全标准仍然销售，导致消费者购买该食品。该事实完全满足欺诈的构成要件。此时，消费者能否同时主张十倍赔偿和三倍赔偿？我们认为，消费者同时主张十倍赔偿和三倍赔偿的，法院不予支持。理由如下：

第一，从法律规定来看，《消费者权益保护法》第 55 条第 1 款规定："经营者提供商品或者服务有欺诈行为的，应当按照消费者的要求增加赔偿其受到的损失，增加赔偿的金额为消费者购买商品的价款或者接受服务的费用的三倍；增加赔偿的金额不足五百元的，为五百元。法律另有规定的，依照其规定。"该条中明确包含了"法律另有规定的，依照其规定"的表述。换言之，该条是消费欺诈的一般性规定，不排除法律对消费欺诈作出特别规定。从法律性质上看，《食品安全法》虽然主要具有经济法的性质，但至少在第 148 条规定方面，涉及在食品领域对消费者权益保护的问题。换言之，《消费者权益保护法》涉及全部商品或服务的消费，《食品安全法》仅涉及食品消费，因而，在构成消费欺诈的情况下，《食品安全法》第 148 条属于《消费者权益保护法》第 55 条的特别性规定，应当优先适用第 148 条。

第二，从立法过程来看，不论是《消费者权益保护法》第 55 条，还是《食品安全法》第 148 条，立法者在确定最终的惩罚性赔偿金额时都经历了一番激烈的讨论和慎重的思考。惩罚性赔偿既要考虑保护消费者、维护健康的食品环境，也要考虑到我国实际发展状况，一味地强调对经营者的巨额经济惩罚，并不一定有利于法律目标的实现，也未必有利于消费者权益的真正实现。在结果上，十倍赔偿已经足以补偿消费者损失，不应允许同时主张十倍和三倍赔偿。

第三，从理论分析来说，上述情形本质上涉及"同一生活事实同时符合多个法条构成要件而产生不同法律效果"情形。在理论上，有法条竞合说、请求权聚合说、请求权竞合说等观点。因第55条与第148条分别规定于不同法律，应判断其是否构成法条竞合，即某一法条排除另一法条之适用。法条竞合的处理原则是上位法优先于下位法、（同位阶之）新法优先于旧法、（同位阶之）特别法优先于普通法。首先，第55条与第148条系同位阶之法；其次，第55条与第148条的规范对象有异，不适用新法优先于旧法之原则；最后，所应探讨的是，第55条与第148条是否存在特别法与普通法之关系。

就构成要件来说，第55条的构成要件=欺诈行为+购买后果+主观故意+因果关系；第148条的构成要件=销售不符合食品安全标准的食品（属于欺诈行为之一种）+购买后果+明知。在理论上，明知强调的是对事实的了解与否，故意强调的是行为的动机，但是，司法实务中，一旦认定存在明知，一般都认定存在主观故意。因此，第55条与第148条的构成要件不属于重合关系，前者有4项构成要件，后者为3项。同时，两者也不构成包含关系（即第148条的构成要件并未完全包含于第55条），因为只有涉及销售不安全食品的消费欺诈才满足第148条，并不是符合第55条之情形的所有消费欺诈都符合第148条之构成要件。实际上，两者应为交集关系，即部分构成要件相同（明知/故意、购买后果）。此时，“应当就分别多出的构成要件要素，评价地探讨其逻辑上之特别与普通的关系，而后再视其分别所规定之法律效力在存在上是否能并存，以认定其有无规范上之特别与普通关系。若不能并存，则该关系演变为规范上之普通与特别关系。然因双方分别所规定之构成要件本来互有多出的部分，故在决定系争法条中究竟哪一个法条扮演特别法的角色，应以在交集部分外，哪一个法条有规范上多出的构成要件要素为标准，其最后有多出的构成要件要素之法条，取得特别法的地位。”[①] 依据上述理论，第55条和第148条不同的构成要件分别为“因果关系”和“不安全食品”。在决定第55条和第148条哪个具有特别法的地位时，取决于“因果关系”和“不安全食品”哪个在规范上更有特殊意义。“因果关系”涉及意思自治，注重对消费者自主决定权的保护，而“不安全食品”涉及食品领域，强调食品安全问题，后者在价值上更有特殊意义。因此，在经营者故意/明知销售不安全食品，且消费者对此不知情的情况下，第55条与第148条构成法条竞合，第148条处于特别法之地位，优先予以

① 黄茂荣：《法学方法与现代民法》，法律出版社2013年版，第217页。

适用。

以上分析的是在食品安全欺诈情形下，第55条与第148条构成法条竞合，第148条优先予以适用。但是，第55条与第148条在构成要件上属于交集关系，而消费过程属于多个事实同时发生的“事实群”，所以可能同时发生食品安全欺诈与非食品安全欺诈，如网络商品经营者明知销售不安全食品的同时存在价格欺诈。对于食品安全欺诈，按照法条竞合处理，已如前述。但是，对于价格欺诈，应当如何处理呢？能否认为，由于食品消费欺诈与价格欺诈是两个完全不同的事实，难以认定为“同一事实”，因而，消费者可以同时主张基于销售不安全食品产生的第148条的权利和基于价格欺诈产生的第55条的权利？我们认为，第55条的构成要件的核心是“欺诈”，具体的欺诈事实是支持该构成要件成立的理由，即使经营者的欺诈行为涉及多个方面，但由于这些行为都是在同一个购物消费过程中发生的，所以只要一个事实存在就成立欺诈；多个事实存在的，也仅成立一个第55条的欺诈请求权。经营者同时存在食品安全欺诈和价格欺诈的，实际上基于第55条只产生一个权利，该权利由于涉及食品安全问题，与第148条发生法条竞合，优先适用第148条。结论就是，经营者明知经营的食品不符合食品安全标准，同时有食品安全之外的欺诈行为的，消费者不能主张双重赔偿。当然，消费者主张十倍惩罚性赔偿不成立的，不影响其按照《消费者权益保护法》第55条的规定主张惩罚性赔偿。

【关联案件】

申某坤诉广州市晟曦信息科技有限公司等网络购物合同纠纷案[①]

原告（被上诉人）：申某坤。

被告（上诉人）：广州市晟曦信息科技有限公司。

被告：宜宾五粮液股份有限公司。

〔基本案情〕

2016年9月12日，申某坤在晟曦公司经营的网店购买了“五粮液‘艾慕罗’玛咖干红玛卡酒375mlMACA葡萄酒法国原酒水正品”27箱，每箱12瓶，共计324瓶，金额共计42000元。涉案葡萄酒标签记载：原料：葡萄、玛咖粉、食品添加剂（二氧化硫），产品标准号：GB15037，原酒产地：法国，出品：五

① 北京市第二中级人民法院（2017）京02民终6390号。

粮液公司，生产：仙林果酒公司。2011 年 5 月 18 日，卫生部发布《关于批准玛咖粉作为新资源食品的公告》，载明：现批准玛咖粉作为新资源食品。新资源食品的生产经营应当符合有关法律、法规、标准规定。玛咖粉食用量≤25 克/天，性状淡黄色粉末；婴幼儿、哺乳期妇女、孕妇不宜食用；食品的标签、说明书中应当标注不适宜人群和食用限量。

申某坤购买的 324 瓶葡萄酒已经服用 68 瓶，送出 1 箱未追回，目前剩余 244 瓶。

〔法院观点〕

北京市大兴区人民法院一审认为，本案的争议焦点为：晟曦公司销售的葡萄酒是否符合食品安全标准。申某坤主张涉案产品未标注不适宜人群违反食品安全标准。晟曦公司称其不违反食品安全标准。对此，一审法院认为：第一，《标签通则》第 5 条规定："按国家相关规定需要特殊审批的食品，其标签标识按照相关规定执行。"《食品安全法》第 37 条规定："利用新的食品原料生产食品，或者生产食品添加剂新品种、食品相关产品新品种，应当向国务院卫生行政部门提交相关产品的安全性评估材料。国务院卫生行政部门应当自收到申请之日起六十日内组织审查；对符合食品安全要求的，准予许可并公布；对不符合食品安全要求的，不予许可并书面说明理由。"国家卫生计生委《新食品原料安全性审查管理办法》（以下简称《管理办法》）第 4 条规定："新食品原料应当经过国家卫生计生委安全性审查后，方可用于食品生产经营。"该办法第 19 条规定："食品中含有新食品原料的，其产品标签标识应当符合国家法律、法规、食品安全标准和国家卫生计生委公告要求。"而 13 号文则注明"婴幼儿、哺乳期妇女、孕妇不宜食用，食品的标签、说明书中应当标注不适宜人群和食用限量"。根据上述规定以及 13 号文可知，玛咖粉是国家规定的需要经过特殊审批方可用于食品生产经营的新资源食品，其标签标识应当符合国家法律、法规、食品安全标准以及卫生部公告的要求。第二，不适宜人群等信息关乎消费者的生命健康安全，如不按规定标示，将置消费者于误食、过量服食的危险之中，存在重大安全隐患。不按规定标示不适用人群绝非标签瑕疵问题，而是严重危及食品安全的行为。而涉案产品未对不适宜人群进行标示，因此一审法院认为，晟曦公司销售的产品不符合食品安全标准。申某坤主张，涉案产品标注的执行标准错误，一审法院认为，GB15037 本身包含了 GB2758 的内容，在产品包装上标注执行标准为GB15037本身并无不妥，即使标注瑕疵，也不足以证明产品违反了食品安全标准，对该项意见，一审法院不予采纳。申某坤主张，涉案产品标注原产地法国属于误导消费者，未提供证据支持，且原产地标注错误不应成为其主张十倍赔偿的依据，对其该项意见，一审法院不予采纳。晟曦公司辩称，申某坤并非消费者，无证据支持，一审法院不予采信。晟曦公司辩称，申某坤并非利害关系人，一审法院认为，申某坤系涉案产品的购买者，其与本案存在利害关系，其是否系不适宜人群范围并不影响其以产品不符合食品安全标准为由主张十倍赔偿。综上，涉案葡萄酒未标示不适宜人群违反了食品安全标准，晟曦公司明知食品不符合食品安全标准，仍然销售涉案产品。因此，申某坤有权依照《食品安全法》第148条第2款主张相关权利。

北京市第二中级人民法院二审认为，首先，根据《食品安全法》第26条的规定，食品安全标准应当包括下列内容：（四）对与卫生、营养等食品安全要求有关的标签、标志、说明书的要求。根据《食品安全法》第27条的规定，食品安全国家标准由国务院卫生行政部门会同国务院食品药品监督管理部门制定、公布，国务院标准化行政部门提供国家标准编号。本案中，《预包装食品标签通则》（以下简称《标签通则》）作为中华人民共和国卫生部发布的国家标准，属于涉案产品应当遵守的食品安全国家标准，而《标签通则》第5条则规定了，按国家相关规定需要特殊审批的食品，其标签标识按照相关规定执行。

其次，根据《食品安全法》第37条的规定，利用新的食品原料生产食品，或者生产食品添加剂新品种、食品相关产品新品种，应当向国务院卫生行政部门提交相关产品的安全性评估材料。国务院卫生行政部门应当自收到申请之日起六十日内组织审查；对符合食品安全要求的，准予许可并公布；对不符合食品安全要求的，不予许可并书面说明理由。而《管理办法》作为国家卫生和计划生育委员会为规范新食品原料安全性评估材料审查工作专门制定的规范性文件，属于《食品安全法》第37条所规定的对新的食品原料进行安全性审查的范围，亦符合《标签通则》第5条规定的按国家规定需要特殊审批食品之标签标识应执行的相关规定之范围，根据《管理办法》第4条的规定，新食品原料应当经过国家卫生计生委安全性审查后，方可用于食品生产经营，根据《管理办法》第20条的规定，食品中含有新食品原料的，其产品标签标识应当符合国家法律、法规、食品安全标准和国家卫生计生委公告要求。此外，《国家卫生计生委食品司关于预包装食品含新食品原料标签标示以及低聚果糖有关问题的复函》（国卫食品标便函〔2015〕279号）中答复称，预包装食品中含有已公告的新食品原料，若公告中明确要求在标签、说明书中标示食用量和不适宜人群，则应当按照相关公告要求进行标示。本案中，13号文即中华人民共和国卫生部专门针对批准玛咖粉作为新资源食品而发布的公告，涉案产品系原料包含了玛咖粉的葡萄酒，根据13号文的内容可知，批准玛咖粉作为新资源食品，新资源食品的生产经营应当符合有关法律、法规、标准规定；玛咖粉食用量≤25克/天，性状淡黄色粉末；婴幼儿、哺乳期妇女、孕妇不宜食用；食品的标签、说明书中应当标注不适宜人群和食用限量。

最后，根据本案现已查明的事实，涉案产品的标签中未标注不适宜人群和食用限量，已违反了13号文中关于玛咖粉作为新资源食品的生产经营过程中有关食品的标签、说明书应当标注不适宜人群和食用限量的规定，而13号文又是依据《食品安全法》第37条、《管理办法》第4条、第19条等法律、行政法规而专门针对玛咖粉作为新资源食品而发布的公告，其关于食品标签、说明书的有关要求应属于《标签通则》第5条所规定的范围。因此，涉案产品的标签未标注不适宜人群及食用限量，属于不符合食品安全标准的食品。晟曦公司上诉主张涉案产品系葡萄酒，婴幼儿、哺乳期妇女、孕妇不宜食用系公知常识，但并未提交充分证据予以佐证，且无法对未标注食用限量作出合理解释，而涉案产品系添加了玛咖粉的葡萄酒，玛咖粉又属于13号文专门对标签应标注食用限量作出规定的新资源食品，故涉案产品未标注食用限量对该食品的安全性及其对人身健康的危险性造成极大的风险和隐患，消费者亦无正当途径对涉案产品的合理食用量作出预估和判断，故涉案产品不属于《食品安全法》第148条中“但书”条款规定的标签瑕疵情形，不能作为晟曦公司支付价款十倍赔偿金的豁免事由。

李某梅诉湖南亚美生物科技有限公司网络购物合同纠纷案[①]

原告（上诉人）：李某梅。

被告（被上诉人）：湖南亚美生物科技有限公司。

---

① 北京市第二中级人民法院（2017）京02民终10991号。

〔基本案情〕

亚美公司在京东商城经营名为“岁岁康旗舰店”的网店。2017年2月5日李某梅在亚美公司处购买了25桶“岁岁康野山茶油”5L装，单价198元，总计金额4950元，亚美公司开具了客户为李某梅的相应面额发票。诉讼中，李某梅提交了涉案产品实物。经查，外包装标注产品标准号为GB11765。李某梅陈述尚有23桶涉案产品未拆封食用。诉讼中，李某梅主张涉案产品的油酸和亚麻酸不符合GB/T11765－2003规定的范围，也不符合《中华人民共和国食品安全法》第26条第6项和第150条的规定。李某梅提交了编号为“委20170688”的《国家粮油质量监督检验中心检验报告》，该报告载明李某梅委托检验的涉案产品依据GB11765－2003作出的检验结论为：此样品所检脂肪酸组成项目不符合GB11765－2008标准的规定，具体检验结果为：饱和酸7、油酸63、亚油酸19。李某梅支付检测费279元。另查明，《中华人民共和国国家标准油茶籽油》（GB11765－2003）前言部分规定：“本标准5.2中的表1、表2、表3的部分指标、5.4和第7章、第8章为强制性的，其余为推荐性的。”5.1特征指标中要求饱和酸为7%至11%、油酸为74%至87%、亚油酸为7%至14%。

〔法院观点〕

北京市大兴区人民法院一审认为，本案的核心在于涉案商品是否符合食品安全标准。首先，根据《食品安全法》规定，食品安全标准系强制性标准。一方面，GB11765－2003尚未被以“食品安全标准”的性质由有权部门发布；另一方面，GB11765－2003明确载明规定油酸和亚油酸属于推荐性指标。食品安全标准是对食品安全最低程度的要求，旨在确保食品无毒、无害，符合应当有的营养要求，对人体健康不造成任何急性、亚急性或者慢性危害。推荐性标准的要求较食品安全标准更高，不符合推荐性标准的事实并不必然导致不符合食品安全标准。本案中，李某梅提交的检测报告仅能证明涉案商品在油酸和亚油酸指标不符合GB11765－2003推荐的范围，而未提交其他证据证明涉案商品属于不安全食品，故涉案产品不构成不符合食品安全标准的情形。其次，《食品安全法》第26条第6项规定：“食品安全标准应当包括下列内容：……与食品安全有关的质量要求；”该条款系《食品安全法》第三章中关于食品安全标准内容的规定，系对标准制定主体的要求。李某梅在本案中主张涉案产品不符合该规定并进而主张涉案产品不符合食品安全标准，理据不足，一审法院不予采纳。最后，《食品安全法》第150条规定："食品安全，指食品无毒、无害，符合应当有的营养要求，对人体健康不造成任何急性、亚急性或者慢性危害。"除检测报告外，李某梅并未提交证据证明涉案食品不符合法律规定的食品安全。因此，一审法院对李某梅主张涉案食品不符合《食品安全法》第150条的主张亦不予支持。综上，虽然李某梅提交的检测报告显示涉案产品的油酸和亚麻酸不符合GB11765－2003推荐的范围，但没有证据证明不符合食品安全标准，无法认定为不安全食品。但是，由于涉案商品明确载明的执行标准为GB/T11765－2003，该行为表明其承诺涉案商品符合该标准的相关要求（包括强制性要求和推荐性要求），否则，即使不构成不安全食品，也属于违约行为。《合同法》第111条规定："质量不符合约定的，应当按照当事人的约定承担违约责任。对违约责任没有约定或者约定不明确。依照本法第六十一条的规定仍不能确定的，受损害方根据标的的性质以及损失的大小，可以合理选择要求对方承担修理、更换、重作、退货、减少价款或者报酬等违约责任。"因此，在可以退货的范围内（198×23桶＝4554元），一审法院对李某梅要求退还货款的诉讼请求予以支持。李某梅支付的检测费系为证明涉案商品不符合质量要求支出的必要费用，一审法院予以支持。

北京市第二中级人民法院二审认为，李某梅提交的证据为《国家粮油质量监督检验中心检验报告》，该报告检验出涉案产品的油酸、亚油酸指标不在《中华人民共和国国家标准油茶籽油》中规定的特征指标范围内。因《中华人民共和国国家标准油茶籽油》判定规则中规定：7.4.1 产品未标注质量等级时，按不合格判定；7.4.2 产品的各等级指标中有一项不合格时，即判定为不合格产品。而本案所涉产品的油酸、亚油酸指标为《中华人民共和国国家标准油茶籽油》中规定的推荐性指标，该指标不是判定不合格产品的依据。因此，李某梅提交的证据不能证明涉案产品不符合食品安全标准，应承担举证不能的不利后果，其上诉理由没有事实及法律依据，本院不予支持。

【疑难解答】

1. 知假买假是否影响网购消费者主张十倍惩罚性赔偿？

知假买假在消费欺诈纠纷中影响到欺诈是否成立的判断。消费者以食品不符合食品安全标准为由要求网络商品经营者承担十倍惩罚性赔偿的，经营者提出的知假买假抗辩意见，法院是否应予采纳？对此，可以从以下三个方面回答：

第一，从司法解释来说，《最高人民法院关于审理食品药品纠纷案件适用法律若干问题的规定》第3条规定："因食品、药品质量问题发生纠纷，购买者向生产者、销售者主张权利，生产者、销售者以购买者明知食品、药品存在质量问题而仍然购买为由进行抗辩的，人民法院不予支持。"

第二，从指导案例来说，孙银山诉南京欧尚超市有限公司江宁店买卖合同纠纷案（指导案例23号）的裁判要点为，消费者购买到不符合食品安全标准的食品，要求销售者或者生产者依照食品安全法规定支付价款十倍赔偿金或者依照法律规定的其他赔偿标准赔偿的，不论其购买时是否明知食品不符合安全标准，人民法院都应予支持。

第三，从法条逻辑来说，《食品安全法》第148条第2款规定："生产不符合食品安全标准的食品或者经营明知是不符合食品安全标准的食品，消费者除要求赔偿损失外，还可以向生产者或者经营者要求支付价款十倍或者损失三倍的赔偿金；增加赔偿的金额不足一千元的，为一千元。但是，食品的标签、说明书存在不影响食品安全且不会对消费者造成误导的瑕疵的除外。"本条中并未以存在欺诈作为主张惩罚性赔偿的构成要件。换言之，消费者对食品不符合食品安全标准是否知情，不影响经营者承担相应责任。这突出地体现了《食品安全法》坚决严厉打击食品违法行为的宗旨。此外，本条中规定的权利主体是消费者，但是，并未对消费者的范围作出界定。这就与《消费者权益保护法》形成鲜明区别，《消费者权益保护法》调整的主体是以生活消费为目的的消费者，是狭义上的消费者。《食品安全法》并未作出相同的限制，不宜以《消费者权益保护法》作为认定本条权利主体的依据。

综上所述，在食品消费领域，知假买假不影响网购消费者主张十倍惩罚性赔偿。

2. 网购消费者主张十倍惩罚性赔偿是否以人身、财产损害为前提？

《食品安全法》第148条规定："消费者因不符合食品安全标准的食品受到损害的，可以向经营者要求赔偿损失，也可以向生产者要求赔偿损失。接到消费者赔偿要求的生产经营者，应当实行首负责任制，先行赔付，不得推诿；属于生产者责任的，经营者赔偿后有权向生产者追偿；属于经营者责任的，生产者赔偿后有权向经营者追偿。生产不符合食品安全标准的食品或者经营明知是不符合食品安全标准的食品，消费者除要求赔偿损失外，还可以向生产者或者经营者要求支付价款十倍或者损失三倍的赔偿金；增加赔偿的金额不足一千元的，为一千元。但是，食品的标签、说明书存在不影响食品安全且不会对消费者造成误导的瑕疵的除外。”《最高人民法院关于审理食品药品纠纷案件适用法律若干问题的规定》第15条规定：“生产不符合安全标准的食品或者销售明知是不符合安全标准的食品，消费者除要求赔偿损失外，向生产者、销售者主张支付价款十倍赔偿金或者依照法律规定的其他赔偿标准要求赔偿的，人民法院应予支持。”因此，只要食品经营者“销售明知是不符合食品安全标准的食品”，消费者就可以主张“十倍价款赔偿”，不论这一行为是否给消费者造成了实际损害。

3. 网络商品经营者要求退还食品的，应当如何处理？

食品安全纠纷中的退款、退货问题，与消费欺诈中的退款、退货问题相似，两者的请求权基础基本相同。但是，由于食品的特殊属性，食品安全纠纷中的退货问题有其特殊之处。总体来说，经营者主张退还食品的，法院应当根据食品是否违反食品安全标准、食品是否确有价值和返还可能等因素依法予以处理。

《食品安全法》第63条第1款规定：“国家建立食品召回制度。食品生产者发现其生产的食品不符合食品安全标准或者有证据证明可能危害人体健康的，应当立即停止生产，召回已经上市销售的食品，通知相关生产经营者和消费者，并记录召回和通知情况。”第3款规定：“食品生产经营者应当对召回的食品采取无害化处理、销毁等措施，防止其再次流入市场。但是，对因标签、标志或者说明书不符合食品安全标准而被召回的食品，食品生产者在采取补救措施且能保证食品安全的情况下可以继续销售；销售时应当向消费者明示补救措施。”因此，对于符合召回条件的食品，区分两种情况处理：（1）无害化处理、销毁。（2）采取补救措施后继续销售。在食品纠纷诉讼中，对于需要无害化处理、销毁的食品，没有任何价值，消费者已经食用的，无须返还，也不需要从价款中扣除相应金额。没有食用可以返还的，应当返还后由经营者按照《食品安全法》的规定处理。对于采取补救措施后可以继续销售的食品，由于具有价值，消费者应当返还，不能返还的，应当从价款中扣除相应金额。全部不能退回的，经营者不予退还货款。在周某权诉北京欧尚超市有限公司买卖合同纠纷一案中，二审法院认为，鉴于周某权支付的货款实为双方买卖合同项下其所应当支付的货物对价，而其损失应为货物标签不符合国家标准之部分，该部分与周某权所购买的货物价值相比较实为甚微，且难以计算，故综合考虑合同履行情况以及货物价款等各方面因素，在周某权不同意退还货物的情况下，对其要求退还货款的诉讼请求不予支持。[①]

4. 出入境检验检疫机构出具的卫生证书能否证明经营者不存在主观明知？

《食品安全法》第91条规定："国家出入境检验检疫部门对进出口食品安全实施监督管理。"《食品安全法实施条例》第36条规定，"进口食品应当经出入境检验检疫机构检验合格。海关凭出入境检验检疫机构签发的通关证明放行"。《进出口食品安全管理办法》第18条规定，"进口食品经检验检疫合格的，由检验检疫机构出具合格证明，准予销售、使用"。基于上述法律规定，食品经营者在诉讼中通常抗辩称，相关进口食品已经取得出入境检验检疫机构出具的卫生证书，其有理由合理信赖检验结果，主观上不存在知道或应当知道的过错。

根据目前主流的裁判观点，上述抗辩意见一般不能成立。例如，在刘某诉北京苏宁云商销售有限公司网络购物合同纠纷案中，[②] 苏宁公司主张涉案食品经出入境检验检疫机构检验合格，具有合法正规来源，故苏宁公司已经履行了法定查验义务，不应承担赔偿责任。一审、二审法院认为，食品安全关系到公众的身体健康和生命安全，食品经营者不仅应当尽到审查食品生产企业的资质证明、食品合格证明及进口食品检验相关资料的基本审查义务，还应对所销售食品是否符合国家食品安全标准尽必要的审查义务。涉案食品外包装明确载明配料中含有亚麻籽，而在普通食品中添加亚麻籽不符合我国食品安全标准，故可以认定苏宁公司"销售明知是不符合食品安全标准的食品"，故法院对苏宁公司的该意见不予采信。在田某伟诉天津猫超电子商务有限公司网络购物合同案中，[③] 二审法院认为，"明知"作为销售者的主观心理反应，不能以当事人的陈述判断，而是需要结合销售者的进货渠道、经营规模、法定查验义务以及不符合食品安全标准的具体情形等因素综合分析判断。虽然法律没有明确要求销售企业应当承担与生产企业相同的产品质量审查义务，也没有苛求销售企业需要对通过专业的检验、分析才能发现的产品质量问题承担民事赔偿责任，但猫

① 北京市第一中级人民法院（2014）一中民（商）终字第09574号。

② 北京市第三中级人民法院（2017）京03民终2924号。

③ 北京市第三中级人民法院（2017）京03民终3438号。

超公司作为以营利为目的食品销售企业，不同于普通的消费者，其应当熟知我国的各项食品安全标准，尤其是对于其销售的食品，应负有更高的审查注意义务。猫超公司虽然提交了卫生证书、海关进口货物报告单等证明货物合法来源的相关证据，但根据查明的事实，涉案商品中的鱼肝油属于药品，并非普通的食品原料，上述瑕疵属于通过食品包装的外观就能够直接发现的问题，猫超公司作为专业的销售企业却无视上述瑕疵，继续销售涉案商品，应当属于“明知”的情形。

我们认为，对进口食品进行检疫检验是出入境检验检疫机构的监管职责，但并不因此免除食品经营者对食品安全进行查验、检验的注意义务，对此《食品安全法》第94条第2款规定：“进口商应当建立境外出口商、境外生产企业审核制度，重点审核前款规定的内容；审核不合格的，不得进口。”此外，如果一律认为只要出入境检验检疫机构出具了卫生证书，就说明经营者不存在明知，将使得消费者只能向食品生产者主张赔偿。但是，由于生产者系境外企业，消费者提起相关诉讼、执行判决的困难将极大地增加，这不利于消费者权益的保护，也不符合《食品安全法》的宗旨。综上，出入境检验检疫机构出具的卫生证书一般不能证明进口食品经营者不存在主观明知。

5. 违反食品安全企业标准的，是否属于销售不安全食品？

国家标准或者地方标准由于要照顾到全国或者全省的平均水平，是保障食品安全的底线。为了增强市场竞争力，企业可以制定严于国家标准或者地方标准的食品安全企业标准。因此，《食品安全法》第30条规定：“国家鼓励食品生产企业制定严于食品安全国家标准或者地方标准的企业标准，在本企业适用，并报省、自治区、直辖市人民政府卫生行政部门备案。”

《食品安全企业标准备案办法》第2条规定：“食品生产企业制定下列企业标准，应当在组织生产之前向省、自治区、直辖市卫生行政部门（下称省级卫生行政部门）备案：（一）没有食品安全国家标准或者地方标准的企业标准；（二）严于食品安全国家标准或者地方标准的企业标准。”因此，食品安全企业标准分为两类：第一，在没有国家标准、地方标准的情况下制定的企业标准；第二，企业采用高于国家标准或者地方标准的企业标准，在国家标准或者地方标准之上的标准显然是非强制性的。

我们认为，食品安全企业标准不是《食品安全法》第148条中的“食品安全标准”。首先，《食品安全法》第 25 条明确将食品安全标准定性为强制性标准，这意味所有食品安全标准都必须是强制性标准，只有强制性标准才是食品安全标准。面对众多的标准，判断是否是食品安全标准的依据首先是按照国务院卫生行政部门公布的食品安全标准库，不管是国家标准、地方标准、行业标准、企业标准，只要不是强制性标准，这个标准一定不是食品安全标准。[①] 其次，高于国家标准或者地方标准的企业标准，当然不是企业食品标准，否则将导致违反该企业食品安全标准的经营者承担第 148 条的法律责任，产生“劣币驱逐良币”的负面效应，造成企业不再制定该类标准，与《食品安全法》第 30 条的鼓励原则相悖。最后，《食品安全企业标准备案办法》第 8 条规定：“企业标准编制说明应当详细说明企业标准制定过程和与相关国家标准、地方标准、国际标准、国外标准的比较情况。标准比较适用下列原则：（一）有国家标准或者地方标准时，与国家标准或者地方标准比较；（二）没有国家标准和地方标准时，与国际标准比较；（三）没有国家标准、地方标准、国际标准时，与两个以上国家或者地区的标准比较。”因此，对于没有国家标准、地方标准的情况下制定的企业标准，应当与国际标准、两个以上国家或者地区的标准比较。然而，根据国际标准、两个以上国家或者地区的标准所制定的企业标准，并不一定是对相关食品安全最低程度的要求。换言之，只要该企业标准高于食品安全国家标准、地方标准的可能的规定，那么违反该标准，就不应当认定为违反了对食品安全最低程度的要求，从而认为相关的产品为不安全食品。

当然，违反食品安全企业标准并非不承担任何责任。第一，违反食品安全企业标准的食品，在没有食品安全国家标准、地方标准的情况下，应当符合《食品安全法》第 150 条“食品安全，指食品无毒、无害，符合应当有的营养要求，对人体健康不造成任何急性、亚急性或者慢性危害”的要求，否则仍然属于不安全食品，应当按照第 148 条承担责任。第二，违反食品安全企业标准的食品，由于没有违反《食品安全法》第 150 条的规定，不能认定为不安全食品，而是不合格产品。经营者对此应当承担违约责任，在符合《消费者权益保护法》第 55 条的情况下，消费者可以主张三倍惩罚性赔偿。

---

① 冀玮、明星星：《食品安全法实务精解与案例指引》，中国法制出版社 2016 年版，第 43 页。

11. 食品标签瑕疵的处理

【裁判规则】

食品标签不符合食品安全标准，但不影响食品安全且不会对消费者造成误导的，经营者免于承担《食品安全法》第148条规定的惩罚性赔偿责任。

【解读适用】

一、食品标签瑕疵的制定

如前所述，我们提出在食品标签纠纷中应当坚持“形式审查”原则来确定食品安全标准。但是，形式审查并非十全十美，绝对地形式主义必将走上机械化的极端。司法审判从来都不仅仅是纯粹的逻辑三段论的演绎推理过程。因为法律规范或法律概念不仅仅是对客观现实的描述或再创造，其中更赋予了特定的价值取向。[①] 法官在适用这套被赋予了价值内涵的规范体系的过程中，必将经历价值衡量、取舍的过程。而且，纵观我国食品标签民事纠纷的裁判历史，可以发现此类案件一定程度上受到了国家政策、食品安全形势等因素的影响。在不少食品标签纠纷中，法官之所以放弃形式审查转而采取实质审查，一个重要原因是采取哪种审查原则更符合法官的价值取向。由此而言，不论形式审查还是实质审查均是方法论上的原因，根本原因是法官在不同案情下价值取向的不同。

2009年《食品安全法》没有给法官自由裁量权的行使留下足够空间。详言之，只要满足构成要件，就必须支付惩罚性赔偿，而未区分违反食品安全标准的危害程度，亦未考虑不同案件中违法行为与惩罚性赔偿之间的比例关系，故而导致在某些案件中，法官如果认定构成要件成立，则惩罚性赔偿在结果上未尽合理。[②] 由于惩罚性赔偿的计算方式是固定的，所以法官在个案中的价值衡量与取舍就只能从构成要件入手。在此情形下，鉴于《食品安全法》规定“食

---

① 黄茂荣：《法学方法与现代民法》，中国政法大学出版社2001年版，第46页。

② 比如，原告购买有毒有害食品并提出惩罚性赔偿，法院在价值取向上更倾向于支持其诉讼请求。但是，如果原告仅以标签不合格提出惩罚性赔偿，且大量购买商品导致惩罚性赔偿高达十几万元、几十万元、甚至上百万元，那么法官在价值取向上不会倾向于支持该请求，尤其是实践中食品标签纠纷的原告绝大部分是一些事实上的职业买手。

品安全标准应当包括下列内容：……对与卫生、营养等食品安全要求有关的标签、标志、说明书的要求”，于是法官将“食品安全标准”这一概念作为切入点，并由此将价值衡量与取舍投射到案件审判中。我们认为，就价值衡量和取舍而言，把所有标签内容均纳入食品安全标准是不合理的；但从法律适用而言，以价值衡量取代食品安全标准也是不合理、甚至是违法的。这两者之间的矛盾始终困扰着司法审判，也导致了裁判的摇摆不定。司法过程中的价值取向要求形式审查不应成为绝对标准，但必须通过立法而非司法本身为法官提供一条可供进行价值衡量的正当途径。

修订后的《食品安全法》第 148 条第 2 款（第二句）规定：“但是，食品的标签、说明书存在不影响食品安全且不会对消费者造成误导的瑕疵的除外。”该条系 2015 年修订时新增加的规定。增加该“但书规定”的原因是，在食品安全法修订草案审议过程中，有的意见提出，实践中食品标签、说明书中的一些瑕疵，如计量单位英文字母的大小写错误，虽然不符合有关食品安全标准，但是并不影响食品安全，也不会对消费者造成误导，此类情况下生产经营者不应承担惩罚性赔偿责任。立法机关经研究，采纳了该意见。①

二、食品标签瑕疵的认定

法律规范系由法律概念组成，法律概念又可以区分为确定性概念和不确定性概念。简单来说，不确定法律概念，是指其内容及范围极不确定的概念。在法律使用不确定概念时，法官需要结合具体案情对该概念予以具体化，以确定本案事实是否包括在不确定概念的内涵或外延中，从而导致法院观点的“仁者见仁、智者见智”。食品标签瑕疵规定中所使用的“瑕疵”一词属于不确定法律概念，引发了司法实践中在认识上的分歧。例如，GB7718－2011 第 4. 1. 4. 2 规定：“如果在食品的标签上特别强调一种或多种配料或成分的含量较低或无时，应标示所强调配料或成分在成品中的含量。”消费者以涉案食品包装载明无蔗糖，但未标明蔗糖的具体含量为由要求十倍赔偿，有法院支持了其诉讼请求，也有法院认为属于标签瑕疵。②

---

① 信春鹰主编：《中华人民共和国食品安全法解读》，中国法制出版社 2015 年版，第 394 页。

② 上海市第一中级人民法院（2016）沪 01 民终 11509 号，苏州工业园区人民法院（2016）苏 0591 民初 1947 号。

我们认为，食品标签瑕疵的认定应当注意以下方面：

1. 关于标签瑕疵与食品安全标准的关系。《食品安全法》第 148 条第 2 款的表述为："……不符合食品安全标准的食品……消费者……还可以向……，但是，……除外。"可见，在法条逻辑上，"但是"之后的部分是对"不符合食品安全标准的食品"的免责条款。详言之，食品标签瑕疵仍然属于违反食品安全标准的行为，只不过在瑕疵情形下，消费者无权向经营者主张惩罚性赔偿。因此，在第 148 条第 2 款的适用中，第一步工作还是要通过形式审查确定标签是否符合食品安全标准，在不符合的情况下，则接下来判断其是否构成标签瑕疵，从而免除承担惩罚性赔偿责任。法官在撰写判决书时应当注意正确阐述食品标签瑕疵和食品安全标准的关系。

2. 是否符合食品安全标准应采取形式审查。新法第 148 条的体例安排以及遣词造句，表明了立法机关对于食品标签是否违反食品安全标准亦采取了形式审查，即只要标签与标准内容不一致，就属于不符合食品安全标准，至于不一致的内容是否与卫生、营养等食品安全要求有关，在所不问。否则，新法的除外条款应当明确规定："与卫生、营养等食品安全要求无关的食品标签不适用第一款的规定。"但实际上，瑕疵除外条款是针对所有标签内容的规定，并未区分其是否与卫生、营养等食品安全有关。所以，法官对食品标签是否符合食品安全标准这一判断工作应采"形式比对"的审查方式。

在对比的内容方面应注意两点：一是食品安全标准的内容通常包括推荐性和强制性要求，只有违反强制性要求才属于不符合食品安全标准，故法官只需将标签与标准中的强制性要求进行比对。二是合格标签不仅应按要求标示相应内容，还必须保证标示内容的真实性（不论标准是否明确提出该要求），标示虚假信息的标签实质上等于没有标注，属于不符合食品安全标准。

3. 食品标签瑕疵的内涵与外延。在"形式比对"后，发现标签不符合食品安全标准要求的，则进入标签瑕疵的判断阶段，这就涉及对食品标签瑕疵的理解和认定。从文义解释看，瑕疵是指微小的缺点。[①] 但是对标签瑕疵的认定重点不在于"瑕疵"概念本身，第 148 条第 2 款规定，"但是，食品的标签、说明书存在不影响食品安全且不会对消费者造成误导的瑕疵的除外"。可见，标

---

① 辞海编辑委员会：《辞海（缩印本）》，上海辞书出版社 2000 年版，第 3463 页。

签瑕疵认定的关注点应放在“瑕疵”之前的两个限定条件：不影响食品安全；不会对消费者造成误导。只要该两项条件同时满足，就构成标签瑕疵。但在具体理解上，还应作进一步探讨：

（1）关于不影响食品安全，可以有两种理解：一种是标签性质本身不影响食品安全，即不考虑具体的瑕疵内容，只要标签不具有影响食品安全的属性即可。标签是否具有影响食品安全的属性，应当结合《食品安全法》关于“对与卫生、营养等食品安全要求有关的标签、标志、说明书的要求”应制定食品安全标准的规定进行理解，即与卫生、营养等食品安全要求有关的标签，具有影响食品安全的属性。比如，营养成分、生产日期、食用禁忌等标签内容具有影响食品安全的属性，故不管此类标签具体表现为何种瑕疵，都属于影响食品安全。换言之，此类标签容不得有任何差错。另一种是“瑕疵”本身不影响食品安全，即考察重点不在于标签属性，而是具体的瑕疵内容，允许任何标签内容都可存在差错，关键在于差错在结果上是否影响食品安全。比如，《标签通则》第4.1.7.3条规定：应按年、月、日的顺序标示日期，如果不按此顺序标示，应注明日期标示顺序。如果标签未按上述规定标示，并不必然得出影响食品安全的结论。我们认为，与卫生、营养等食品安全要求无关的标签，不论其瑕疵内容和程度，均属于不影响食品安全的瑕疵。对于与卫生、营养等食品安全要求有关的标签，应采上述第二种理解作为判断其是否影响食品安全的依据。

（2）关于不会对消费者造成误导，应当从“误导的内涵”与“误导的内容”两方面理解。《民法通则》《最高人民法院关于贯彻执行〈中华人民共和国民法通则〉若干问题的意见（试行）》以及《合同法》均未使用“误导”一词，但是食品标签纠纷系消费领域，故可以借助《消费者权益保护法》《反不正当竞争法》理解。我们认为，“误导”是指因标签信息不真实、不准确、不完整导致消费者将对食品本身以及食品有关的信息产生错误认识。比如，把A食品误认为B食品、把规格A误认为规格B，等等。在具体内容方面，“误导”则既包括了与食品安全有关的信息，也包括与食品安全无关的信息，前者如营养成分、功能用途、有效期、生产日期，后者如生产者、经销者的名称、地址和联系方式。应当将该条规定的误导限定于与食品安全有关的内容，将与食品无关的误导排除在外。原因在于，不影响食品安全与不会对消费者造成误导系并存关系，任一条件未满足，均不得适用瑕疵除外条款。例如，虽然《标签通则》规定食品标签应当标注“规格”，但如上所述，“规格”与食品卫生、营养无关，标签未载明产品规格或者规格标注错误，显然属于不影响食品安全标准的标签瑕疵。但是，在标注错误的情况下又毫无疑问构成误导。如果不对误导的范围进行限制，则这种情形下仍无法适用瑕疵除外条款。

【关联案件】

徐某诉上海秋桂副食品销售有限公司网络购物合同纠纷案①

原告（被上诉人）：徐某。

被告（上诉人）：上海秋桂副食品销售有限公司。

〔基本案情〕

2017 年 4 月 23 日，徐某向上海秋桂公司在天猫商城经营的店铺购买蜂蜜黄油杏仁 45 罐（每罐净含量 228 克），单价 25.8 元。徐某共支付货款 1161 元。

徐某购买的该产品外包装配料处标明：杏仁、麦芽糖、白砂糖、蜂蜜黄油味调料— GL、蜂蜜、玉米胚芽油、植物性油脂、植物提取物、大豆磷脂、食品添加剂（二氧化硅、阿斯巴甜、柠檬酸、DL－苹果酸）。

〔法院观点〕

北京市丰台区人民法院一审认为，根据《食品安全国家标准食品添加剂使用标准》（GB2760－2014）表 A1（续）注释 b 规定，添加阿斯巴甜的食品应标明阿斯巴甜（含苯丙氨酸）。本案中，上海秋桂公司提供的涉案食品未按照食品安全国家标准的要求标注阿斯巴甜（含苯丙氨酸）字样，违反了上述规定，属于不符合国家食品安全标准的食品，徐某有权要求解除合同并要求上海秋桂公司给付价款十倍的赔偿。

北京市第二中级人民法院二审认为，关于涉案食品是否符合食品安全标准，是否属于标签瑕疵，是否影响食品安全并对消费者造成误导。根据《食品安全法》第 67 条明确规定，预包装食品的包装上应当有标签。标签应当标明下列事项：（一）名称、规格、净含量、生产日期；（二）成分或者配料表；（三）生产者的名称、地址、联系方式；（四）保质期；（五）产品标准代号；（六）贮存条件；（七）所使用的食品添加剂在国家标准中的通用名称；（八）生产许可证编号；（九）法律、法规或者食品安全标准规定应当标明的其他事项。根据

① 北京市第二中级人民法院（2018）京 02 民终 222 号。

《食品安全国家标准食品添加剂使用标准》（GB2760－2014）表A1（续）注释b规定，添加阿斯巴甜的食品应标明阿斯巴甜（含苯丙氨酸）。本案中，上海秋桂公司提供的食品未按照食品安全国家标准的要求标注阿斯巴甜（含苯丙氨酸）字样，违反了上述规定，属于不符合国家食品安全标准的食品。涉案食品未标注阿斯巴甜（含苯丙氨酸）字样，容易让苯丙酮尿症患者误认为涉案食品不含苯丙氨酸，如果误食会造成不良后果。因此，涉案食品未按照食品安全国家标准的要求标注阿斯巴甜（含苯丙氨酸）字样不属于“不影响食品安全且不会对消费者造成误导”的标签瑕疵。《食品安全法》第148条第2款规定：“生产不符合食品安全标准的食品或者经营明知是不符合食品安全标准的食品，消费者除要求赔偿损失外，还可以向生产者或者经营者要求支付价款十倍或者损失三倍的赔偿金；增加赔偿的金额不足一千元的，为一千元。但是，食品的标签、说明书存在不影响食品安全且不会对消费者造成误导的瑕疵的除外。”上海秋桂公司是涉案食品的生产者也是销售者，应承担消费者支付价款十倍的赔偿责任。

陈某欣诉北京物美流通技术有限公司志新店买卖合同纠纷案①

原告（上诉人）：陈某欣。

被告（被上诉人）：北京物美流通技术有限公司志新店。

〔基本案情〕

陈某欣于2016年9月6日在物美志新店购买：1. 西王橄榄玉米油食用（植物）调和油（5L装）7桶，单价129.9元，共计909.3元；2. 多力橄榄葵花食用调和油（5L装）4桶，单价128元，共计512元；3. 多力橄榄葵花食用调和油（2.5L装）1桶，单价63.9元。上述商品共计1485.2元。

一审庭审中，陈某欣提交了：1. 西王橄榄玉米油，外包装正面印有“西王橄榄玉米油食用（植物）调和油、特级初榨橄榄油、非转基因玉米胚芽油”字样、“橄榄与玉米”图案，上部挂签印有“特级初榨橄榄油（西班牙进口）加优质玉米胚芽油”字样，背面包装印有“西王橄榄玉米油选用特级初榨橄榄油及玉米胚芽油调制而成，含有不饱和脂肪酸，适宜于煎炒烹炸和凉拌；配料：玉米胚芽油、特级初榨橄榄油；原料原产国玉米胚芽油中国，特级初榨橄榄油

① 北京市第一中级人民法院（2018）京01民终415号。

西班牙”字样，同时印有产品标准号、生产许可证号。2. 多力橄榄葵花食用调和油，外包装正面印有“橄榄葵花食用调和油、精选多力葵花籽油与特级初榨橄榄油”字样、“橄榄和葵花”图案，背面包装印有“配料：葵花籽油、特级初榨橄榄油”字样，同时印有产品标准号、生产许可证号。

〔法院观点〕

北京市海淀区人民法院一审认为，西王橄榄玉米油与多力橄榄葵花食用调和油的外包装标签未对橄榄油进行特别强调，并不违反标签通则（GB7718－2011）的有关规定，陈某欣亦未对西王橄榄玉米油与多力橄榄葵花食用调和油本身存在食品安全问题提交相关证据，因此不适用有关惩罚性赔偿的规定。故陈某欣要求物美志新店十倍赔偿的诉讼请求，该院不予支持。

北京市第一中级人民法院二审认为，涉诉食品未标示橄榄油的添加量，违反了GB7718－2011《标签通则》第4.1.4.1的规定，属于不符合食品安全标准的食品。关于涉诉食品是否属于食品安全法第148条第2款规定的“不影响食品安全且不会对消费者造成误导的瑕疵的除外”情形。涉诉食品的标签强调了橄榄油却未标注橄榄油的具体含量，存在瑕疵，物美志新店主张涉诉食品仅是标签瑕疵，应属于食品安全法第148条第2款“食品的标签、说明书存在不影响食品安全且不会对消费者造成误导的瑕疵的除外”的情形。对此，本院认为，《最高人民法院关于审理食品药品纠纷案件适用法律若干问题的规定》第15条规定：“生产不符合安全标准的食品或者销售明知是不符合安全标准的食品，消费者除要求赔偿损失外，向生产者、销售者主张支付价款十倍赔偿金或者依照法律规定的其他赔偿标准要求赔偿的，人民法院应予支持。”《食品安全法》第150条关于食品安全的定义为：“食品安全，指食品无毒、无害，符合应当有的营养要求，对人体健康不造成任何急性、亚急性或者慢性危害。”故食品安全不仅指食品有毒有害，直接造成人体危害，还包括对人体的慢性危害，且消费者无须在诉讼中证明其实际受到了人身损害。本案中，橄榄油的营养成分与玉米油等其他油不饱和脂肪酸的成分存在差别，人体对饱和脂肪酸、不饱和脂肪酸的摄入量直接影响患肥胖症等慢性危害的可能性。涉诉食品的标签瑕疵会令消费者对油的成分和营养价值之认识与实际存在误差，长期错误理解下的服用可能存在慢性危害隐患，故涉诉食品的标签瑕疵系与食品安全有关，且会对消费者造成误导，不属于食品安全法第148条第2款中标签瑕疵的免责情形。

【疑难解答】

经营者未提出标签瑕疵抗辩的，法院是否主动审查?

司法审判中，通常经营者都会提出标签瑕疵抗辩。但是，有些经营者经合法传唤仍下落不明只能公告送达开庭传票，有些经营者即使知道涉诉事实，也不积极参加诉讼，既不出席庭审，也不提交书面答辩状。在经营者未提出标签瑕疵抗辩的情况下，法院应否主动审查是否构成标签瑕疵？这涉及抗辩与抗辩权的认定问题。

在给付之诉中，当事人一方行使其请求权，而相对人拒绝给付时，会在诉讼中提出各种拒绝的理由。总结起来，有以下三种：

（1）权利阻碍的抗辩，该抗辩内容是主张原告的请求权因一定的事由自始不发生，根本不曾存在过。比如，在合同纠纷中，原告主张合同请求权的前提是双方成立合法有效的合同关系，如果被告提出双方未曾达成合意，或者合同内容违反法律的强制性规定，若该抗辩成立，那么将导致合同自始不成立或无效，原告所主张的合同请求权无所依存，自始没有发生。权利阻碍的抗辩，在诉讼中，最常见的体现形式为否认，即被告否认存在原告所主张的事实，从而导致以这些事实为基础的请求权不能发生。

（2）权利消灭的抗辩，该抗辩内容是主张原告的请求权虽然曾经发生，但后来因为一定事由已经归于消灭。最常见的情形是，原告要求被告偿还借款，被告虽然不否认借款事实的发生，但主张已经将借款偿还给原告。若该抗辩成立，原告的还款请求权基于清偿事实而消灭。在诉讼中，权利消灭的抗辩不能体现为简单的否认，而必须是提出原告所没有提出的新的事实。

（3）抗辩权，即实体法上与请求权相对的概念，其作用在于义务人虽然不否认权利的有效存在，但是可以因一定理由拒绝给付。诉讼时效是最为典型的抗辩权。与权利消灭的抗辩相同，抗辩权不能体现为否认原告的事实，而必须是提出原告所没有提出的新的事实。

在理论上，权利阻碍的抗辩、权利消灭的抗辩称为诉讼上的抗辩，抗辩权则为实体法上的抗辩权。两种的区别在于，诉讼上的抗辩的效力足以使得请求权不曾产生或归于消灭，因此，即使在诉讼中原告或者被告没有提出来，法院也必须审查相关事实。反之，抗辩权属于实体法上的权利，该权利并不能否认对方请求权的存在。而且，既然是权利，那么就应当由权利人自主决定是否行使。因此，当事人不提出抗辩权的，法院不主动审查。[①]

从是否必须由特定当事人提出抗辩来说，上述三种情形又可分为需要主张的抗辩和无须主张的抗辩。所谓需要主张的抗辩，是指只有特定当事人自己提出来，法院才进行审查认定。无须主张的抗辩，是指只要任何一方当事人提出该事实，法院在裁判时都必须加以考虑。据此，诉讼时效是需要主张的抗辩，只有被告提出该抗辩的，法院才予以审查。如果被告没有提出，那么即使根据原告的陈述，原告的请求权已经罹于诉讼时效，法院也不能以诉讼时效期间届满为由驳回原告的诉讼请求。相反，清偿事实即权利消灭的抗辩属于无须主张的抗辩，即使被告没有提出该抗辩（尤其是在缺席审判的情况下），只要原告自己陈述被告偿还过全部或者部分款项，或者根据原告的证据可以得出该结论，就应当驳回其诉讼请求。此外，权利阻碍的抗辩也属于无须主张的抗辩。

进一步而言，上述分类在举证责任分配上具有重要意义。对于权利阻碍的抗辩，应当由主张权利成立的一方承担举证证明责任；对于权利消灭的抗辩，应当由抗辩人承担举证证明责任；对于抗辩权，也应当由抗辩权人承担举证证明责任。

具体到食品标签瑕疵抗辩，《食品安全法》第 148 条第 2 款规定："生产不符合食品安全标准的食品或者经营明知是不符合食品安全标准的食品，消费者除要求赔偿损失外，还可以向生产者或者经营者要求支付价款十倍或者损失三倍的赔偿金；增加赔偿的金额不足一千元的，为一千元。但是，食品的标签、说明书存在不影响食品安全且不会对消费者造成误导的瑕疵的除外。"根据该条的表述逻辑，只要食品生产经营者实施了特定行为（生产不符合食品安全标准的食品或者经营明知是不符合食品安全标准的食品），消费者就可以主张惩罚性赔偿。同时，通过"但书规定"（但是，食品的标签、说明书存在不影响食品安全且不会对消费者造成误导的瑕疵的除外）为经营者提供了免责事由，使得消费者已经成立的惩罚性赔偿请求权归于消灭。这类似于在买卖合同中因不可归责于债务人的事由导致给付不能的，免除给付义务。[②] 因此，标签瑕疵抗辩属于权利消灭的抗辩、无须主张的抗辩，在双方发生争议时，由经营者承

① 王泽鉴：《民法思维：请求权基础理论体系》，北京大学出版社 2009 年版，第 135 页。

② 王泽鉴：《民法思维：请求权基础理论体系》，北京大学出版社 2009 年版，第 136 页。

担举证责任。

经营者未提出标签瑕疵抗辩的，由于不属于需要主张的抗辩，所以，法院并不是无须审查该要件，而是应当根据消费者提供的证据，结合相关法律规定，主动对是否构成标签瑕疵进行审查。正因如此，不论经营者是否提出该抗辩，法院在判决书中，均应当对是否构成标签瑕疵作出认定。

第五章　网络交易平台的法律责任

12. 网络交易平台的先行赔付责任

【裁判规则】

消费者通过网络交易平台购买商品或者接受服务，其合法权益受到损害时，网络交易平台不能提供销售者或者服务者的真实名称、地址和有效联系方式的，消费者可以向网络交易平台要求赔偿；网络交易平台作出更有利于消费者的承诺的，应当履行承诺。

【解读适用】

一、网络交易平台责任的立法背景

网络交易平台的法律责任问题，是2013年修订《消费者权益保护法》新增加的规定，也是修订过程中重要的立法议题。关于网络交易平台与消费者的法律关系而言，可以分为三类：第一类是合同责任，消费者在使用交易平台时，都必须先通过签署技术服务协议成为平台注册用户，此时平台就是提供网络服务的经营者，对消费者应当根据技术服务协议承担保障消费者账户安全、交易安全等各项合同责任；第二类是广告发布者责任，交易平台上发布的各类广告是其盈利收入的重要部分，如果因虚假广告导致消费者权益受侵害的，作为广告发布者的平台要承担相应的责任；第三类是第三方责任，消费者通过平台与商品销售者或者服务提供者签订消费合同，平台作为合同之外的第三方，应当对消费者承担相应的责任。前两类法律关系相对简单，现行《消费者权益保护法》也已有规定，第三类法律关系是法律修改需要增加规定的内容。在制度设计上，是将平台一律视为柜台出租者或者展销会开办者，无论其是否尽到注意义务，只要平台上的经营者不再利用平台的，平台提供者就必须对消费者承担先行赔付责任；还是适用侵权责任法的过错责任原则，仅在平台者违反注意义务的情况下承担责任，存在不同观点。

第一种观点认为，买卖双方在使用网络交易平台时，都必须先通过与平台签署技术服务协议而注册成为平台用户，服务协议一般承诺提供必要的技术手段和管理措施以保证网上交易的顺利进行。因此，平台仅是为交易双方提供磋商的网络环境，并非交易的参与者。而且平台对使用平台的买方（消费者）不收取任何费用；对作为卖方的经营者，平台有的不收费，有的收取低廉的技术服务费或者按交易额比例收取费用，但即使收费也仅是依照技术服务合同产生的对价，与消费者与经营者之间的交易无关。因此，基于技术中立者的地位，平台责任应当仅以《侵权责任法》第36条的规定为限，即网络交易平台知道经营者利用平台侵害消费者合法权益而未采取必要措施的，平台与该经营者承担连带责任。

第二种观点认为，网络交易平台就是一个网络商场，平台提供者与卖方的关系类似于柜台租赁关系，消费者通过线下实体商场柜台购物，发生纠纷可以向销售者要求赔偿，也可以向柜台的出租者要求赔偿，消费者通过网络上的商场购物也应享有同样的权利。并且，网络交易平台对卖方经营者具有一定的控制能力，技术上可以对利用平台的卖家身份进行审查，如果平台提供者在其能力范围内对交易风险不加任何控制，发生纠纷，消费者难以找到经营者求偿，而平台提供者也拒绝承担责任，则对消费者失之公平。反对意见提出：首先，从是否收取租金看，商场出租柜台收取高额租金，百货商场一般按照交易额的20%～28%收取，而平台基本不收或者收取小额的租金，如果比照柜台出租者承担连带责任，权利义务不平衡；其次，柜台出租者和展销会举办者对经营者的资质和待售商品的控制能力都较强，而平台面对的是海量的经营者与商品信息，如目前有的网络交易平台卖家约700万，上线商品约9亿件，平台难以做到实质性审查监控，技术和经济成本上都存在障碍。

第三种观点认为，网络交易平台应视为撮合交易的居间人（如房产中介），买卖双方都通过居间人发布供需信息并最终通过居间人订约。但也有意见认为，网络交易平台只是提供信息平台，不参与具体的订约过程，且居间人通过向双方当事人收取中介费营利，而网络交易平台提供者向双方提供的技术服务大多是免费的，营利主要来自其他附加服务，如通过出卖平台上的广告位等，因此，交易平台不应视为居间人。此外，还有观点认为应将平台视为“卖方合营者”，但反对意见认为这种观点完全忽视了网络零售和传统实体零售的区别，要求平台介入上亿个具体交易并承担连带责任，将直接威胁网络交易平台赖以生存的基础。

提交十二届全国人大常委会二次会议审议的消费者权益保护法修正案（草案），曾将网络交易平台比照柜台出租者，规定商品销售者或者服务提供者不再利用平台时，消费者可以要求平台提供者承担先行赔付责任。此后，一些意见提出，网络交易平台与柜台出租者存在较大差异，作为网络服务提供者，对消费者承担的责任应当以过错原则为限，仅在违反合理注意义务时才承担相应的责任，要求平台对违法经营承担准担保性质的先行赔付责任，将对电子商务市场产生重大影响。尽管先行赔付在当前的电商市场具有一定的实践基础，尤其是在网上商业零售市场B2C，平台提供者对经营者的控制能力相对较强，在现行法律没有规定的情况下，某些交易平台已经推行了先行赔付和消费者保证金制度，但值得注意的是，部分电商目前的做法仅是为了吸引消费者以取得竞争优势的市场行为，如果将市场行为法律化，规定平台一律承担先行赔付责任，是否会造成平台大幅提高保证金额度最终导致成本向消费者转嫁的情况。另据不完全统计，网购投诉涉及标的以小额居多，其中，44.1%在100～500元间，25.8%在100元以下，相比交易总量，网购纠纷发生比例较低，平均每91.69万笔网购交易产生一次纠纷，如果保证金制度普及，需要考虑是否造成守法经营者为个别违法经营埋单，且最终成本向全体消费者转嫁的结果。鉴于上述情况，尤其是考虑到网络交易不同于实体交易，具有虚拟性的特点，在网络交易平台上销售商品的电商数量庞大，法律制度需要考虑需求多元化和利益平衡的问题，硬性规定先行赔付责任也不一定对消费者和整个电子商务市场有利，所以2013年修订的《消费者权益保护法》第44条对网络交易平台先行赔付的条件进行了规定。①

二、法定先行赔付责任的成立条件

《消费者权益保护法》第44条第1款规定，“消费者通过网络交易平台购买商品或者接受服务，其合法权益受到损害的，可以向销售者或者服务者要求赔偿。网络交易平台提供者不能提供销售者或者服务者的真实名称、地址和有

① 李适时主编：《中华人民共和国消费者权益保护法释义》，法律出版社2013年版，第191～195页。

效联系方式的，消费者也可以向网络交易平台提供者要求赔偿”。该条规定了网络交易平台承担法定先行赔付责任的条件。

（一）网络交易平台的审查和登记义务

网络交易平台，是指在网络商品交易活动中为交易双方或者多方提供网页空间、虚拟经营场所、交易规则、交易撮合、信息发布等服务，供交易双方或者多方独立开展交易活动的信息网络系统。

《消费者权益保护法》未直接规定网络交易平台的审查和登记义务。《食品安全法》第 62 条第 1 款规定：“网络食品交易第三方平台提供者应当对入网食品经营者进行实名登记，明确其食品安全管理责任；依法应当取得许可证的，还应当审查其许可证。”《网络交易管理办法》第 23 条规定，“第三方交易平台经营者应当对申请进入平台销售商品或者提供服务的法人、其他经济组织或者个体工商户的经营主体身份进行审查和登记，建立登记档案并定期核实更新，在其从事经营活动的主页面醒目位置公开营业执照登载的信息或者其营业执照的电子链接标识。第三方交易平台经营者应当对尚不具备工商登记注册条件、申请进入平台销售商品或者提供服务的自然人的真实身份信息进行审查和登记，建立登记档案并定期核实更新，核发证明个人身份信息真实合法的标记，加载在其从事经营活动的主页面醒目位置”。第 30 条规定：“第三方交易平台经营者应当审查、记录、保存在其平台上发布的商品和服务信息内容及其发布时间。平台内经营者的营业执照或者个人真实身份信息记录保存时间从经营者在平台的登记注销之日起不少于两年，交易记录等其他信息记录备份保存时间从交易完成之日起不少于两年。第三方交易平台经营者应当采取电子签名、数据备份、故障恢复等技术手段确保网络交易数据和资料的完整性和安全性，并应当保证原始数据的真实性。”根据上述规定，网络交易平台对入网经营者的主体身份负有审查、登记、更新和保存的义务。

（二）网购消费者获取相关信息的必要性

在网络消费纠纷中，消费者权益受损害的，可以向销售者或者服务者求偿。由于网络交易主体的虚拟性，消费者可能难以确定商品销售者或者服务提供者的真实身份，如果消费者欲就该纠纷提起民事诉讼，根据《民事诉讼法》的规定，“明确的被告”是法院受理起诉时的一项审查要件，因此，难以确定销售者或者服务者的真实身份信息将使法律赋予消费者的维权救济方式落空。而网络交易平台作为平台的开办者和管理运营者，对于利用其平台向消费者提供商品或者服务的经营者负有一定的审查、监管责任。鉴于上述情况，尤其是考虑到网络交易平台对利用平台的经营者的控制能力要远远超过消费者，同时，作为网络交易市场的开办者和管理者，平台应当也有能力建立健全平台内经营者的准入及退出机制，因此，《消费者权益保护法》第 44 条明确规定了网络交易平台提供者对平台内经营者的真实名称、地址和有效联系方式的提供义务。[①] 根据相关的规定，网络交易平台对于进驻平台的销售者和服务者，应当尽到必要的身份审查义务，该项义务应当是事先的、主动性的。一旦发生纠纷，消费者难以找到经营者求偿的，平台有义务向消费者提供经营者身份、资质的真实信息。就国内网络交易平台的实践情况看，在经营者市场准入方面，各网络交易平台已经建立了相应的制度。例如，有的 B2C 平台首先要求所有站内经营者均为注册企业法人，提交审查的信息包括企业法人营业执照、税务登记证、法定代表人信息等；其次，卖方还需向集团的支付宝申请独立账户以便平台对交易资金进行监管；最后，必须就平台的交易规则进行考试，通过后才能在平台上设店经营。相比之下，有的 C2C 平台的审查相对简单，对个人卖家一般仅限于实名认证，需提交证件照及身份证照信息接受审查即可，对个体工商户及中小微企业，则要提交营业执照及经营资质信息报备。[②]

（三）“真实名称、地址和有效联系方式”的理解

根据《消费者权益保护法》第 44 条第 1 款的规定，网络交易平台承担法定先行赔付责任的条件是不能提供销售者或者服务者的真实名称、地址和有效联系方式的。对此，以下问题值得探讨：

1. 关于“名称”“地址”和“联系方式”的理解。在概念上来说，“名称”对应的主体只能是法人或非法人组织等。对自然人而言，对应的概念是“姓名”。根据《网络交易管理办法》的规定，申请进入平台销售商品或者提供服务的入网经营者包括法人、其他经济组织或者个体工商户的，以及尚不具备工商登记注册条件的自然人。所以，本条规定在概念表述上存在不妥，从这里

---

① 最高人民法院民事审判第一庭编著：《最高人民法院关于食品药品纠纷司法解释理解与适用》，人民法院出版社 2014 年版，第 130 页。

② 李适时主编：《中华人民共和国消费者权益保护法释义》，法律出版社 2013 年版，第 196 页。

的“名称”应当扩大解释为“名称和姓名”。

“地址”的基本文义是“地理位置”，所以一般需要与限定词共同确定其具体含义，如“联系地址”“通信地址”“办公地址”“家庭地址”“送达地址”等。实际上，除《消费者权益保护法》外，我国有大量法律在具体条文中使用“地址”时未前置限定词。比如，《专利法》规定：“请求书应当写明……申请人姓名或者名称、地址以及其他事项。”《海商法》规定：“船舶抵押登记包括下列主要项目：（一）传播抵押权人和抵押人的姓名或者名称、地址。”但是，即使未对“地址”作出限定，仍可以根据法条的规范目的、上下文等对“地址”的内涵得出相应的结论。《消费者权益保护法》并未对“地址”作出界定，从本法使用情况来看，共有三处规定使用了“地址”一词，其中两处没有前置限定词，一处使用了“经营地址”。根据第 44 条的立法目的以及结合本法关于“地址”的使用情况，应当认定第 44 条中的地址是指“经营地址”。这里存在一个问题：“经营地址”与《民法总则》规定的“住所”是何种关系？《民法总则》第 63 条规定：“法人以其主要办事机构所在地为住所。依法需要办理法人登记的，应当将主要办事机构所在地登记为住所。”可见，法人的住所以其开展业务地为标准。因此，法人的住所是其“营业地址”，但是不排除“营业地址”与住所不一致的情形。《民法总则》第 25 条规定：“自然人以户籍登记或者其他有效身份登记记载的居所为住所；经常居所与住所不一致的，经常居所视为住所。”在民法理论上，自然人的住所以其居住生活地为中心。如果入网经营者为自然人，由于其并未以公司、合伙或者个体工商户等与其主体资格具有完全或相对独立的主体名义进行营业，故应推定其上网交易的地点（即计算机所在地）为营业地址（不能以其商品的存放地作为经营地址），虽然经营者可以通过手机等移动客户端进行交易，但大部分经营者在大部分时间在固定地点进行网络经营，因此，应当以其住所为进行网络经营的主要地点，故自然人的住所为“经营地址”。

“联系方式”，是指可以与对方取得联系的沟通方式，包括电报、信件、电话、电子邮件、聊天软件等。在网络交易情形下，消费者与网络商品经营者之间最常使用的联系方式是在线聊天软件和电话。

2. 关于“真实”“有效”的理解。从文义上说，真实是指跟客观事实相符合，不假。[1] 客观是指在意识之外，不依赖主观意识而存在的；按照事物的本来面目去考察，不加个人偏见的。[2] 所谓有效，是指能实现预期目的；有效果。[3]《消费者权益保护法》对“名称”“地址”和“联系方式”分别提出了不同的要求。

（1）真实名称，一种观点是指“相对真实的名称”，即在网络交易平台依法全面、适当地履行了形式审查义务后，该名称对于平台来说就是真实的，即使该名称最后被证明是虚构的、不存在的，如某自然人利用假身份证注册成为网络商品经营者。另一种观点是指“绝对真实的名称”，即网络交易平台仅仅依法全面、适当地履行了形式审查义务是不够的，其必须确保入网经营者的名称是绝对真实的，即客观存在的、不是虚构的。我们认为，第44条要求的“真实名称”是指绝对客观的真实，该名称不能是虚构的。换言之，网络交易平台对入网经营者的名称真实性承担担保责任。理由如下：第一，从第44条的立法目的来说，就是为消费者在无法确定网络商品经营者的真实身份的情况下，提供维权的替代途径。如果认为只要网络交易平台尽到了形式审查，就符合提供了“真实名称”的要求，将会造成消费者因找不到经营者而无法获得赔偿的后果，这与本条的立法目的不符。第二，从可行性上来看，网络交易平台有能力对经营者的真实名称进行实质审查。对于公司等经过工商注册登记的入网经营者，平台可以在收到其营业执照等信息后通过“国家企业信用信息公示系统”进行审核。此外，目前也存在大量查询企业信息的网站和APP，借助于这些手段，平台可以确认入网经营者的名称是否真实。对于以自然人身份入网的经营者，平台应当一律要求其提交身份证、户口本、银行卡、驾驶证、手机号码等信息，如果身份证、户口本、驾驶证所记载的姓名与银行卡的开户人、手机号码的户主姓名一致，平台就可以确认入网经营的自然人的姓名是否真实。第三，即使平台采取了上述措施进行了审查，仍然发生了部分经营者名称不真实的情况，由于此类情形在实践中发生的可能性微乎其微，因此即使发生，考虑到平

---

① 中国社会科学院语言研究所词典编辑室：《现代汉语词典（第5版）》，商务印书馆2006年版，第1730页。

② 中国社会科学院语言研究所词典编辑室：《现代汉语词典（第5版）》，商务印书馆2006年版，第775页。

③ 中国社会科学院语言研究所词典编辑室：《现代汉语词典（第5版）》，商务印书馆2006年版，第1654页。

台的经济地位、谈判能力相对于消费者为强势方，由平台承担相应的责任，并不会过分加重其责任。

（2）真实地址。虽然本条未在“地址”前规定“真实”二字，但根据语言表述规则，应认为“真实”同时是“名称”和“地址”的限定词。本条不仅要求提供真实名称，还要求提供真实地址。有疑问的是，真实地址的理解与认定是否采取与“真实名称”相同的“绝对真实原则”。

如上所述，本条所称的地址为“营业地址”。其中，公司等经过工商注册登记的营业地址原则上是其注册登记的住所所在地。自然人的经营地址为其住所地。在理想模式下，住所、经常居所、主要办事机构所在地应当是同一的，而且就是自然人真实居住生活的地方，法人等组织真实办公经营的地点。但是，在现实世界中，法律的这种理想化模式并不完全存在。比如，自然人基于异地工作等原因，既不在户籍所在地居住生活，又未将其真正居住生活的地点在公安机关或其他行政管理部门登记。公司在成立后搬离注册住所迁往他处办公，或者自公司设立伊始从未在注册住所办公，造成实际办公地址与注册地址不同。上述情形下，都导致了“名义住所”与“实际住所”的分离。

如果把“真实经营地址”理解为“实际经营地址”，那么，在最严格意义上，就意味着网络交易平台需要实地确认入网经营者的办公地址或者个人经营者的生活居住地点，这显然是极大地增加了网络交易平台的负担，造成权利与责任严重失衡的后果。而且，进一步的问题是，即使网络交易平台实地进行了考察，确认入网经营者在入网时的经营地址，但是，如果经营者在入网后变更实际经营地址的，是否意味着网络交易平台就必须再次进行实地审核？如果经营者不把变更经营地址的事实告知网络交易平台的，平台又如何去进行审查？所以，这种“实地审查”的要求是不合理的，不具有可行性。

基于上述原因，对于“真实地址”的认定，应当采取“相对真实原则”。只要平台依法、全面、适当地履行对入网经营者提供的经营地址进行了审查，就应当认定该地址是真实的。在具体审查的程度上，网络交易平台对于真实地址的审查义务应当以相关权威材料为依据。具体来说，对于公司等经工商注册登记的入网经营者，平台应当首先要求其提交营业执照、税务登记证明、食品经营许可证等相关资料，以此确定注册登记的住所。其次，平台应当要求经营者签署“经营地址确认书”，要求其就实际经营地址是否与住所相同作出承诺。

如果不相同的，应当提供实际经营地址的详细信息，并且提供租赁合同、房屋所有权证书等予以证明。对于自然人经营者，应当以其提交的有效身份证明上记载的地址为真实经营地址，同时要求其签署“经营地址确认书”，承诺实际经营地址与住所一致；否则，要求其提供实际经营地址并提交相关材料佐证。只要平台按照上述程序进行审查，就应当以经营者提供给平台的经营地址（包括住所地和实际经营地址）作为真实地址。即使经营者在申请入网经营时提供的关于经营地址的信息存在弄虚作假的事实，也不影响该地址的“真实性”。因此，“真实地址”不应当理解为“实际经营地址”，而是指在入网时平台有合理理由信赖其为真实的地址。

（3）有效联系方式。“有效联系方式”主要功能在于让消费者能够与经营者取得实际联系，表达诉求，及时地解决纠纷，维护权益。因此，“有效联系方式”是指该联系方式应当能够使得消费者实际联系到网络商品经营者，否则为无效。“有效联系方式”与“真实地址”存在关联性，因为“经营地址”属于“联系方式”的一种。但是，“真实地址”与“有效联系方式”在法条上并列规定，故应不包括在“有效联系方式”之中。关于“有效联系方式”的认定，应当采取“绝对有效原则”，即平台必须确保经营者在入网时提供的联系方式是有效的，可以与经营者取得实际联系的。在具体操作上，平台除要求经营者开通在线聊天软件、提供电子邮箱外，最重要的是要求其提供有效的联系电话。经营者至少应当提供以下联系电话：经营者的有效固定电话；法定代表人/负责人的实名登记的手机号码；自然人入网经营者个人的实名登记的手机号码。对于手机号码，应当进行短信认证。

3. 关于“真实”“有效”的时间基准。以上探讨了对于“真实名称”“真实地址”和“有效联系方式”的判断标准。除从内涵上对“真实”“有效”进行认定外，还应当从时间维度加以限定。具体来说：（1）平台对入网经营者的“名称”负有绝对真实的担保义务。因此，只要经营者的名称在入网登记时是客观真实的，那么，即使其后发生了变更，也可以根据其变更前的名称、工商登记号码、居民身份证号码等予以确定。所以，对于名称的真实性的判断以入网登记时为时间判断基准。（2）平台对入网经营者的“（经营）地址”负有相对真实的担保义务。只要其在入网登记时依法、全面、适当地履行对入网经营者提供的经营地址进行了审查，该地址就是真实的。此后，即使该地址被查明并不是经营地址，或者发生了变更，也不影响平台向消费者提供的经营者地址的真实性。换言之，不要求平台在向消费者提供地址时该经营地址是真实的。因此，对于地址的真实性的判断以入网登记时为时间判断基准。（3）平台对入网经营者的“有效联系方式”负有绝对有效的担保义务。但是，由于经营者在入网后随时变更其联系方式，或者在未变更联系方式的情况下故意拒绝接听消费者的电话，上述事实超出了平台的控制能力范围，不应当让平台持续地承担确保联系方式为有效的义务。因而，对于联系方式的有效性的判断以入网登记时为时间判断基准。综上，《消费者权益保护法》第44条规定的网络交易平台承担法定先行赔付义务的前提是：平台不能提供在网络商品经营者入网登记时应当提供的真实名称、地址和有效联系方式。只要平台向消费者提供了上述信息，不管消费者是否可以实际与经营者取得联系，也不论经营者是否实际参与诉讼，都不应当承担法定先行赔付责任。

我们从合理平衡平台与消费者利益的角度出发，提出了上述观点。但是，这样的结论并非没有争议。有观点认为，即使网络交易平台履行了义务，但消费者仍然无法通过这些信息联系到网络商品经营者，无法得到赔偿的，应当认定其提供的联系方式无效。这是因为制定《消费者权益保护法》第44条第1款的目的，在于协助消费者及时找到网店的经营者，使消费者能够向直接责任人请求赔偿，因此特别强调这个“有效联系方式”的条件。[①] 我们认为，这样的观点值得商榷。比如，消费者通过起诉要求经营者承担责任，即使在公告送达的情况下，也难以得出消费者不能向直接责任人（即经营者）请求赔偿的结论。如果把有效联系方式限定为在诉讼中与经营者取得实际联系，那么由于联系方式的可变动性以及平台的控制能力，将导致平台在无过错的情况下承担了担保性责任，这与第44条确立的平台承担过错责任的宗旨不符。实际上，关于网络交易平台是否应当在诉讼中提供有效的联系方式的问题，也是司法实践中存在争议的难点问题。除非法律或者司法解释明确作出规定，司法实践中的争论和分歧仍会持续。

4. “不能提供销售者或者服务者的真实名称、地址和有效联系方式”包括

① 杨立新：《网络平台提供者的附条件不真正连带责任与部分连带责任》，载《法律科学》2015年第1期。

平台客观上没有能力提供和虽然有能力提供但是拒不提供两种情形。“真实名称、地址和有效联系方式”属于叠加关系，需要同时满足。

三、更优承诺下的先行赔付责任

法定先行赔付是法律为维护消费者权益而确定的最低标准，法律鼓励网络交易平台采取更有利于消费者的做法。实践中，有些网络交易平台已经推行了无限制条件的先行赔付制度，一旦发生消费纠纷消费者与经营者协商无果的情况，平台一律承诺向消费者先行赔付。因此，《消费者权益保护法》第 44 条规定，“网络交易平台提供者作出更有利于消费者的承诺的，应当履行承诺”。该条规定在经营者的法定先行赔付责任之后，在性质上属于约定先行赔付责任，优先于法定赔付责任，平台应当首先履行该约定。

从类型上看，网络交易平台作出的更有利承诺应当分为两种：一种是在交易平台上以通知、协议等各种形式事先向不特定多数的消费者或者某一类型的消费者做出的承诺，这种承诺是在纠纷解决前平台提供者做出的，且并不针对某一特定的消费者，对平台上的全体消费者均有效。另一种承诺则在纠纷发生之后，网络交易平台为了更好地解决纠纷而对某一或者某些特定的消费者所做的承诺，这种承诺只对特定的消费者发生效力。

从调整范围上看，《消费者权益保护法》第 44 条“网络交易平台提供者作出更有利于消费者的承诺的，应当履行承诺”的规定，是否仅仅指平台作出了相较于法定赔付条件而言有利于消费者的先行赔付责任？即该规定的调整范围仅限于“约定先行赔付”吗？从第 44 条的条文来看，应当得出这样的结论。第 44 条第 1 款规定，“网络交易平台提供者不能提供销售者或者服务者的真实名称、地址和有效联系方式的，消费者也可以向网络交易平台提供者要求赔偿；网络交易平台提供者作出更有利于消费者的承诺的，应当履行承诺。网络交易平台提供者赔偿后，有权向销售者或者服务者追偿”。一方面，该规定直接以分号为间隔列于法定先行赔付之后，说明该规定是对法定先行赔付的补充。另一方面，该规定位于“网络交易平台提供者赔偿后，有权向销售者或者服务者追偿”之前，说明平台在依据该规定承担责任后是享有追偿权的。因而，该规定应当被理解为平台承担的是代偿责任，其前提条件是经营者本身应当承担责任。如果平台对消费者作出了有利的承诺，而该承诺并不以经营者本身应承担责任为前提，就不属于本条调整的范围。所以，平台作出的更有利的“承诺”，仅仅是指在经营者应当承担责任的情况下，即使不符合第44条规定的法定先行赔付条件，平台仍然予以先行赔付。“承诺”在于降低法定先行赔付条件，而不是为消费者提供新的实体权利。比如，平台向消费者承诺只要经营者在3天内未发货，平台就向消费者提供一定积分作为补偿。在经营者未作出3天内发货承诺的情况下，消费者不能要求经营者承担责任，只能要求平台提供承诺的积分。但是，消费者要求平台履行承诺的义务，所依据的法条基础不是本条规定，因为平台并未作出降低法定先行赔付条件的承诺，其履行发放积分义务的基础是消费者与平台之间的合同关系。

在法律性质上，《消费者权益保护法》第44条第1款规定的责任形态究竟属于何种性质，在理论上并不明确。有学者主张，这种责任形态是附条件的不真正连带责任，所附条件是网络交易平台不能提供网络商品经营者的真实名称、地址和有效联系方式，以及网络交易平台做出更有利于消费者的承诺。一个是法定条件，另一个是约定条件。因此，网络交易平台承担的附条件不真正连带责任，分别是法定的附条件不真正连带责任和约定的附条件不真正连带责任。[①]

【关联案件】

陈某星诉浙江淘宝网络有限公司财产损害赔偿纠纷案[②]

原告：陈某星。

被告：浙江淘宝网络有限公司。

〔基本案情〕

2015年4月2日，陈某星通过浙江淘宝网络有限公司经营的淘宝网以其会员名“yaler005”向会员名为“ckjpoloafburberry海外代购”的卖家购买“lacoste”衬衫一件，并支付货款239元及运费8元，共计247元。4月5日原告确认收货，并以假货为由申请退货退款的售后服务。因买卖双方对发货运费的负担有争议，卖家于4月7日以非质量问题需要买家负责运费为由拒绝此次售后服务申请。陈某星遂要求淘宝公司介入，仍认为收到的产品是假货。同年8月10日，陈某星向淘宝公司提供的云客服助手反映上述纠纷，并要求淘宝公司提

① 杨立新：《网络平台提供者的附条件不真正连带责任与部分连带责任》，载《法律科学》2015年第1期。

② 上海市松江区人民法院（2017）沪0117民初9164号。

供卖家真实名称、地址和有效联系方式，云客服建议陈某星举报，陈某星反映已经举报，但未获支持。云客服当即表示无法提供陈某星要求的信息。淘宝公司于答辩期内向法院提供了卖家的真实名称、地址和联系方式。

〔法院观点〕

上海市松江区人民法院认为，我国法律规定，消费者通过网络交易平台购买商品或者接受服务，其合法权益受到损害的，可以向销售者或者服务者要求赔偿。网络交易平台提供者不能提供销售者或者服务者的真实名称、地址和有效联系方式的，消费者也可以向网络交易平台提供者要求赔偿；网络交易平台提供者作出更有利于消费者的承诺的，应当履行承诺。网络交易平台提供者赔偿后，有权向销售者或者服务者追偿。由此可见，在买卖双方出现纠纷时，网络平台有义务向买家提供卖家信息。本案中，原告提供的聊天记录可以反映其确实进行过举报，但原告举报的行为并不能当然证明被告已经告知了原告申请披露卖家信息的完整流程和渠道，从云客服的聊天记录看，在原告反映已经举报但未获支持的情况下，云客服仅仅表示无法提供卖家信息，而未能继续披露相关流程与渠道；且根据被告陈述的正规流程，在买家举报后，被告客服应主动核实信息并发送信息披露表单，但被告未能提供证据证明其履行了上述义务，故本院认定原告此节陈述属实。综上，被告在长达两年多的时间内都未能向原告提供卖家真实信息存在过错，其应在经营者的责任范围内承担相应责任，故对于被告此项抗辩意见本院难以采信。如前所述，本院已认定被告怠于提供卖家信息存在过错，现其虽然提供了卖家真实信息，但确如原告所述给其维权设置了障碍，造成了不必要的时间、精力、司法资源等浪费，故本院认为被告仍不能免责，但其承担了相应责任后，有权向销售者追偿。

冯某与浙江淘宝网络有限公司网络服务合同纠纷案①

原告：冯某。

被告：浙江淘宝网络有限公司。

〔基本案情〕

淘宝账户“冯马车”由冯某注册，淘宝账户“奢华专柜名包”由汪某亮注册。2014 年 5 月 29 日，冯某使用淘宝账户“冯马车”向淘宝卖家“奢华专柜

① 杭州市余杭区人民法院（2015）杭余民初字第 2489 号。

名包”购买“三体牛鞭勃动力胶囊”四盒，共付款800元。卖家于当天通过圆通速递发货，买家于2014年6月1日确认收货。冯某认为，涉案产品违法添加非食品原料“鹿茸、人参、五味子、菟丝子、淫羊藿、肉苁蓉”，属于不符合食品安全标准的食品，为此于2014年9月15日起诉淘宝公司，要求退一赔十。后冯某为了起诉涉案卖家，撤回了对淘宝公司的起诉，并依据淘宝公司提供的涉案卖家身份证正面打印件信息于2014年11月5日将涉案卖家汪某亮、产品生产厂家安徽三体医药保健品公司及淘宝公司作为共同被告予以起诉，要求三被告退一赔十。其间，因汪某亮、安徽三体医药保健品公司下落不明，采用其他方式无法送达，杭州市余杭区人民法院决定采取公告送达，并书面通知冯某要求缴纳公告费，后冯某撤回了该案的起诉，现以淘宝公司提供的涉案卖家身份信息不实以及对涉案产品审查不严为由要求淘宝公司承担退一赔十的赔偿责任。

另查明，淘宝公司系网络交易平台的运营商，域名为www.taobao.com的淘宝网由淘宝公司经营。《淘宝服务协议》就用户注册、用户权利和义务、淘宝公司的权利和义务、服务的中断和终止等作出了明确约定，要求用户在淘宝网网上交易平台上不得买卖国家禁止销售或限制销售的物品，不得买卖侵犯他人知识产权或其他合法权益的物品。按照一般流程，在淘宝网发布信息的用户均需先注册为淘宝网会员，用户通过新会员注册获得一个经淘宝网核准的会员名和登录密码。例如，会员需在淘宝网站上出售物品，还需进行个人认证或商家认证，淘宝公司要求会员填写真实姓名、证件号码、交易联系地址及电话，并提供证件，获得实名认证后的会员即可在淘宝网上发布交易信息。

庭审中，冯某自认在第一次起诉淘宝公司之前，并未就涉案产品问题向淘宝公司进行投诉，也未要求其披露涉案卖家身份信息。

〔**法院观点**〕

杭州市余杭区人民法院认为，本案名为网络服务合同纠纷，实为侵权责任纠纷。根据《消费者权益保护法》第44条的规定，消费者通过网络交易平台购买商品或者接受服务，其合法权益受到损害的，可以向销售者或者服务者要求赔偿。网络交易平台提供者不能提供销售者或者服务者的真实名称、地址和有效联系方式的，消费者也可以向网络交易平台提供者要求赔偿；网络交易平台提供者作出更有利于消费者的承诺的，应当履行承诺。网络交易平台提供者赔偿后，有权向销售者或者服务者追偿。网络交易平台提供者明知或者应知销售者或者服务者利用其平台侵害消费者合法权益，未采取必要措施的，依法与该销售者或者服务者承担连带责任。冯某依据上述法律规定，以淘宝公司提供的涉案卖家身份信息不实以及对涉案产品审查不严为由要求淘宝公司承担退一赔十的赔偿责任。本院认为，首先，淘宝公司针对在网上进行销售的卖家设置了卖家认证流程，要求卖家发布销售物品信息前先进行实名认证，尽到了经营者的事前审查义务；其次，冯某在第一次起诉淘宝公司之前并未要求其披露涉案卖家身份信息，而在第一次撤回对淘宝公司的起诉之后，其也依据淘宝公司提供的卖家身份信息将卖家作为共同被告予以起诉，虽然后因卖家因下落不明需要采用公告送达，但也不能因此认定淘宝公司提供的卖家身份信息不实；最后，冯某自认在第一次起诉淘宝公司之前，其并未就涉案产品问题向淘宝公司进行过投诉，目前也没有证据显示淘宝公司对涉案产品存在的问题有明知或应知的情形。综上，本案既不存在淘宝公司不能提供销售者真实名称、地址和有效联系方式的情形，也不存在淘宝公司明知或者应知销售者利用其平台侵害消费者合法权益，未采取必要措施的情形，冯某要求淘宝公司承担退还货款并支付十倍赔偿的诉请，依据不足，本院不予支持。

【疑难解答】

1. 网络交易平台履行提供义务有无时限要求？

《消费者权益保护法》第 44 条规定，“消费者通过网络交易平台购买商品或者接受服务，其合法权益受到损害的，可以向销售者或者服务者要求赔偿。网络交易平台提供者不能提供销售者或者服务者的真实名称、地址和有效联系方式的，消费者也可以向网络交易平台提供者要求赔偿”。在立法意图上，第 44 条规范的理想模式是，消费者先行与经营者沟通解决纠纷，在消费者无法确定经营者身份，或者无法与经营者取得有效联系的情况下，平台应当提供经营者的真实名称、地址和有效联系方式。因此，在逻辑上，消费者必须先主动要求网络交易平台提供经营者的真实名称、地址和有效联系方式，平台才负有相应的提供义务。消费者不主动要求的，平台无须主动提供经营者的真实名称、地址和有效联系方式。

但是，第 44 条并未明确规定平台在收到消费者的申请后多久时间内履行提供义务，在消费者提出要求与平台履行提供义务之间的时间间隔方面是否应当设定限制？从文义解释来说，“不能提供”强调的是结果。但是，任何事物都存在于一定时间之中，如果不从时间维度上对“不能提供”进行限制，就无法有效地界定平台是否可以提供相关信息。所以，从目的性解释来说，应当给该期间设定一定的限制，以此引导平台积极履行提供义务、促进纠纷在诉讼前妥善解决、减少消费者维权成本。换言之，第44条包括了网络交易平台“不能提供”和“不能及时提供”两种情形。因此，问题的关键就在于如何理解“及时”的内涵。

鉴于《消费者权益保护法》并没有对消费者提出要求的时间作出限制，消费者并不是必须在起诉前要求平台提供相关信息，而是可以在起诉前或者起诉后要求平台提供。相应地，平台履行提供义务的时间可能发生于起诉前，也可能发生于起诉后。同时，考虑到经营者的真实名称、地址和有效联系方式对于消费者的意义存在程度上的差异，所以应当区分不同的提供对象予以判断。具体来说：

（1）真实名称和地址的主要功能在于确定经营者的主体身份，消费者在起诉前要求平台提供相关信息的，平台应当在合理时间内提供经营者的真实名称、地址。平台在消费者起诉前仍未提供的，消费者仅起诉平台承担先行赔付义务，即使平台在诉讼中予以提供，也应当认定其未履行提供义务。①

关于有效联系方式的提供时间，考虑到经营者在入网经营后可能变更联系方式而未及时通知平台。实践中，平台也会在诉讼发生后多次催促、联系经营者参加诉讼，所以对于有效联系方式的提供时间，应当延后至网络交易平台的一审辩论终结之时。但是，最迟在起诉前，平台应当将经营者登记备案的联系方式提供给消费者。

（2）如果入网经营者的相关主体资格信息在网店进行了公示，消费者可以不经平台提供直接取得经营者的主体资格信息，仍不免除平台的提供义务。换言之，只要消费者提出要求，平台就应当积极明确地予以提供，或者告知消费者获取主体资格信息的渠道和途径，不得以任何理由推诿。否则，属于上述第一种情形。

（3）消费者在起诉前未要求网络交易平台提供相关信息，而是直接将平台

① 上海市松江区人民法院（2017）沪0117民初9164号。

单独诉至法院，此时，消费者的起诉状应视为申请平台履行提供经营者的相关信息。但是，由于平台对未在起诉前提供相关信息并不存在过错，故应当将经营者提供义务的履行时间限定于一审法庭辩论终结时。该情形下，亦不对真实名称、地址和有效联系方式的提供时间加以区别。网络交易平台在一审法庭辩论终结后未依法履行提供义务，但是在一审判决后或者二审中提供了真实名称、地址和有效联系方式的，不认定其履行了提供义务。①

（4）消费者在起诉前未要求网络交易平台提供相关信息，而是同时将经营者和平台诉至法院。此种情形下的利益状态与上述第三种情形相同，经营者在一审法庭辩论终结时提供即可。

总结起来，网络交易平台提供真实名称、地址、有效联系方式的义务的时间既可以在诉讼前，也可以在诉讼中，具体根据消费者提出申请的时间确定。法院在处理该问题时，要合理平衡消费者与平台的利益，在具体案件中，综合考虑网络交易平台的过错、消费者维权的过程等，公平妥当地对平台是否“不能”或“不能及时”提供经营者的真实名称、地址和有效联系方式予以认定。

2. “有效”的联系方式在审判实务中有哪些体现？

消费者同时起诉经营者和平台的：（1）经营者参加庭审的，应认定平台提供了有效的联系方式。（2）经营者未参加庭审，但是依法签收了法院送达的传票等诉讼材料，应当认定平台提供了有效的联系方式。（3）经营者未参加庭审，法院通过各种方式亦未能向其成功送达传票等诉讼材料的，但是经营者向法庭邮寄提交了形式合法的答辩状或者形式合法的其他书面意见的，应当认定平台提供了有效的联系方式。（4）经营者未参加庭审，且未能依法签收传票等诉讼材料，也没有向法院提供书面答辩状或者形式合法的其他书面意见的，应当认定平台未能提供有效的联系方式。但是，法院可以根据平台提供的电话号码当庭与经营者取得联系的，属于有效的联系方式。

消费者仅起诉网络交易平台的，如果经营者申请作为第三人参加诉讼，或者经营者提交了书面陈述意见等材料，根据其提交的申请书或其他材料足以确定其真实主体身份的，应当认定平台提供了有效联系方式。

---

① 吉林省吉林市中级人民法院（2017）吉02民终85号。

13. 网络交易平台的连带侵权责任

【裁判规则】

网络交易平台提供者明知或者应知销售者或者服务者利用其平台侵害消费者合法权益，未采取必要措施，造成消费者合法权益受到损害的，平台依法与该销售者或者服务者承担连带责任。

【解读适用】

一、平台侵权责任适用过错原则

《侵权责任法》第36条规定："网络用户、网络服务提供者利用网络侵害他人民事权益的，应当承担侵权责任。网络用户利用网络服务实施侵权行为的，被侵权人有权通知网络服务提供者采取删除、屏蔽、断开链接等必要措施。网络服务提供者接到通知后未及时采取必要措施的，对损害的扩大部分与该网络用户承担连带责任。网络服务提供者知道网络用户利用其网络服务侵害他人民事权益，未采取必要措施的，与该网络用户承担连带责任。"《消费者权益保护法》第44条第2款规定："网络交易平台提供者明知或者应知销售者或者服务者利用其平台侵害消费者合法权益，未采取必要措施的，依法与该销售者或者服务者承担连带责任。"《消费者权益保护法》第44条第2款是对网络服务提供者的法律责任在消费者权益保护领域的具体化，与《侵权责任法》第36条的基本原则是一致的。

目前，各主要国家立法中，尚未见专门就网络交易平台提供者责任作出特别法律规定的立法例。从网络交易平台的性质看，属于一种网络服务平台，其他服务平台包括搜索引擎服务平台、社交网络服务平台等。在广义概念上，它们都属于网络服务提供者（ISP，Internet Service Provider）。2000年美国的Hendrickson v. eBay. inc一案明确，eBay公司作为网络交易平台提供商，符合法律关于网络存储空间服务商（网络服务提供者）的界定，因此，规范有关网络服务提供者（ISP）责任的法律规定，也同样适用于网络交易平台。司法实践中，网络交易平台作为第三方被诉，主要不是消费者因消费合同纠纷而提起的诉讼，而是由商标权、著作权等知识产权权利人因平台上的售假、盗版行为而对平台提起的侵权之诉。近年来，美国eBay公司作为全球最大的第三方网络交易平台提供者，因平台上经营者的售假、盗版等问题，在世界各地频频被知识产权权利人诉至法院：在奢侈品牌商标权人集中的法国，eBay 多被认定为“交易中介方”或者“积极的经纪人”；德国联邦最高法院也要求 eBay 采取有效措施打击平台上的违法经营。在欧盟层面，更有影响力的判决来自 2011 年欧洲普通法院 Loreal v. eBay 案，法院认为 eBay 通过 Google's Ad Words 购买了与欧莱雅商标对应的关键词链接排名，从而将消费者引向 eBay 网上的违法经营者，因此，eBay 已经在优化网上交易及促进销售的过程中扮演了主动角色，不能再依据欧盟电子商务指令中的“避风港”规则免责。法院进一步指出，网络交易平台提供者只有在技术上保持中立，仅限于对数据的自动处理时才有“避风港”规则的适用空间；此外，即使网络交易平台没有在促进交易的过程中扮演主动角色，但是作为“尽职的服务提供者”，知道利用平台的经营者有违法经营行为而未能采取必要措施的，也应当承担相应的责任。尽管这是一起商标权人对交易平台提起的侵权诉讼，并不涉及消费者就消费纠纷要求平台提供者承担责任的问题，但欧盟法院对交易平台的角色区分，是纯粹的技术中立者还是主动的交易促进者，对消费纠纷中网络交易平台责任的确定同样具有借鉴意义。总体来看，即使是在对网络交易平台态度严厉的欧洲国家，对平台的定位也没有突破“交易中介方”“积极的经纪人”或者“尽职服务提供者”的界限，责任承担仍以过错原则为限。结合上述情况分析，《侵权责任法》第 36 条确立的原则是合理的，平台提供者作为交易之外的第三方，对消费者承担的责任应当以过错为限。①

二、平台承担连带责任的法理依据

《侵权责任法》第 8 条规定：“二人以上共同实施侵权行为，造成他人损害的，应当承担连带责任。”对于共同侵权行为的理解，分为广义和狭义两种类型。广义的共同侵权行为，指两个或者两个以上加害人实施的同一损害结果的行为。狭义的共同侵权行为，学术界有主观说、客观说、折中说和兼指说等几种判断标准。兼指说采取对共同侵权行为进行类型化的方法分析其不同的构成要件，在大陆法系各国为审判实践所普遍采用。学者认为，共同过错或统一的

---

① 李适时主编：《中华人民共和国消费者权益保护法释义》，法律出版社 2013 年版，第 197～199 页。

因果关系主宰着共同侵权责任。这两个因素是使连带责任正当化的重要依据：

1. 意思联络使各主体间的意志融合为一，并将各主体的行为引向一个共同的目标，尽管各行为人的分工不同，但由于该共同的目标，各行为主体的活动结合起来成为一个具有内在联系的共同的侵权行为。此种意思共同的情形，系加害人之间存在较强的关联共同，即使个别的不存在因果关系，也要承担连带责任。

2. 在行为竞合即客观关联共同的情况下，竞合加害人被认定对造成的全部损害独立承担个人责任，因为“在原因链都被同等对待且通常不区分过错类型之情形，任何其他解决方案尤其是分担赔偿份额的方法在这法律领域是不适用的。事实上如果一个人被判决承担较低程度的责任仅仅因为另一个人也实施了错误行为，这一判例是荒唐的。另外，为了避免不当得利，受害人只能就其受到的损害得到一次赔偿。让全部加害人承担连带责任似乎是一个明确的解决方案”。[①] 尽管现代法都强调自己责任，但为他人行为承担连带责任仍大量存在，并有进一步扩张的趋势。因为连带责任具有担保的价值以及诉讼程序上的价值（受害人可以选择向一个或者数个或者全体加害人请求赔偿），有利于加强对受害人的保护。

我国审判实务中共同侵权兼采行为共同与意思共同两种类型，分为三种形式：一是共同故意致人损害；二是共同过失致人损害；三是虽无共同故意、共同过失，但加害行为直接结合发生同一损害后果的，亦构成共同侵权。网络交易中网络交易平台提供者承担连带责任的基础也在于此。

三、平台承担过错责任的判断标准

网络交易平台过错的判断标准，以其是否明知或者应知网络商品经营者利用其平台侵害消费者合法权益且未采取必要措施为参照。这也是《消费者权益保护法》为网络交易平台提供者确立的对消费者注意义务的范围。不同的网络服务提供者，注意义务的内容也不同。作为交易平台提供者，接到消费者或者其他权利人投诉，或者即使未接到投诉但平台知道消费者权益受侵害而未及时采取必要措施的，与违法经营者承担连带责任。需要注意的是，结合上述注意

---

① 最高人民法院侵权责任法研究小组编著：《〈中华人民共和国侵权责任法〉条文理解与适用》，人民法院出版社2010年版，第64～65页。

义务判断网络交易平台提供者是否知道消费者权益受侵害的情形，应考虑“明知或者应知”的情形。对“应知”的判断，可以综合考虑以下因素，如基于网络交易平台提供者提供服务的性质、方式及其引发侵权的可能性大小，应当具备的管理信息的能力；所售商品或者服务的类型、知名度及侵权信息的明显程度；网络交易平台提供者是否积极采取了预防侵权的合理措施；网络交易平台提供者是否设置便捷程序接收消费者投诉并及时作出合理的反应；网络交易平台提供者是否针对同一经营者的重复侵权行为采取了相应的合理措施等。此外，上述注意义务的范围以及必要措施的判断标准是不断发展的，如在平台上发布售假信息，几年前的判决结果和现在可能完全相反，因为数字指纹、过滤技术等新技术的发展为平台采取更积极的措施保护消费者的合法权益提供了技术上的可能，也对其负有的注意义务提出了更高的要求。①

【关联案件】

陈某伟诉浙江天猫网络有限公司等网络购物合同纠纷案②

原告（被上诉人）：陈某伟。

被告（上诉人）：浙江天猫网络有限公司。

被告：东海县莎菲水晶饰品有限公司。

〔基本案情〕

2014 年 9 月 17 日，陈某伟通过天猫公司提供的交易平台向莎菲公司经营的瑞宇旗舰店购买了“永不掉色超美红某半成品单珠圆珠散珠子”。2014 年 10 月 10 日，陈某伟以收到假货为由提出退款申请。2014 年 12 月 30 日，陈某伟提起本案诉讼。

〔法院观点〕

广州市天河区人民法院一审认为，天猫公司在天猫网站公布的品质保障措施载明：天猫商家申请入驻均需提供企业的相关资质证明材料以及售卖的品牌商品的商标注册证书或有效的品牌授权证明文件，天猫会对入驻材料进行严格审核。现莎菲公司作为天猫公司的入驻商家，在未依法取得许可的情况下能够

---

① 最高人民法院民事审判第一庭编著：《最高人民法院关于食品药品纠纷司法解释理解与适用》，人民法院出版社 2014 年版，第 130～133 页。

② 广州市中级人民法院（2016）粤 01 民终 14200 号。

在天猫公司提供的网络平台上销售红某制品，一审法院认定天猫公司未尽严格审查义务，对莎菲公司在其提供的网络平台销售假冒伪劣产品的行为构成明知且未采取必要措施，故陈某伟有权依据《消费者权益保护法》第 44 条第 2 款的规定诉请天猫公司承担连带责任。天猫公司承责后，有权向莎菲公司追偿。

广州市中级人民法院二审认为，关于天猫公司是否明知或者应知莎菲公司销售案涉产品存在欺诈的问题。天猫公司作为网络平台提供者在其网站上所作出的品质保障措施载明，天猫对入驻商家的企业相应资质证明材料及售卖的品牌商标注册证书或有效品牌授权证明文件予以严格审核。从本案查明事实可见，莎菲公司为合法登记注册的经营主体，经营范围包含水晶制品及其他珠宝制品批发、零售等内容，莎菲公司在其天猫平台的网店上售卖与其经营范围相符的产品，天猫公司给予审核入驻，并无过错。在陈某伟无证据证明天猫公司已明知莎菲公司入驻天猫平台之时即计划经营红某的情况下，莎菲公司是否具有经营红某的《水生野生动物经营利用许可证》，并不影响天猫公司准许莎菲公司入驻天猫平台。至于莎菲公司是否持有经营红某的《水生野生动物经营利用许可证》，属于莎菲公司是否涉嫌违规经营红某的行为，与莎菲公司所出售的案涉产品本身是否假冒红某制品，为不同概念，二者不可混为一谈。故此，在陈某伟无充分证据证明天猫公司明知莎菲公司销售案涉产品存在欺诈的情况下，天猫公司上诉主张其已尽合理审查义务、不存在明知故意的理由成立，本院予以采纳。一审对此认定有误，本院予以纠正。

【疑难解答】

1. 平台承担连带侵权责任的构成要件有哪些?

《消费者权益保护法》第 44 条第 2 款属于一般侵权责任，平台承担连带侵权责任的，应当符合以下条件：（1）发生损害事实。网络商品经营者利用网络交易平台侵害消费者的合法权益时，损害后果就已发生且真实存在。如果网络交易平台提供者对于网络商品经营者的侵权行为视而不见，也不采取必要措施加以制止，那么损害事实就会继续存在甚至扩大。（2）行为具有违法性。由于采取必要措施制止侵权的义务是《消费者权益保护法》第 44 条第 2 款赋予网络交易平台提供者的强制性义务，因此这项义务遭到违反时，网络交易平台提供者的行为就具有了违法性。（3）存在因果关系。在此，应采相当因果关系理论，即“无此行为，虽不必生此损害，有此行为，通常即足以生此种损害者，是为有因果关系。无此行为，必不生此种损害，有此行为通常亦不生此种损害者，即无因果关系”。相当因果关系理论强调引起后果的原因应表现为通常状态，不能过于特殊和例外。但无论哪种学说，其所谓的“行为”都包括作为与不作为。如果把“网络交易平台提供者不采取必要措施（不作为）”视为一种行为，而把“损害继续存在或扩大”视为一种后果，有了“网络交易平台提供者不采取必要措施”的行为，通常足以产生“损害继续存在或扩大”的后果，就可以认定二者之间有因果关系。（4）主观上存在过错。网络交易平台明知或应知网络商品经营者有侵权行为和侵权事实的存在却不采取必要措施加以制止，实际上就是在纵容和放任侵权行为的继续发生或扩大，因此在主观上具有过错。《消费者权益保护法》第44条第2款把“明知或应知”作为判断网络交易平台提供者主观过错的标准。所谓明知就是明确知道；所谓应知就是指虽然不明确知道，但理性人在相同情况下都能够知道。

2. 平台采取“必要措施”是否有时间限制？

网络交易平台提供者对于网络商品经营者的侵权行为一般不具有预见和避免的能力，但如果网络交易平台提供者知道或应当知道商品经营者利用其所提供的网络服务实施侵权行为，而仍然为侵权行为人提供网络服务或者没有采取必要的措施，则应当与网络商品经营者承担共同侵权责任。网络交易平台提供者是否知道侵权行为的存在，可以结合消费者是否发出侵权警告、侵权现象的明显程度等因素综合判定。网络交易平台提供者是否采取了必要的避免侵权行为发生的措施，应当根据网络交易平台提供者对侵权警告的反应、避免侵权行为发生的能力、侵权行为发生的概率大小等因素综合判定。《侵权责任法》第36条第3款规定，网络服务提供者知道网络用户利用其网络服务侵害他人民事权益，未采取必要措施的，与该网络用户承担连带责任。审判实践中，对该条规定的“必要措施”理解为足以防止侵权行为的继续和侵害后果的扩大并且不会给网络服务提供者造成不成比例的损害的措施，主要包括删除、屏蔽、断开链接、暂时中止对该网络用户提供服务等。同时，《侵权责任法》第36条规定了采取“必要措施”的“及时”性要求，认定网络服务提供者在认识到存在侵权行为的明显可能时，就应该立即采取措施。通常表现为一个有效的通知到达网络服务提供者之后，可以合理期待该网络服务提供者应处理该通知的时间段内。关于网络交易平台对商品经营者侵害消费者权益的行为采取必要措施是否适用及时性这一要求，回答应当是肯定的。对于何为“及时”的理解，可以认为是在消费者向网络交易平台服务商提起维权请求的同时计算一个合理的期间。但是在具体期间法律没有明文规定的情况下，人民法院享有自由裁量权。[①]

3. 平台承担连带责任是否适用惩罚性赔偿?

《民法总则》第 178 条规定：“二人以上依法承担连带责任的，权利人有权请求部分或者全部连带责任人承担责任。连带责任人的责任份额根据各自责任大小确定；难以确定责任大小的，平均承担责任。实际承担责任超过自己责任份额的连带责任人，有权向其他连带责任人追偿。连带责任，由法律规定或者当事人约定。”《消费者权益保护法》第 44 条第 2 款规定：“网络交易平台提供者明知或者应知销售者或者服务者利用其平台侵害消费者合法权益，未采取必要措施的，依法与该销售者或者服务者承担连带责任。”据此，销售者或者服务者利用平台侵害消费者合法权益是平台承担责任的前提。如果消费者基于网络商品经营者的侵害行为依法取得请求其赔偿的权利。那么，在符合第 2 款规定条件的情形下，该权利同样可以向网络交易平台主张。因此，平台基于过错侵权而承担连带责任的范围包括惩罚性赔偿。

① 最高人民法院民事审判第一庭编著:《最高人民法院关于食品药品纠纷司法解释理解与适用》，人民法院出版社 2014 年版，第 267 页。

第六章　平台会员权益纠纷

14. 让利行为不能诉请履行

【裁判规则】

消费者与网络交易平台之间的权利义务应按照会员合同约定处理。对于平台向消费者提供的各项优惠，只要未在合同中约定为平台的义务，则属于平台的让利行为，平台有权单方予以变更，消费者不能要求平台继续履行。

【解读适用】

一、网络消费中的两种会员关系

随着电商经济的产生和发展，形成了网店会员和线下会员两种会员模式格局。从历史看，线下会员模式早于网店会员，线下会员制度主要存在于超市、书店等经营场合，常见的会员权益包括“会员价”和“打折优惠”。比如，超市在促销时列明低于正常价格的会员价，但哪些商品可以享受会员价、会员价的优惠力度都由超市决定，消费者只能被动接受。再如，新华书店购买图书时可以享受会员打折优惠，但是，打折力度一般在开办会员卡时即已确定。

从主体看，网店会员与线下会员并不完全相同。一般来说，线下交易的会员关系发生于经营者与消费者之间。网店会员存在一种特殊模式：会员关系发生于网络交易平台（即网络商城）与消费者之间。以京东商城为例，京东商城的所有者并不是其“自营商品”的经营者，所谓自营，实际上是由其关联公司经营销售。[①] 但是，消费者在京东商城购物时必须注册成为京东商城的会员。由此，网络消费中存在两种会员关系：网络商品经营者与消费者、网络交易平台与消费者。这里探讨后者，即平台会员关系。

---

① 京东商城的运营者为北京京东叁佰陆拾度电子商务有限公司，其自营公司主要为北京京东世纪贸易有限公司，还有其他设立在不同地区的关联公司。

二、平台会员关系的法律性质

两种网店会员模式下，双方当事人之间形成合同法律关系。《合同法》分则规定了常见的合同类型，即有名合同、典型合同。会员合同不属于有名合同。

1. 网络商城会员合同系独立的合同。从功能上说，会员合同服务于交易合同，相关会员权益只有在交易合同缔结时/后才能发挥其作用。在交易合同未发生时，会员合同没有实际的经济价值。从此角度而言，可以将会员合同的内容作为交易合同的组成部分，只是会员合同内容先于交易合同形成，但在交易合同成立生效时自动成为交易合同的内容。然而，这种认识并不适用于网络商城会员。因为该会员关系的主体为网络商城与消费者，而交易合同的主体系经营者与消费者，两个法律关系的主体并不完全一致。合同应经“要约－承诺”方式订立，要约和承诺属于当事人自己的意思表示，否则不对当事人发生效力，除非要约或承诺由代理人作出。在网络商城会员关系中，交易合同的经营者并未参与会员关系的形成，会员合同自然不能成为交易合同的内容，除非经营者在缔结交易合同时通过参引方式明确将会员合同的内容纳入交易关系。因此，不能将网络商城会员合同作为交易合同的组成部分，应承认其独立性。

2. 网络商城会员合同的数量之辨。目前，网络商城会员在实践中存在两种类型。以京东商城为例，区分普通会员和 Plus 会员两种。普通会员通过注册即可；普通会员只有按年交纳费用，才能成为 Plus 会员，该类会员享有普通会员不享有的积分倍增、固定金额的商品优惠券、运费券、免费上门退换货等权益。鉴于普通会员与 Plus 会员的权利义务存在不同，而且，不同部分系区分两种会员类型的核心标准，故宜认为两者属于不同的合同关系。

值得探讨的是，普通会员合同与 Plus 会员合同之间的关系。在合同内容上，普通会员合同中，网络商城的主给付义务是提供账户服务，即消费者可以通过该注册账户正常下单和购物。Plus 会员合同中，会员除享有专属特权外，是否享有普通会员合同中的权益？如果享有，该权益系基于普通会员合同取得，还是基于 Plus 会员合同取得？回答是：首先应当看会员合同的约定，即 Plus 会员合同中是否规定了与普通会员合同相同的内容；如有，则该类权益基于 Plus 合同取得。如果未作约定，则由于 Plus 会员的成立以取得普通会员合同成立为前提，在解释上，应当认定普通会员权益自动成为 Plus 合同的内容。因此，在 Plus 合同成立后，该合同的内容包括普通会员合同的内容和 Plus 会员的特别约定。而且，考虑到 Plus 会员合同存在期限，期限届满后，消费者仍可以普通会员身份进行购物，所以 Plus 会员合同与普通会员合同属于并存关系，普通会员合同不因 Plus 会员成立而失效。

三、平台会员合同内容的确定

1. 当事人约定。依据合同构建自由原则，当事人可以构建会员合同权利义务的具体内容。普通会员与 Plus 会员合同的内容，即消费者享有的权益，首先依据当事人的约定确定。实践中，合同内容在网络商城网站上可以显示并打印，发生纠纷时，法院也可通过技术手段调取特定时刻的内容。

值得注意的问题是，对会员合同的内容控制。合同的构建自由原则并非绝对，在丧失磋商对等性基础或其他特殊情形下，仍然坚持构建自由，将会造成实质上的不公正。在格式条款方面，实有必要对其内容进行控制，合同法对此已有明确规定。网络商城会员合同的订立过程全部发生于网络，消费者不论是注册为普通会员，还是充值成为 Plus 会员，都没有选择的权利，即“要么接受、要么放弃”，合同内容全部属于格式条款，就此而言，网络商城会员合同属于格式合同。

格式条款能否成为合同的内容或者是否发生合同效力，取决于两个方面：一是订入控制，即格式条款是否作为当事人意思表示的内容而成为合同的组成部分；二是内容控制，即作为合同组成部分的格式条款是否发生法律效力。① 格式条款的订入控制通过提示注意义务解决；内容控制是从实质性方面进行判断，判断依据为法律规定以及诚实信用原则。实务中，人们对格式条款的订入问题给予了较多重视，在会员注册界面，会提示消费者注意相关内容。在司法中，应当要更加重视格式条款的内容控制。

以格式管辖条款为例。例如，会员协议明确约定，发生纠纷由网络商城住所地法院管辖。对此，不能仅审查网络商城是否履行了提示注意义务，还要考虑审查该约定的具体内容。实体法依据除了《合同法》第 40 条规定外，主要依据为《消费者权益保护法》第 26 条，即“经营者在经营活动中使用格式条款的，应当以显著方式提请消费者注意商品或者服务的数量和质量、价款或者

① ［德］迪尔克·罗歇尔德斯：《德国债法总论》，沈小军等译，中国人民大学出版社 2014 年版，第 128 ~ 131 页。

费用、履行期限和方式、安全注意事项和风险警示、售后服务、民事责任等与消费者有重大利害关系的内容，并按照消费者的要求予以说明。经营者不得以格式条款、通知、声明、店堂告示等方式，作出排除或者限制消费者权利、减轻或者免除经营者责任、加重消费者责任等对消费者不公平、不合理的规定，不得利用格式条款并借助技术手段强制交易。格式条款、通知、声明、店堂告示等含有前款所列内容的，其内容无效”。网络商城的经营范围具有全国性，消费者散布广泛，上述格式管辖条款将增加消费者的维权成本，极大地阻碍了消费者的诉权，对消费者不公平、不合理，而且会不正常地增加网络商城所在地法院的受案数量，应当排除该约定的效力。

2. 法律规定。会员合同中未作约定的内容，可以由任意性法律予以填补。但是，对于强制性规定，排除当事人约定的效力。

3. 诚实信用原则。诚实信用原则乃民法之帝王条款，不仅可以规范权利之行使、义务之履行，而且可在个案中矫正合同内容，在欠缺法律规定、当事人约定时，可以填补合同内容。①

四、平台会员合同的性质之辨

1. 要物合同 VS. 不要物合同。要物合同，除当事人双方意思表示一致外，尚需交付标的物或完成其他现实给付才能成立。相反，不要物合同，依当事人意思表示一致而成立。② 成为普通会员以注册为条件，注册成功后，网络商城会员合同就依法成立并生效，因而该类会员合同为不要物合同、诺成合同。Plus 会员，依据其实践表现，需要消费者在网页或客户端点击申请并充值成功后才能取得。一种思路是，可将充值认定为 Plus 会员合同的履行行为，只不过履行行为与合同成立同时发生。这种认识虽然在理论上可行，却不符合交易观念。依日常生活角度，可以解释出京东商城存在“只有交钱才同意开通 Plus 服务”的意思。此外，如果认定为诺成合同，则将导致消费者负有充值的义务，网络商城亦可起诉要求消费者交纳会费，此结论亦不符合现实观念，故认定为要物合同为宜。

2. 有偿合同 VS. 无偿合同。根据一方享有合同权益，是否须向对方付出代

---

① ［德］梅迪库斯：《德国债法总论》，杜景林、卢谌译，法律出版社 2004 年版，第 124 页。

② 韩世远：《合同法总论》，法律出版社 2011 年版，第 58 页。

价为标准，分为有偿合同与无偿合同。普通会员仅仅通过注册即可取得，无须支付任何对价，为无偿合同。Plus 会员，需要充值才能取得，消费者为取得专属特权付出了成本，属于有偿合同。应予注意，有偿合同并不以诺成为必要。在要物合同中，该物如果不予返还，亦属于当事人取得对方给付的成本，属于有偿合同。因此，不能仅仅以 Plus 会员合同为要物合同而否定其有偿性。

3. 单务合同 VS. 双务合同。在合同中，只有一方负有给付义务，相应地只存在一个给付请求权的，为单务合同；双方互相负有给付义务，相应地存在两个给付请求权的，为双务合同。[①] 普通会员在合同中不承担给付义务，为单务合同。Plus 会员虽然需要交纳费用，但该费用系合同成立的要件，不是合同成立的后果，所以 Plus 会员合同也属于单务合同。

4. 附条件的合同 VS. 射幸合同。当事人对特定法律效果的需求，往往以某些事实的发生或不发生为前提。基于意思自治，法律行为可以附条件，法律行为自条件成就时生效或失效。[②] 附条件合同，表现为条件对合同效力的影响。网络商城会员合同，会员的重要权益是在符合约定情形时商城应当向会员履行提供价格优惠、运费券、积分折抵货款等义务。一种可能的理解为，“约定情形的发生”是会员合同生效的条件，条件不成就合同不生效。然而，上述理解并不符合理论与实践。因为消费者享有多个不同的权益，各个权益的实现条件并不相同。比如，A 商品消费满 100 元减 10 元，B 商品消费满 1000 元减 30 元。如此，消费者购买不同的商品会与商城产生不同的会员合同。因而，会员合同不属于附条件合同，应区别普通会员合同和 Plus 会员合同，前者以注册为成立生效要件，后者以充值为成立生效要件。

然而，会员合同在内容上有其特殊性。以买卖合同为例，合同生效后，权利和义务即确定，只剩下履行期限的问题。但是，会员合同生效后，网络商城是否提供优惠等，并不是时间问题（即不是履行期限问题），如果消费者从来不实际消费，或者消费不符合条件，商城就不需要履行相关义务。但是，会员合同的这种特征不能引导人们错误地得出会员合同属于典型的射幸合同的结论。合同的法律效果在缔约时不能确定的合同，属于射幸合同，保险合同为其典

---

① 王洪亮：《债法总论》，北京大学出版社 2016 年版，第 11 页。

② 朱庆育：《民法总论》，北京大学出版社 2013 年版，第 122～123 页。

型。[1] 射幸合同在本质上属于机会性合同，即当事人得否基于合同取得特定的请求权在合同成立生效时是不确定的，只有在符合约定情形时，该请求权才产生。网络商城会员合同成立生效后，有些会员权益立即取得（如 Plus 会员每月 5 张的运费券），网络商城的义务也现实地产生，剩下的不过是消费者是否行使权利的问题；有些会员权益需要满足特定条件（如普通会员满 99 元免运费），否则请求权不能产生。而且，不管普通会员还是 Plus 会员，合同成立后，网络商城就确定地负有提供账户服务的义务。因此，会员合同并不属于典型的射幸合同，只能说合同的部分内容具有射幸合同的特征。

五、平台会员合同纠纷中的诉讼问题

1. 案由的确定。网络商城会员合同并非有名合同，《民事案件案由规定》亦未作规定。在案由选择上，实务较多考虑为网络服务合同纠纷。在理论上，合同主要分为两大类型：财产性合同与劳务性合同，前者在于给予财产，后者在于提供劳务。两者的重要区别是，后者以取得劳务为目的，前者以取得财产为目的，因此如果提供劳务仅仅为取得财产的手段，则仍属于财产性合同。[2] 比如，《民事案件案由规定》在服务合同纠纷下规定的邮寄服务合同纠纷、医疗服务合同纠纷、法律服务合同纠纷等。

在网络商城会员合同中，网络商城的合同义务尤其是主给付义务为何，不能概而论之。在普通会员合同中，商城的基本义务是为消费者网购提供账户服务，如不能注册成为会员，就不能在网络商城购物消费。然而，也不能将该义务之外的义务，如免运费、优惠券、积分累计简单归类为从给付义务。因为从给付义务的功能在于辅助实现主给付义务，使债权人的合同目的得以完整实现，但很难说免运费、优惠券、积分累计与提供账户服务之间具有辅助关系。实践中，纠纷也往往因该类义务而发生。在 Plus 会员合同中，虽然网络商城仍然负有为消费者网购提供账户服务的合同义务，但是，绝不能说该义务系商城的主给付义务。消费者充值 Plus 会员并不是为了取得该权利，而是取得普通会员不享有的特权。因此，在“提供账户服务”的层面上，可以说网络商城会员合同属于服务合同，但实际上，该合同属于内容广泛的综合性合同，难以确定商城

---

① 崔建远主编：《合同法》，法律出版社 2010 年版，第 36 页。

② 邱聪智：《新订债法各论（中）》，中国人民大学出版社 2006 年版，第 3 ~4 页。

的单一的主给付义务。所以，可以考虑在《民事案件案由规定》中增加会员合同纠纷。当前，将该类纠纷案由确定为合同纠纷为宜。

2. 管辖的确定。依照《民事诉讼法》第23条规定，网络会员合同纠纷由被告住所地或合同履行地人民法院管辖。关于合同履行地，合同有约定的，按照约定确定。但是，要注意格式管辖条款的内容控制问题。如果未约定合同履行地，则根据争议标的确定管辖法院。争议标的，是指发生争议的合同义务。平台会员合同中，普通会员不承担给付义务，Plus会员虽应充值，但充值系合同成立要件而非合同义务。因此，一般不存在网络商城基于平台会员合同起诉消费者的纠纷。相反，常见情形为消费者起诉网络商城不履行合同。因而，争议标的为网络商城的合同义务。可是，网络商城并非负有单一的合同义务，争议标的会因义务不同而不同。

消费者以经营者未履行发放运费券、提供会员价或会员折扣义务起诉的，争议标的是否属于金钱给付义务？金钱给付，属于金钱之债的债务人义务，即以给付特定金额的金钱为内容。运费券、会员价或会员折扣虽然具有财产价值，但难谓金钱之债。因此，争议标的应为“其他标的”，由网络商城所在地法院管辖。这里探讨的对象为网络商城与消费者之间的会员合同，而网络商城本身并非商品或服务的经营者。即使京东商城所谓自营商品，其经营者与网站运营者亦属不同主体。因此，网络商城之所以可以提供运费券、会员价或会员折扣等，必然因其与承运人、经营者存在某种合同关系，但该关系的效力以及因该关系发生的纠纷，不影响网络商城应承担的会员合同中的义务。

消费者因积分累计或兑换发生争议的，争议标的可以认定为金钱给付义务。积分累计或兑换（在京东商城体现为京豆），并不直接涉及金钱，但是积分具有财产价值，在达到一定数量后可以直接抵扣消费款，属于虚拟货币。按照正常流程，消费者消费完毕后，网络商城将积分发放至消费者账户，具体体现为账户中积分数量的增加，该过程类似于“给付金钱”。消费者以积分直接抵扣消费款时，也可认定为由网络商城向消费者履行“给付金钱”义务，只不过该义务直接向交易合同的经营者履行。因此，此类纠纷可以由消费者所在地管辖。

以上可见，严格按照“争议标的”的逻辑思路认定合同履行地时，会因为涉诉义务之不同而发生不同的管辖后果。对于消费者而言，以其所在地为管辖法院所在地，对其维权等更为有利。《民诉法解释》第20条规定：“以信息网络方式订立的买卖合同，通过信息网络交付标的的，以买受人住所地为合同履行地；通过其他方式交付标的的，收货地为合同履行地。合同对履行地有约定的，从其约定。”网络商城会员合同属于以信息网络方式订立，网络商城的义务亦主要是通过网络完成，而且上述规定系基于保护网购消费者利益作出的特殊规定。因此，在实践中，可以考虑直接类推适用上述规定，[①] 即以会员住所地为合同履行地，不再区分争议标的的性质。

3. 诉讼请求的相关问题。在实体法方面，诉讼请求是请求权规范中的法律效果部分；在诉讼法方面，诉讼请求与事实理由相结合限定了案件诉讼标的，一切诉讼活动都应当围绕诉讼标的展开。平台会员合同纠纷中的诉讼请求，不仅是原告诉讼利益的直接表达，而且深刻地影响诉讼程序的进行以及诉讼目标的实现。

（1）给付之诉。诉讼请求的内容为行使请求权，要求被告为或者不为一定行为，乃给付之诉。网络商城会员合同纠纷中，消费者提起的给付之诉又可以区分为两种：一种是主张原给付请求权，即要求网络商城履行会员合同义务；另一种为次生给付请求权，即因为网络商城违反了原给付义务而要求的损害赔偿请求权。

对于原给付请求权，区分现在给付之诉与将来给付之诉。如 Plus 会员没有享受到免费上门退换货、普通会员消费后没有取得相应的积分，此类情形中，给付请求权已经有效、到期和可执行，但网络商城拒不履行合同义务，会员有权提起现在给付之诉。但是，如果给付请求权尚未到期，能否允许提起将来给付之诉，值得探讨。具体来说，在 Plus 会员有效期内，网络商城单方将每月应提供的 5 张运费券减少为 2 张，消费者能否在收到相关通知后提起给付之诉？第一，会员账号显示消费者取得优惠券，在本质上不过是权利的外观化，本身并不创造权利。即使账户显示取得了优惠券，也不代表实际消费时可以使用。对于运费而言，网络商城的义务是在购物时履行该义务，消费者在尚未实际消费的情况下，网络商城的义务尚未到期，消费者此时要求网络商城履行上述义

---

① 类推适用系实体民法中填补法律漏洞的方法，核心在于“应把当前的这个案件（当时在法律上还没有作出规定）与法律上已经作出规定的情形相比较，并权衡是否应当从公正的损害平衡的角度来对这个案件与上述已经作出规定的情形做相同评价”。参见：［德］齐佩利乌斯《法学方法论》，金振豹译，法律出版社 2009 年版，第 98 页。

务，属于将来给付之诉。第二，民事诉讼理论认为，将来给付之诉原则上不允许，除非具备诉的利益。典型的情形是，当事人现在就已经对义务的存在、履行期及条件等存在争议，由于无法期待被告在原告所主张的时间内及时履行义务，因此不论给付义务的内容如何，都应当认可将来给付之诉的必要性。① 质言之，义务人对履行义务发生争议的，认可将来给付之诉具备诉的利益。在我国法律上，体现为合同法规定的预期违约。由于网络商城履行义务的通常方式为在消费者账户中发放运费券，如果商城没有发放，那么即使商城有可能在消费者实际购物时履行该义务，也应当认为构成预期违约，消费者有权提起将来给付之诉。

在次生给付请求权方面，消费者可以要求网络商城赔偿因其不履行合同义务而造成的损失。从法理来说，此类损失包括所受损害和所失利益。② 但是，从普通常理来说，此类损失主要体现为因网络商城未履行义务导致消费者支出的损失。而且，消费者对此承担举证责任。

难点在于，消费者应当如何表述诉讼请求以及如何实现判决内容。金钱之债不存在给付不能，③ 不管是现在或将来给付之诉，原告都可以要求强制履行。网络商城在会员合同中不承担金钱给付义务，虽然很多义务具有财产价值，但并不具备强制履行的可能性。以运费券为例，在消费者尚未消费而网络商城预期违约的情况下，如果法院判令其继续履行合同义务（判决主文可以表述为：被告应在会员合同到期前每月向原告发放 3 张运费券），网络商城不提供免运费券的，尚无合理有效的执行手段实现该判决。消费者实际消费且未取得可供使用的运费券的，其可以起诉要求网络商城支付运费券相应的金额，但该请求在性质上属于违约损害赔偿，并非强制履行合同义务。再如，积分问题，网络商城不发放或者不按约定标准发放积分，或者拒绝积分折抵购物款的，同样面临上述问题。正是由于上述困难，使得消费者选择行使次生给付请求权比原给付义务请求权更为现实可行。上述问题反映出网络商城会员合同在原给付义务的强制履行方面需要在法律理论上作进一步研究，否则将使得网络商城会员合

---

① ［日］新堂幸司：《新民事诉讼法》，林剑锋译，法律出版社 2008 年版，第 193 页。

② 王泽鉴：《损害赔偿》，北京大学出版社 2018 年版，第 70 页。

③ ［德］迪尔克·罗歇尔德斯：《德国债法总论》，沈小军等译，中国人民大学出版社 2014 年版，第 111 页。

同的法锁作用大大降低。

（2）形成之诉与确认之诉。这两种类型的诉讼请求对有偿会员具有意义。比如，网络商城严重违约的，Plus 会员可以要求解除合同，返还会员费，甚至赔偿损失。确认之诉可能涉及 Plus 会员要求确认合同无效的问题。

【关联案件】

杜某诉北京京东叁佰陆拾度电子商务有限公司网络服务合同纠纷案①

原告（上诉人）：杜某。

被告（被上诉人）：北京京东叁佰陆拾度电子商务有限公司。

〔基本案情〕

杜某于2012 年8 月与京东公司建立会员关系。现杜某为京东公司钻石会员，会员有效期为2016 年1 月30 日至2017 年1 月30 日。

2016 年4 月1 日，京东公司在其网站上发布京东运费标准调整公告，载明："京东一贯坚持行业领先的服务标准，我们认为好的物流配送服务才能将网络购物的喜悦带给您。为了让消费者尽享京东品质的物流配送服务，我们将对自营商品的运费标准进行调整。2016 年4 月1 日起，选择京东配送的自营商品订单运费调整为6 元/单，各级别会员免运费门槛同步调整，具体如下：企业会员、金牌会员、银牌会员、铜牌会员、注册会员购买自营商品单笔订单总金额满99 元免运费，钻石会员购买自营商品单笔订单总金额满79 元免运费，（如不足上述总金额，每单需承担6 元运费）。2016 年4 月1 日起，选择上门自提的自营商品订单运费调整为3 元/单，各级别会员购买自营商品单笔订单总金额满99 元免运费（如不足上述总金额，每单需承担3 元运费）。更详细的运费规则请参见：http：//help. jd. com/user/issue/109 - 188. html 祝您购物愉快。"

京东网站——会员特权——会员专属一栏显示会员特权介绍，会员特权包括自营免运费、售后运费优惠、评价奖励、会员特价、生日礼包、装机服务、专享礼包、贵宾服务专线、免运费券。其中免运费券特权载明："钻石会员会在每月的专享礼包中获得免运费券【有效期为当月1 ~ 30 日（当月不足30 天则有效期到当月底）】两张，可用于抵减京东自营商品订单的运费（不可用于

---

① 北京市第二中级人民法院（2017）京02 民终2587 号。

抵减超重超大运费、极速达运费；此外，虚拟商品及部分特殊购物流程不可使用，特殊流程如秒杀、夺宝岛等）。”

2016 年 11 月 30 日，京东公司在其网站上公布京东商城运费标准调整公告，载明：“我们一贯坚持行业领先的服务标准，我们认为最好的物流配送服务才能将网络购物的喜悦带给您。为了让消费者尽享京东高品质的物流配送服务，2016 年 12 月 1 日起我们将对自营商品的运费收取标准进行调整：一、上门自提订单，所有用户订单选择上门自提方式，购买京东自营商品订单总金额小于 49 元，则需每单承担 3 元基础运费；满 49 元则免基础运费。二、京东配送订单，所有用户订单，单笔订单总金额小于 99 元，则需每单承担 6 元基础运费；满 99 元则免基础运费。非企业用户的部分含有小件商品的订单，在基础运费之外，计重加收续重运费，运费收取标准如下：1. 订单金额 <99 元，收取基础运费 6 元，重量超出 10kg 的，超出重量按 1 元/kg 另外加收续重费用；2. 订单金额≥99 元，免基础运费，重量超出 10kg 的，超出重量按 1 元/kg 加收续重费用；3. 订单金额≥199 元，免基础运费，重量超出 20kg 的，超出重量按 1 元/kg 加收续重费用；4. 订单金额≥299 元，免基础运费，重量超出 30kg 的，超出重量按 1 元/kg 加收续重费用；5. 订单金额≥399 元，免基础运费，重量超出 40kg 的，超出重量按 1 元/kg 加收续重费用；6. 订单金额≥499 元，免基础运费，重量超出 50kg 的，超出重量按 1 元/kg 加收续重费用。”

京东公司提交的京东用户注册协议载明：“本协议是您与京东网站所有者之间就京东网站服务等相关事宜所订立的契约，请您仔细阅读本注册协议，您点击‘同意并继续’按钮后，本协议即构成对双方有约束力的法律文件……第 10 条协议更新及用户关注义务，根据国家法律法规变化及网站运营需要，京东有权对本协议条款不时地进行修改，修改后的协议一旦被张贴在本站上即生效，并代替原来的协议。用户可随时登录查阅最新协议；用户有义务不时关注并阅读最新版的协议及网站公告。例如，用户不同意更新后的协议，可以且应立即停止接受京东网站依据本协议提供的服务；如用户继续使用本网站提供的服务的，即视为同意更新后的协议。京东建议您在使用本站之前阅读本协议及本站的公告……”

经询，杜某认可关于“免运费”问题是在会员特权中可公开的信息，其不知道注册成为京东公司会员时的《用户注册协议》中有没有这个约定。

〔法院观点〕

北京市大兴区人民法院一审认为，杜某注册成为京东网站的会员，京东网站所有者为京东公司，因此杜某与京东公司成立合法有效的网络服务合同关系。杜某主张其在2012年8月注册成为京东网站会员时签署的用户注册协议有可能约定了会员特权相关事宜，且会员特权中有关自营免运费等规定应当属于用户注册协议的一部分，京东公司单方面进行变更应当承担相应的违约责任，但其未向法院提交其在注册成为京东网站会员时支付相应对价的证据，且注册成为京东网站会员并不需要支付对价，京东网站会员虽与QQ会员可以进行对接，但是注册成为QQ会员是否支付对价与其是否向京东网站支付对价属不同主体，且杜某无证据证明会员权属项下免运费等相关规定是双方所签订的合同中约定的条款。现京东公司主张杜某注册成为京东网站会员所订立的用户注册协议，仅对双方之间关于网站服务等相关事宜进行约定，不同等级会员免运费金额的运费政策及相应的会员权属是在其网站单独发布的信息，并非用户注册协议调整的内容，且免运费政策仅是京东公司对消费者作出的让利行为，并非与消费者之间订立的合同所约定的事项，京东公司有权对其单方面让利的行为进行变更，无须消费者同意。故对于杜某要求京东公司按照2016年4月1日前的合同继续履行合同义务，且扣除诉讼期间占用的钻石会员期间的诉讼请求，无事实及法律依据，法院不予支持。

北京市第二中级人民法院二审认为，杜某注册成为京东公司经营的京东网站的会员，杜某与京东公司之间形成网络服务合同关系。虽杜某称不知道在2012年8月其注册成为京东网站会员时签署的《用户注册协议》有没有约定了本案争议的“免运费”相关条款，同时认为“免运费”相关条款应当属于《用户注册协议》中的一部分，京东公司单方面进行变更应当承担相应的违约责任。但在京东公司否认“免运费”相关条款属于杜某与京东公司签订《用户注册协议》中一部分的情况下，杜某并未就“免运费”相关条款在其与京东公司签订《用户注册协议》中进行了约定的事实举证予以证明，且根据现京东网站公布的《用户注册协议》中并无“免运费”的相关条款，“免运费”相关条款仅是在会员特权中单独发布的信息，该“免运费”相关条款仅系京东公司单方面对消费者作出的让利行为，并非与消费者之间的合同约定，京东公司变更运费政策对杜某并未构成合同违约，无须向杜某承担违约责任。故对杜某的诉讼请求，因缺乏合同依据，本院难以支持。

【疑难解答】

平台能否因消费者违反合同而对账户采取限制措施?

网络交易平台与消费者形成平台会员合同关系，该合同属于私法性质的合同，应当按照合同内容确定双方的权利义务关系。在李某学诉浙江天猫网络有限公司、浙江淘宝网络有限公司网络服务合同纠纷案中，[①] 李某学于 2014 年 3 月 21 日注册淘宝账户“青天 1333390”；于 2014 年 5 月 6 日注册淘宝账户“天道公正”；2015 年 1 月 1 日注册淘宝账户“为公专治各种不服”。经登录淘宝后台进行查询：淘宝账户“青天 1333390”在 2014 年 9 月 23 日至同年 10 月 17 日间，为 14 个订单发起 14 起投诉，投诉涉及 8 家店铺，投诉的原因为承诺的没做到或未按约定时间发货，投诉结果为投诉成立 1 个，投诉不成立或投诉已撤销或投诉已完结 13 个。淘宝账户“天道公正”在 2014 年 9 月 29 日至同年 10 月 1 日间，为 2 个订单发起 2 起投诉，投诉涉及 2 家店铺，投诉的原因为未按约定时间发货，投诉结果为投诉不成立。淘宝账户“为公专治各种不服”在 2015 年 2 月 12 日至同年 5 月 25 日间，为 11 个订单发起 11 起投诉，投诉涉及 5 家店铺，投诉的原因为承诺的没做到或未按约定时间发货，投诉结果为投诉不成立或投诉已完结。根据前述三个淘宝账户的投诉，淘宝公司、天猫公司认定李某学的行为属不当注册，故限制该三个淘宝账户的使用。李某学诉至法院，请求判令淘宝公司、天猫公司解除对三个淘宝账号的限制。一审法院驳回了李某学的诉讼请求。李某学提起上诉。二审法院认为，淘宝网及天猫平台系淘宝公司、天猫公司等关联公司开设的网站，为注册用户提供交易服务。淘宝公司、天猫公司为管理相关平台，制定并发布《淘宝服务协议》《淘宝规则》《不当注册的认定和处罚的规则与实施细则》等相应规则，并在网站上进行公告。任何用户如需注册为会员，必须同意接受上述协议和文件等的约束。李某学自愿注册为淘宝用户，应视为其接受上述规则的约束。根据《淘宝服务协议》第 4 条的约定，淘宝公司、天猫公司有权单方认定注册用户行为的性质及是否构成违约，并根据单方认定结果使用规则予以处理或终止服务，即淘宝公司、天猫公司有权对李某学的行为是否违规作出判定并作出相应处置。淘宝公司、天猫公司在发现李某学先后注册的账号在使用中出现滥用会员权益，以明显不同于一

---

① 浙江省杭州市中级人民法院（2016）浙 01 民终 30 号。

般会员的方式向众多卖家发起数十次投诉，且投诉基本不成立。因此，淘宝公司、天猫公司以李某学恶意投诉，损害卖家合法权益，妨害淘宝正常运行秩序，以及上述协议及规则为据对李某学注册的淘宝账户采取限制措施，有相应的合同依据和事实依据，且上述行为也未有违法之处，故二审法院对李某学的各项上诉请求均不予支持。

第七章 网络跨境代购消费纠纷

15. 网络跨境代购的法律关系

【裁判规则】

消费者通过网络商品经营者跨境代购商品的，应当根据双方有无明确的委托合意、是否现货交易、采购来源时间等综合认定双方法律关系的性质。除非有充足的证据证明双方为委托合同关系，否则应认定为买卖合同关系。

【解读适用】

一、跨境代购的发展现状

近几年来，随着网络交易的迅速发展，越来越多的消费者将目光投向海外市场。人们普遍认为，海外发达国家如美国、澳大利亚等地有着良好的质量监管体系，商品质量更有安全保障。而且，即使同品牌商品在国内出售，但是价格较高、种类不够丰富，鉴于代购在原产地购买以及逃避关税的原因，海外代购的价格和种类较之国内也占有优势。有调查显示，中国消费者对于食品安全问题较为重视，许多消费者表示如果产品有潜在的质量保证，且由信得过的人代购送货，他们愿意支付多达 100% 的溢价。而正品代购则保证了产品的真实性与高品质，这也反过来确保了供应中的价格溢价与利润空间。[①] 自 2008 年金融危机开始，各大国际品牌接连不断的打折和淘宝推出全球购的服务，使得海外代购的交易额节节攀高。2009 - 2015 年中国海外代购的市场交易规模不断上升，2009 年还只是 50 亿元的交易额，2010 年就增长至 120 亿元的交易额，之后大约平均每年增长 300 亿元的交易额，2013 年则增长至 767 亿元交易额，5 年增长了 15 倍，2015 年的交易额更是增长到 1798 亿元。从这些数据可以看出，海外代购的规模在一天天扩大。2015 年国内消费者同比增长，海淘（海外

---

① http：//www. useit. com. cn/thread - 17680 - 1 - 1. html。

代购）同比增长117%，国内网购同比增长64.7%。[①] 由此可以看出，我国拥有巨大的跨境代购市场需求。

网络跨境代购对于促进全球商品经济资源的优化配置、满足国内消费者的消费需求多样化以及带给国内企业积极的市场竞争环境方面有着积极的作用。但是，目前我国还没有发布针对跨境代购的专门的法律法规。公开可查的相关规定是《国家工商行政管理总局关于加强网络代购"洋奶粉"经营行为监管工作的通知》（办字〔2011〕134号），该规定提出："近年来，部分消费者以网络代购的方式购买国外奶粉（以下简称洋奶粉）。网络代购洋奶粉的主要形式是消费者与境内网站（网店）经营者联系，后者以委托境外合作者等方式从境外购买奶粉，并转交消费者。这种方式购买的奶粉多以个人邮递物品的形式入境，一般未经过质检部门检验，产品质量缺乏保障，存在食品安全隐患，发生消费纠纷后消费者维权困难。"因此，在跨境代购繁荣发展的同时，不能忽视由于法律缺失、监管不到位所造成的消费者权益保护问题。

二、跨境代购的概念辨析

在探讨跨境代购的法律关系前，应当明确跨境代购的定义。目前，法律、行政法规未在法律层面上对"跨境代购"作出界定。《国家工商行政管理总局关于加强网络代购"洋奶粉"经营行为监管工作的通知》中提出，网络代购洋奶粉的主要形式是消费者与境内网站（网店）经营者联系，后者以委托境外合作者等方式从境外购买奶粉，并转交消费者。一方面由于"通知"不属于法律、行政法规，其概念界定不具有法律效力，另一方面，"通知"所界定的是"网络代购洋奶粉"的"主要形式"，这说明还存在其他网络代购形式。所以，不能以"通知"的提法直接作为对网络跨境代购的概念界定，但是可以作为重要的参考依据。

我们认为，任何概念都是对特定客体的反映和总结。从概念本身入手进行分析，是确定跨境代购概念的基本思路。在词语结构上，"跨境"属于副词用法，"代购"属于动词用法。顾名思义，"代购"的通常理解是代替某人购买商品。"跨境"是指跨越边境、国境。因此，跨境代购的基本含义是甲委托乙代

---

① 张若思：《海外代购陷阱、法律风险及解决对策》，载《上海政法管理干部学院学报》2016年第2期。

其在境外购买商品。在一般意义上，跨境代购并不对主体的身份作出限制。所以，当事人拜托亲戚朋友在出国旅游时帮助购买特定商品的情形，属于典型的跨境代购。跨境代购具体化到消费关系领域，其含义就是消费者与经营者作出约定，由经营者代为在境外采购特定商品并交付消费者，消费者支付商品价款和报酬的行为。网络跨境代购，是指消费者与网络商品经营者达成的代购约定。

三、跨境代购的法律关系

在跨境代购中，涉及三个主体：消费者、代购经营者与境外经营者。同时，涉及两个法律关系：消费者与代购经营者之间的法律关系，代购经营者与境外经营者之间的法律关系。在不同的法律关系性质下，各方的权利义务是不同的，消费者权益的保护程度也存在差异。所以，在具体的跨境代购纠纷中，必须首先明确消费者与代购经营者之间的法律关系的性质，其中可能涉及代理、委托、行纪、居间的区分问题。

1. 跨境代购与代理关系。所谓代理，指的是代理人在被代理人授予的权限范围内，不以自己名义而以被代理人名义向相对第三人发出或接受意思表示，由被代理人承担所有法律后果的行为。[①]《民法总则》第162条规定："代理人在代理权限内，以被代理人名义实施的民事法律行为，对被代理人发生效力。"

虽然"跨境代购"含有"代"字，但不能简单地将跨境代购与代理相等同。代理制度解决的是"甲的法律行为效果归属于乙"的问题，强调的是未直接作出意思表示之人承受他人之意思表示的后果。根据上述定义，消费关系领域的跨境代购，是指消费者与经营者作出约定，由经营者代为在境外采购特定商品并交付消费者，消费者支付商品价款和报酬的行为。所以，要考察的是跨境代购下，代购经营者所实施的购买行为的法律后果是否直接归属于消费者？根据有效代理的构成要件，发生有效代理后果的前提是"显名主义"和"授予代理权"。（1）所谓显名主义，是指代理人在向相对人作出意思表示时必须以被代理人的名义作出。显名主义的功能是确保相对人的知情权，让相对人知道自己是在与谁进行交易，从而决定是否作出相应的意思表示。在例外的情形下，法律也允许隐名代理。隐名代理，是指虽然代理人不是以被代理人的名义作出意思表示，但是相对人知道或者应当知道代理人在为被代理人作出意思表示。

---

① 陈华彬：《民法总则》，中国政法大学出版社2017年版，第572页。

此时，并未损害相对人的知情权，故隐名代理是有效的代理。[①]（2）所谓“授予代理权”，或称“授权行为”，是指被代理人同意代理人以被代理人的名义作出意思表示并由被代理人自己承受相应的法律后果。该要求的目的是保护被代理人的利益，避免被代理人对未经其授权的行为承担法律责任。

跨境代购是否属于代理，需要根据有效代理的构成条件进行判断。首先，按照目前的网络跨境代购模式，消费者在下单时并不需要（实际上也没有）作出授予代理权的意思表示。其次，代购经营者在收到消费者的代购订单后，在与境外经营者发生交易时，并不需要“以消费者的名义”作出购买的意思表示。代购经营者或者由其自己、或者由其员工、或者由其境外合作伙伴进行采购时，不论直接向境外实体经营者购买，还是向境外网络商品经营者采购，交易流程都与消费者在国内实体店或者网店购买商品相同。即不可能在交易时明确告知交易对方“自己以他人名义进行交易”，交易对方也不会接受、也不会在乎这种表述，这是由即时交易的特性所决定的。因此，在跨境代购消费中，不存在代理后果。

2. 跨境代购与居间合同。《合同法》第424条规定：“居间合同是居间人向委托人报告订立合同的机会或者提供订立合同的媒介服务，委托人支付报酬的合同。”居间人只是为双方提供媒介服务，并不以自身名义或委托人的名义与相对人订立合同，因此居间行为并没有法律行为的特征，不属于法律行为，应为民法中的事实行为。在跨境代购中，消费者与境外经营者并不发生直接的交易关系，代购经营者也并不是扮演了报告居间或者媒介居间的角色，故消费者与代购经营者之间不属于居间合同关系。

3. 跨境代购与委托合同。《合同法》第396条规定：“委托合同是委托人和受托人约定，由受托人处理委托人事务的合同。”在性质上，委托合同属于提供劳务的合同，即受托人主要义务是提供劳务，而不是转移特定标的物的所有权或者支付价款。在内容上，受托人的主要义务是按照合同约定处理特定事务，处理委托事务取得的财产，应当转交给委托人；委托人的主要义务是受托人完成委托事务的，委托人应当向其支付报酬。委托合同是代理关系发生的最常见的原因关系，即代理关系解决的是法律行为效果的归属问题，而委托关系解决

① 施启扬：《民法总则（修订第8版）》，中国法制出版社2010年版，第275页。

的是代理关系为什么会发生。但是，在委托关系下，并不总是发生代理后果。一种情形是委托事务并不涉及对外作出意思表示，或者对外所为的不是法律行为，而是事实行为；另一种情形是，委托合同中明确或者默示地约定由受托人以自己名义对外作出意思表示，且法律后果由受托人自行承担。此时，委托人在合同中明确拒绝授予代理权。即使受托人对外作出意思表示，也只能以其自己名义作出，且法律效果由其直接承受后，再依据法律规定或委托合同约定转移给被代理人，即间接代理。① 需要注意的是，间接代理并不是《民法总则》规定的代理关系，《民法总则》第七章规定的代理中，代理行为的后果直接对被代理人发生效力，所以属于直接代理。在委托合同中，如果法律效果可以直接约束委托人，则属于直接代理，否则为间接代理。②

在跨境代购中，必然涉及代购经营者对外作出意思表示的情形。代购经营者与境外经营者发生交易时，是以代购经营者的名义作出意思表示，属于间接代理，该法律关系并不直接对消费者发生法律效力。此外，《合同法》第 402 条规定：“受托人以自己的名义，在委托人的授权范围内与第三人订立的合同，第三人在订立合同时知道受托人与委托人之间的代理关系的，该合同直接约束委托人和第三人，但有确切证据证明该合同只约束受托人和第三人的除外。”境外经营者在发生消费事实时并不知道代购经营者与境内消费者之间有代理关系。因此，消费者与代购经营者之间形成的是以间接代理为特征的委托合同关系。

4. 跨境代购与买卖合同。在实务中，跨境代购纠纷中最主要的争议在于跨境代购究竟为委托合同关系还是买卖合同关系。《合同法》第 130 条规定：“买卖合同是出卖人转移标的物的所有权于买受人，买受人支付价款的合同。”因此，买卖合同属于财产转移性的合同，与提供劳务型的委托合同存在本质区别。当然，委托合同中受托人处理委托事务取得的财产，应当转交给委托人。但是，这属于委托人履行提供劳务义务的附带后果，不是合同的主给付义务。受托人只有提供了劳务完成了委托事项，才可能因处理委托事务取得财产。因此，买卖合同与委托合同的区别相当明显。根据定义，跨境代购，是指消费者与经营

① 朱庆育：《民法总论》，北京大学出版社 2013 年版，第 326 页。

② 崔建远主编：《合同法（第 5 版）》，法律出版社 2010 年版，第 515 页。

者作出约定，由经营者代为在境外采购特定商品并交付消费者，消费者支付商品价款和报酬的行为。毫无疑问，跨境代购不具备买卖合同的特征，属于委托合同关系，而非买卖合同关系。

经营者在具体纠纷中提出其与消费者之间系委托关系，其理由在于网页上载明了“代购”的字样。但是，在处理具体纠纷时，要坚持“实质大于形式”的审查原则。具体来说，当事人之间的法律关系究竟如何，不应当按照当事人所使用的词汇来简单进行判断，而是要根据实际行为的特征来加以认定。在实务中，最常见的情形为，当事人签订的合同名为买卖合同，但根据合同内容判断实际上为定作合同。因此，在具体纠纷中，判断经营者与消费者属于委托合同关系抑或买卖合同关系，应当从权利义务的实质进行判断。具体参考以下因素：

（1）有无明确的委托合意。合同行为，是基于双方或多方的意思表示一致而成立。现代民法实行意思自治原则，具体到合同领域，包括缔约自由、构建自由和形式自由。其中，合同构建自由，或者称合同形成自由，是指当事人原则上可以自由地设定合同的权利义务关系，这与物权法定原则形成鲜明对比。因此，消费者与网络商品经营者之间是否系委托合同关系，应先探究当事人有无达成委托合同的合意。但是，当事人合意毕竟是主观性的，合意之有无以及合意之性质应当结合相关客观方面进行判断，不能绝对机械地从主观合意上进行判断。经营者之所以倾向于主张双方为委托合同，乃因为在委托合同中，经营者的法律责任往往较买卖合同为轻。比如，涉案商品为无中文标签的进口食品时，如认定为委托合同关系，则由于经营者与消费者之间不存在“销售”的关系，故经营者无须承担惩罚性赔偿责任。因此，如果绝对机械地从主观合意上进行判断，那么，经营者可以在网页上以加大加粗等显著形式声明“本店与消费者系委托合同关系不是买卖合同关系”。如此，消费者在知晓该声明且下单的情况下，将得出双方达成委托合意的结论，这将为经营者逃避法律责任、损害消费者利益提供机会。因此，如果经营者未在网页上显示任何“代购”字样，也未在聊天软件中确认代购事宜的，那么双方肯定不存在委托合意。即使网页中载明“代购”字样，或者双方提到了代购事宜，那么，双方有无委托合意，还应从其他客观方面加以认定。[①]

（2）是否为现货交易。根据委托合同的特征，双方达成委托合意在先，受托人处理受托事务在后，两者具有显著的时间先后顺序，这是委托合同的特征。如果在双方当事人尚未达成委托合意的情况下，当事人一方就完成了特定事务，很难认定双方就该事务形成委托关系。典型的网络跨境代流程是，消费者根据自己的消费需求等作出购物决定后，通过网络交易平台、网络论坛等寻找合适的代购经营者，然后将希望购买的商品信息告知代购经营者，或者在代购经营者发布的代购商品信息与消费者所欲购商品一致的情况下，直接下单。代购经营者接收订单后，向境外经营者进行采购并直接或者中转邮寄给消费者。上述跨境代购流程具有“先委托、后购买”的特征，属于委托合同关系。

现实中，有一些代购经营者会提前购买大量商品并贮存，在消费者下单时，经营者并不按照订单要求实地进行采购，而是直接将已采购的商品发送给消费者。这种交易流程不具备“先委托、后购买”的特征，不能认定为委托合同，而是双方就经营者享有所有权的商品达成的买卖合同。[②] 因此，判断经营者与消费者是否为委托合同关系的决定性依据是：是否存在“先委托、后购买”的特征。在判断先后顺序的时候，应当以消费者下单时间为委托时间，经营者提供的境外采购小票、收据等时间为处理委托事务的时间。

（3）原始消费凭据的经营者。跨境代购的本质是代购经营者从境外经营者购买商品。代购经营者在接受订单后，按照与消费者约定国家或地区进行采购，并取得境外经营者提供的原始消费凭据。如果代购经营者并不从约定的国家或地区进行采购，而是在境内采购相同的商品，那么在具备“先委托、后购买”的特征的情况下，是否认定为委托合同关系？

从合同关系来说，双方达成了委托代购合意后，代购经营者进行了采购，符合“先委托、后购买”的特征，合同的“名实相符”，属于委托合同。只是所购商品不来源于约定的国家或地区，构成违约行为。但是，存在以下的可能

---

① 司法实践中有相反观点：广州市中级人民法院（2017）粤01民终4328号。一审法院认为，高冠豪已在其网络页面上已明确标注“代购”字样，表明其是根据消费者指定代为购买在澳大利亚市场上销售的涉案商品。可见，该法院以“代购”字样作为认定代购关系的直接依据。

② 上海市第一中级人民法院（2017）沪01民终10826号。

性：代购者从境外提前购买大量商品后贮存在国内，在接到代购订单后，与关联公司发生采购，以此表面上形成“先委托、后购买”的特征，实际上其目的正在于规避“先委托、后购买”的要求，以减轻法律责任。我们认为，这种情况下，应当从保护消费者利益出发，通过以下思路将双方关系认定为买卖合同关系：代购经营者将从境内而非约定地点采购的代购商品送达给消费者时，由于该商品不符合委托合同关于来源地的要求，属于约定外的商品，经营者的邮寄行为与消费者的签收行为相结合，可以认定双方就该新的商品形成了新的买卖合同关系。

总结起来，由于委托合同不管在权利义务上，还是在维权成本上都对消费者不利，为更好地保护消费者利益，消费者通过网络商品经营者跨境代购商品的，应当根据双方有无明确的委托合意、是否现货交易、采购来源等综合认定双方法律关系的性质。除非有充足的证据证明双方为委托合同关系，一般应认定为买卖合同关系。

【关联案件】

徐某云诉邵某网络购物合同纠纷案[①]

原告（被上诉人）：徐某云。

被告（上诉人）：邵某。

〔基本案情〕

邵某在“淘宝”网上开设“乐乐妈妈日本代购”淘宝店（淘宝会员名：vickyshao001）。2016 年 10 月 26 日至同年 11 月 24 日期间，徐某云分三次在邵某上述淘宝店购买了共计 4680 元的日本明治固体奶粉。其中，2016 年 10 月 26 日，徐某云在该店购买日本明治固体奶粉 3 盒，计款 1080 元；2016 年 11 月 9 日，徐某云在该店购买日本明治固体奶粉 4 盒，计款 1440 元；2016 年 11 月 24 日，徐某云在该店购买日本明治固体奶粉 6 盒，计款 2160 元。邵某开设的“乐乐妈妈日本代购”淘宝店关于商品详情交易页显示，“【现货】日本明治固体奶粉一段 1 段便携装 0－1 岁 27g＊48 条一盒”，“价格 360 元”，“原产地：日本”。涉案商品外包装上未见有中文标签。根据《进出口食品安全管理办法》的规定，向我国境内出口食品的境外食品生产企业实施注册制度。徐某云经查

---

① 上海市第三中级人民法院（2017）沪 03 民终 34 号。

询我国国家认证认可监督管理委员会发布的《进口食品境外生产企业注册专栏》，在“进口乳品境外生产企业注册名单”中未查见日本。

〔法院观点〕

上海铁路运输法院人民法院一审认为，邵某通过网络销售的日本进口奶粉不是我国目前允许准入的食品，且邵某也无法提供进口货物的相关报关单据、入境货物检验检疫证明、产品检验检疫卫生证书、海关发放的通关证明等进口食品所应具备的资料，故该院认定涉案奶粉属于不符合食品安全标准的食品。

上海市第三中级人民法院二审认为，明确徐某云与邵某之间的法律关系为认定涉案销售行为是否受我国《食品安全法》及乳制品监管制度约束的前提。代购行为因其表现形式可区分为现货代购与非现货代购。现货代购，是指卖方已取得商品所有权，并将商品型号、数量、价格等信息发布于网络平台，买方直接购买即完成交易的行为，双方之间成立买卖合同关系，应由代购方承担出卖方的瑕疵担保责任。非现货代购，是指代购方尚未取得商品的所有权，而根据买方关于特定商品的指示进行购买，双方之间可存在委托、居间和行纪等法律关系，最为常见的为委托关系。本案中，邵某在涉案乳制品信息发布名称栏显著位置标注“现货”二字，同时明确商品型号、价格和使用方法等内容，涉案三次购买订单均于订购当日从浙江省发货，亦无关于收取代理费、进口税等内容，故本案乳制品代购行为应为现货买卖行为，双方之间成立买卖合同关系。

金某然诉广州市全球购网络科技有限公司等网络购物合同纠纷案①

原告（上诉人）：金某然。

被告（被上诉人）：广州市全球购网络科技有限公司（以下简称广州全球购）。

被告：北京当当网信息技术有限公司。

〔基本案情〕

广州全球购系当当网上的“全球购当当旗舰店”（后改名为“全球购当当专营店”）的经营者。2015 年 8 月 26 日 17:34:52，金某然在当当网下单购买“全球购当当旗舰店”的“保税区发货英国爱他美 3 段 Aptamil 美乐宝婴……”1 罐，金额 162 元，运费 10 元。8 月 31 日，广州全球购从重庆市西永综合保税

---

① 北京市第三中级人民法院（2017）京 03 民终 5015 号。

区发出包裹，9 月 2 日包裹进行派送，9 月 22 日 2:00:13，金某然在当当网确认收货。

同日，金某然登录当当网，在其购物车页面下单购买“全球购当当旗舰店”的“【保税直邮】澳洲直邮6 罐新西兰可瑞康 Aptamil 爱他美金装奶粉2 段6~12 个月（海外购）”商品3 件，单价3704 元，运费13 元，税费1111.2 元，于16:51 通过支付宝付款12236.2 元。

9 月 26 日，广州全球购向金某然发出短信，内容如下：金先生/小姐，您好，您订购的澳洲直邮金装爱他美已经通过中环国际托运物流发货，由于国际货物涉及报关，请您记得及时上传身份证照片至物流公司网站，如您不便或者不会上传身份证操作，您也可以将您的身份证照片发送给客服或者发送到客服邮箱，由客服帮您提交报关申请。谢谢您的配合，全球购当当旗舰店祝您生活愉快。

同日，金某然将其身份证照片发送至广州全球购客服邮箱。广州全球购将商品分三个包裹邮寄给金某然，快递单号分别为中环国际托运单号尾号为4358（国内快递单尾号为2599）、4359（国内快递单尾号为1899）、4360（国内快递单尾号为6199），经查询通关状态均为放行（免税）。

2015 年10 月22 日，金某然签收的三个包裹箱，每一箱共计有6 罐奶粉，罐体均采用英文印刷，未加贴中文标签。

金某然向一审法院提交了“全球购当当旗舰店”的“【保税直邮】澳洲直邮6 罐新西兰可瑞康 Aptamil 爱他美金装奶粉2 段6~12 个月（海外购）”商品详情页的网页打印件，在“商品详情－服务购买须知”栏目中，有如下说明性文字：“尊敬的顾客您好，您查看的服务商品属于保税/跨境直邮模式，本司仅在销售页面展示产品中文电子标签，如您确认购买此委托购买服务，视同您同意此条款并同意委托本司为您提供相应商品的保税/跨境直邮购买服务。”在“商品详情－购前必读”栏目中，有如下说明性文字：“保税仓目前发货金额月不得超过2000 元，越过不发货，姓名实名，必须留身份证号码，无论是月购买超过2000 元还是年购买超过2 万元都会被海关退单，货是肯定发不出来的，请各位亲知悉……保税商品交易属于海外交易，无法开具发票故产品没有中文标签故下单前请知悉敬请原谅。”在商品详情页中，还有中文电子标签信息如下：产品品牌 Atamil，产品段数金装2 段，产品产地新西兰，适用年龄6~12 个月，保质期16~24个月（详见罐体），产品规格900g，食用日期启封后务必在3~4周内使用完，储藏条件放置干燥阴凉处储存，每次使用后请将包装封紧。

〔法院观点〕

北京市朝阳区人民法院一审认为，就第一笔订单而言，金某然在广州全球购经营的网上商铺下单购买商品，广州全球购将其备货到保税区的商品通过快递方式交付给金某然，双方均未提交证据证明就该笔订单双方达成了委托的合意，一审法院认定就该笔订单，金某然与广州全球购成立买卖合同关系。就第二笔订单而言，广州全球购通过当当网的电子购物平台发布商品信息，在商品详情中明确声明其所提供的为相应商品的保税/跨境直邮购买服务，金某然在知悉上述声明的情况下下单购买，视为双方达成了委托购买相应商品的合意，双方之间的委托合同关系成立；就合同的履行而言，金某然预付了处理委托事务的费用，包括商品金额、运费、税费，广州全球购以金某然的名义将海外购买的商品报关入境，并以快递方式将相应商品交付给金某然，完成了金某然委托的事务，双方之间的委托合同关系终止。因此，一审法院认定，就第二笔订单而言，金某然与广州全球购之间的法律关系性质为委托合同关系。

北京市第三中级人民法院二审认为，根据本案查明的事实，依据金某然的二笔订单的性质和特征分析，应认定金某然与广州全球购分别形成买卖合同关系和委托合同关系。

【疑难解答】

如何确定网络跨境直购中的合同当事人?

在实务中，必须将跨境代购与跨境直购加以区分。在跨境直购的情况下，消费者通过网络交易平台直接与境外经营者发生消费关系，合同的当事人是消费者与境外经营者。以亚马逊海外购为例，“亚马逊海外购使用条件”规定：“在购买海外购商品时，您承认（1）您是从相关的亚马逊海外实体（如下表所列）订购商品，等同于从相关的亚马逊海外网站（如下表所列）购买商品；（2）在购买之时该等商品尚未进口到中国内地（即中国香港特别行政区、中国澳门特别行政区及中国台湾地区除外）；及（3）且该销售发生在原商品销售国，并受如下所列、适用的亚马逊海外网站的使用条件的约束。”由此可见，亚马逊中国仅扮演了网络交易平台的作用，消费合同的当事人为消费者与亚马逊海外实体。

第八章 网购快递纠纷

16. 快件毁损、灭失的风险负担

【裁判规则】

网络商品经营者将消费者所购商品通过快递方式寄出后，商品在消费者签收前（时）发生毁损、灭失等情形的，该风险由网络商品经营者负担，消费者有权要求经营者承担违约责任。经营者有权按照邮寄服务合同向承运人主张赔偿。

【解读适用】

一、快递服务合同的性质

网络消费的蓬勃发展带动了快递行业的逐渐壮大，然而，如“暴力分拣”“霸王条款”、快递丢失、快递调包、快递损毁等问题也层出不穷，不仅影响了用户的购物体验，也阻碍了电子商务的发展。

（一）快递服务合同的案由

按照网购的流程，无论是否由消费者负担邮费，都是由网络商品经营者将商品交付快递企业，双方形成了快递服务合同。但是，《合同法》上并未规定“快递服务合同”。《民事案件案由》中也不包括“快递服务合同纠纷”，可供使用的案由有“邮寄服务合同纠纷”和“运输合同纠纷”。那么，快递服务合同在诉讼中应当如何确定案由呢?

司法实践中，关于快递丢失毁损赔偿纠纷案件的案由并不一致，有的法院确定为邮寄服务合同纠纷，有的法院确定为货物运输合同纠纷。我们认为，邮寄服务合同纠纷，是指邮寄企业与用户就达成的邮寄服务合同产生的权利义务纠纷。需要明晰的是，此处的“邮寄”是否包括快递在内? 2009 年《邮政法》修订时，将快递服务业纳入邮政业的监管范围。根据本法对相关概念作出的界定，“邮政企业，是指中国邮政集团公司及其提供邮政服务的全资企业、控股企业。”[①] “邮政企业经营下列业务：（一）邮件寄递。”[②] “快递企业，是指邮政企业以外的经营快递业务的企业。”[③] “快递，是指在承诺的时限内快速完成的寄递活动。”“邮件，是指邮政企业寄递的信件、包裹、汇款通知、报刊和其他印刷品等。快件，是指快递企业递送的信件、包裹、印刷品等。”[④] 可以看出，《邮政法》区别了邮政企业和快递企业两类主体，快递企业经营快递业务，邮政企业经营范围远远大于快递企业。而且，《邮政法》并未使用“邮寄”一词，“邮寄”实际上对应于《邮政法》第14条中规定的“邮件寄递”。因此，“邮寄服务合同”应当仅指邮政企业与用户签订的合同，不包括快递企业与用户之间的合同。

快递服务合同不是《合同法》规定的有名合同，在内容上，是寄件人与快递企业之间所签订的以后者将寄件人所交付的物品快速投递给特定收件人为内容的合同。快递服务合同的特点与货物运输合同相同，即承运人将货物从起运地点运输到约定地点，托运人或者收货人支付运输费用的合同。当然，快递服务不仅具备货物运输的特征，还包括了“在承诺的时限内快速完成的寄递”的特征。因此，运输合同属于上位概念，建议未来修改《民事案件案由》时在“服务合同纠纷”项下增加“快递服务合同纠纷”作为与“邮寄服务合同纠纷”并列的案由。在《民事案件案由》未规定此类案件案由前，因快递服务合同引发的案件案由宜确定为货物运输合同纠纷。[⑤]

（二）快递服务合同与第三人利益合同

如果坚守合同的相对性原则，那么，在快递服务合同中，当事人为寄件人与快递企业，收件人不是合同当事人。但是，快递服务企业涉及第三人（收件人）的利益。对于此类涉及第三人利益的合同，法律上作出了特殊规定，即“第三人利益合同”。

关于“第三人利益合同”的概念，有广义说与狭义说之分。广义说认为，第三人利益合同是指债权人为第三人的利益而与债务人所订立的合同，而不管

---

① 《邮政法》（2015年）第84条。
② 《邮政法》（2015年）第14条。
③ 《邮政法》（2015年）第54条。
④ 《邮政法》（2015年）第84条。
⑤ 沈明磊：《快递丢失损毁赔偿纠纷若干法律问题研究》，载《法律适用》2014年第6期。

第三人对债务人是否享有直接给付请求权。而狭义说则将第三人利益合同仅限于第三人依债权人与债务人约定取得合同债权，并对债务人享有直接给付请求权的合同，最典型者如保险合同中，被保险人并非投保人的情形下，被保险人对保险人享有保险金请求权。第三人利益合同具有如下特性：（1）第三人利益合同涉及第三人利益，第三人取得合同债权，从而突破了合同相对性原则；（2）第三人利益合同是当事人双方约定债务人向第三人给付的合同；（3）第三人利益合同以使第三人直接、独立地取得权利为目的；（4）第三人利益合同中的第三人作为约定受益人，享有对债务人独立的给付请求权，若债务人不履行债务，第三人可以自己名义直接提起诉讼，在有损害时，还可请求损害赔偿。[①]

我国是否规定了第三人利益合同，争论主要在于对《合同法》第 64 条“当事人约定由债务人向第三人履行债务的，债务人未向第三人履行债务或者履行债务不符合约定，应当向债权人承担违约责任”的理解。有学者认为，从《合同法》的结构来看，《合同法》第 64 条属于“合同的履行”一章，从体系解释的角度看，这条规定显然应属于合同履行的内容。而利他合同属于合同的效力问题，如果认为上述两个条文是对利他合同的规定，则与《合同法》的整个体系不相符合。从《合同法》规定的内容来看，按照第 64 条的规定，第三人并没有取得直接向债务人请求履行的权利，而债务人不履行债务的，也不对第三人承担违约责任而是对债权人承担违约责任。可见，《合同法》第 64 条虽然也涉及了第三人，但该第三人在合同中不能享有权利，这显然与利他合同的法律属性不相符合，而完全属于第三人履行规则问题。[②] 因此，第 64 条属于广义上的第三人利益合同或者不真正的第三人利益合同。也有观点认为，《合同法》第 64 条未赋予第三人任何独立的法律地位，为此可以将该条解释为第三人享有直接请求权，否则该条的目的就无法实现。[③]

快递服务合同是否属于第三人利益合同？快递服务合同性质上属于《合同法》中的货物运输合同。《合同法》第 311 条规定：“承运人对运输过程中货物的毁损、灭失承担损害赔偿责任，但承运人证明货物的毁损、灭失是因不可抗力、货物本身的自然性质或者合理损耗以及托运人、收货人的过错造成的，不

① 吴文嫔：《第三人利益合同原理与制度论》，法律出版社 2009 年版，第 99～101 页。

② 房绍坤：《民商法问题研究与适用》，北京大学出版社 2002 年版，第 210～211 页。

③ 王利民：《合同法研究（第一卷）》，中国人民大学出版社 2011 年版，第 131 页。

承担损害赔偿责任。”从该法条来看，并未明确规定收货人是有权请求承运人承担赔偿责任的权利主体，加之收货人不是运输合同的缔结当事人。因此，快递服务合同是否属于真正的第三人利益合同，值得探讨。

快递服务合同显然符合广义上的第三人利益合同的界定，而收件人是否享有独立请求权就成为判断其是否属于真正的第三人利益合同的唯一标准。有观点认为，从快递服务的宗旨与目的角度考虑，收件人应有权就快递服务延误或寄递物品不符合合同约定（该问题的发生归因于寄件人的除外）直接向快递企业提出主张。倘若收件人无权直接向快递企业行使请求权，则当快递企业拒绝交付、不当交付时，收件人就必须通过寄件人才可以向快递企业主张权利，这显然会对收件人维护自身合法权益造成重大不便，而且也不符合快递服务合同的目的。将快递服务合同定性为第三人利益的合同，肯定收件人享有独立的请求权，不仅会促进快递服务的进一步发展，也会使得快递服务纠纷的解决更为便捷。①

从司法观点来看，在货物运输合同关系中，倾向性观点是在货物风险转移至收货人后，为给买受人提供司法救济，认可货物运输合同属于真正的第三人利益合同。② 首先，合同的履行是合同效力的表现形式之一，合同的效力包含合同的履行在内。债的效力包括债的履行及债务不履行的效果，合同的履行是依法成立的合同所必然发生的法律效果，并且是构成合同法律效力的主要内容。其次，从合同法的立法资料来看，反映不出立法者具有将第64条规定为“经由被指令人而为交付”的立法意图，反倒是具有第三人利益合同和为第三人授权合同之间反复徘徊的倾向。按照立法机关人士所做的解释：“债务人不向第三人履行债务的，债权人按照约定有权请求其向第三人履行，或者向第三人赔偿损失；第三人也有权请求债权人履行，或者赔偿损失。债务人瑕疵履行的，债权人有权请求其向第三人承担瑕疵履行责任，第三人也有权请求债务人承担瑕疵履行责任。”③

---

① 苏号朋、唐慧俊：《快递服务合同中的消费者权益保护》，载《东方法学》2012年第6期。

② 最高人民法院民事审判第二庭编著：《最高人民法院关于买卖合同司法解释理解与适用》，人民法院出版社2012年版，第246页。

③ 胡康生主编：《中华人民共和国合同法释义》，法律出版社1999年版，第113页。

综合上述观点，我们认为，基于保护收件人的利益，不应绝对地否定快递服务合同属于真正的第三人利益合同。但是，也不宜简单地一律认定为真正的第三人利益合同。具体来说，应当结合消费过程中商品毁损、灭失的风险负担情况加以确定。而商品毁损、灭失的风险负担，与商品的交付地点有着密切联系。

二、网购商品的风险负担

（一）风险负担的内涵

买卖合同中的风险负担，是指应当由谁对因不可归责于合同双方当事人的事由而造成的损失承担责任的制度，也即在此种不可归责于合同双方的情形下买受人是否仍需按合同约定支付价款的规则设计。[①] 买卖合同中的风险负担，应当仅指价金风险。由于买卖合同当事人的目的在于获得标的物或者价金所有权，合同的主要义务就是给付标的物或者支付价金。因此，标的物和价金是合同的利益所在。当标的物因意外事故毁损、灭失后，双方的权利义务也就聚焦在价金的支付与否问题上。因此，风险负担的内涵仅限于价金风险。[②] 一般认为，风险负担与违约责任是共同处理标的物毁损灭失的两项不同的制度，两者的界限在于标的物毁损灭失若属违约之际的毁灭则诉诸违约责任制度予以救济，只有在造成损失缘由不能被评价为违约时才能考虑适用风险负担的相应规则。[③]

（二）风险负担的基本原则

在双务合同因不可归责于双方当事人的原因而导致嗣后不能履行的场合，债务人被免除债务，是各国合同法的通则；但是，对于债务人之债务的免除是否导致债权人的对待给付也同时被免除的问题，综观各国合同立法，主要存在着风险在合同订立时移转、风险在所有权移转时移转以及风险在交付时移转等不同的立法例。

1. 比较法的研究表明，早在罗马法时期，优士丁尼国法大全规定自合同成立时起货物风险移转到买方，该原则对十五世纪的欧洲国家有很人影响。据说

---

① 江海、石冠彬：《论买卖合同风险负担规则：〈合同法〉第142条释评》，载《现代法学》2013年第5期。

② 最高人民法院民事审判第二庭编著：《最高人民法院关于买卖合同司法解释理解与适用》，人民法院出版社2012年版，第191页。

③ 易军：《违约责任与风险负担》，载《法律科学》2004年第3期。

这种划分的目的是让买方尽可能早的接管货物，风险变成怠于收取货物的买方应付的代价。[①] 在现代国家中，瑞士法采此种立法例，以合同订立的时间作为买卖合同风险移转的时间，如《瑞士债务法》第 185 条规定：“除当事人另有约定或者特殊情况外，合同成立时合同标的物之收益与风险移转至买方。……附停止条件的买卖合同，标的物的收益与风险在条件成就时移转至买方。”当然“订立转移主义”是否属于一种风险负担原则值得商榷。因为在物权变动采债权意思主义的情况下，其实在合同订立时就发生了物权变动。因此，与其说是因合同订立发生了风险转移，毋宁说因所有权变动发生了风险转移。

2. 风险在所有权移转时移转的规则就是物权人主义或所有人主义。例如，1979 年《英国货物买卖法》第 20 条第 1 款规定：“除非当事人另有协议，在货物上的财产所有权移转给买方之前，货物的风险一直由卖方承担。但是，一旦货物的财产所有权移转给买方，不论货物是否交付，货物的风险均由买方承担。”早期的美国法也采这一原则，如 1906 年的《美国统一买卖法》第 22 条规定：“除有相反的约定外，物品灭失的危险，在所有权移转于买受人以前，由出卖人负担之，自所有权移转于买受人之时起，不问物品是否已经交付，由买受人负担之。”在大陆法系，法国、日本、意大利对买卖合同采所有人主义。

3. 与上述两种立法例相比，交付主义的标准正逐步成为世界范围内买卖合同风险负担规则的主流。交付主义原则由《德国民法典》所创，后被美国、奥地利、瑞典、俄罗斯及我国台湾地区所采用。《德国民法》第 446 条第 1 款规定：“买卖标的物一经交付，物的意外灭失或者意外毁损的风险即移转于买受人。自交付之时起，物的收益归属于买受人，物的负担由买受人承担。”我国台湾地区“民法”第 373 条规定：“买卖标的物之利益及危险，自交付时起，均由买受人负担，但契约另有订定者，不在此限。”

我国《合同法》第 142 条至第 148 条对买卖合同的风险负担作出规定。其中，第 142 条规定：“标的物毁损、灭失的风险，在标的物交付之前由出卖人承担，交付之后由买受人承担，但法律另有规定或者当事人另有约定的除外。”本条确立了买卖合同风险负担的基本原则。我国多数学者认为，我国买卖合同中的风险负担采取交付主义，即风险随着标的物交付而发生转移，与所有权是

---

① 李巍：《联合国国际货物销售合同公约评释》，法律出版社 2002 年版，第 253 页。

否变动无关。[①] 根据立法者的观点，在《合同法》起草过程中，确有物主承担风险原则与交付主义原则之争，但最终采纳的是交付主义原则。[②] 网购商品包括实物商品和虚拟商品，对于有载体的虚拟商品也可归类为实物商品的范畴。这些商品消费关系属于买卖合同关系，网购商品的毁损、灭失风险负担同样适用交付主义原则。

三、网购快递的交付地点

在交付主义原则下，交付地点和交付时间对于认定是否已经交付具有重要意义。网购商品的交付地点，是指网络商品经营者应当履行交付商品义务的地点。本质上，属于合同履行地的问题。

由于买卖合同属于双务合同，交货义务和付款义务系两个不同义务，《合同法》对交货和付款的地点分别作出规定。关于交货地点，《合同法》第141条规定："出卖人应当按照约定的地点交付标的物。当事人没有约定交付地点或者约定不明确，依照本法第六十一条的规定仍不能确定的，适用下列规定：(一) 标的物需要运输的，出卖人应当将标的物交付给第一承运人以运交给买受人；(二) 标的物不需要运输，出卖人和买受人订立合同时知道标的物在某一地点的，出卖人应当在该地点交付标的物；不知道标的物在某一地点的，应当在出卖人订立合同时的营业地交付标的物。"对于网购商品的交付地点的问题，应先确定适用第1款还是第2款的规定。

根据《合同法》第141条第1款以及第61条规定，出卖人应当按照约定的地点交付标的物；当事人没有约定交付地点或者约定不明确的，可以协议补充；不能达成补充协议的，按照合同有关条款或者交易习惯确定。我们认为，网购商品的交货地址为消费者填写的收件地址，理由如下：

1. 当前网购交易的基本流程是，消费者在填写完毕邮寄地址后提交订单，订单提交成功后，按照在线付款或者货到付款方式付款。除此之外，经营者与消费者不会就交货地点另行进行协商。在解释上，消费者填写邮寄地址的言下之意是："请把商品送达该地点。"经营者接受订单并按照该地址发货的，实际上是认可消费者的上述要求，双方就商品在收货地址交付达成了合意。同时，

---

① 王利民：《合同法新问题研究》，中国社会科学出版社2003年版，第783页。

② 胡康生主编：《中华人民共和国合同法释义》，法律出版社1999年版，第224页。

根据消费者选择的付款方式的不同，双方对付款地点也达成了合意：在线支付的，付款地为经营者所在地；[①] 货到付款的，付款地为收货地。

2. 从交易习惯来说，网购消费不同于传统的实体消费。网购消费的虚拟性决定了快递物流方式是最重要的交货方式。而且，正是因为快递物流方式的大范围普及和效率的不断提升，进一步提升了消费者网购的热情，促进了网购的发展。实践中，即使消费者与网络商品经营者处于同城，绝大部分人也会选择采取快递物流方式交货。因此，我们甚至可以得出结论：快递物流方式交付商品是网购消费最基本的特征。当然，这并不意味着快递物流方式是网购消费唯一的交付方式。现实中，有些消费者可能基于各种原因选择自提方式交付，但这毕竟是少数的、个别的。如果自提方式成为网购消费中交付商品的主要方式，那么网购消费将会与实体消费几乎没有差异，优势也将大打折扣。综上，从网购消费的交易习惯来说，也应当得出双方当事人以收货地址作为商品交付地点的结论。

3.《电子商务法》第51条规定："合同标的为交付商品并采用快递物流方式交付的，收货人签收时间为交付时间……合同当事人对交付方式、交付时间另有约定的，从其约定。"虽然本条中未明确规定交付地点，而是规定了交付时间。但是，本条规定中"收货人签收时间为交付时间"的表述中就暗含着收货人签收的地点为交付地点，而收货人的签收地点正是收货地址。换言之，采取快递物流方式交付商品的，收货人在收货地址签收时发生了商品交付的后果。

综上所述，网购消费中的商品交付地为收货地址，除非当事人明确约定以自提等其他方式交付。在约定自提交货的情况下，以约定的自提地点为交付地点。根据债之关系中清偿地的不同，大陆法系民法理论提出了"赴偿之债""往取之债"和"送交之债"三种类型。以债务人的住所地为履行地的，称为往取之债；以债权人的住所地为履行地的，称为赴偿之债；以将标的物送至债权人、债务人住所地或营业地以外的第三地的，称送交之债。[②] 根据上述分析，由于网络商品经营者有义务在收货地址交付商品，而收货地址一般为消费者住

① 《合同法》第62条第3项。

② 韩世远：《合同法总论（第3版）》，法律出版社2011年版，第256页。

所地或其指定的其他地址，所以除自提商品外，网络购物合同属于赴偿之债。虽然在赴偿之债中也可能发生运输的现象，但是，此时承运人应当居于经营者的履行辅助人的地位，商品在运输过程中因承运人的过失而灭失，属于可归责于债务人的事由，经营者即使将商品交付给承运人，也未完成其义务。[①] 因此，在消费者签收商品前（时）发生毁损、灭失等情形的，由于未发生标的物的交付，风险负担未发生转移，该风险由网络商品经营者负担，消费者有权要求经营者承担债务不履行的违约责任。同时，由于此时风险负担并未转移至消费者，所以没有必要赋予消费者在快递服务合同中的直接请求权，此情形下的快递服务合同不是真正的第三人利益合同，应当由经营者按照邮寄服务合同向承运人主张违约赔偿责任，或者基于商品所有权主张侵权责任。[②]

【关联案件】

殷某诉苏宁云商集团股份有限公司苏宁采购中心等网络购物合同纠纷案[③]

原告（上诉人）：殷某。

被告（被上诉人）：苏宁云商集团股份有限公司苏宁采购中心。

被告（被上诉人）：浙江天猫网络有限公司。

〔基本案情〕

苏宁公司为天猫网站苏宁易购官方旗舰店经营者。2015 年 12 月 12 日，殷某在该旗舰店购买 iPHONE 6s plus 64G（银色）手机一部，支付价款 6388 元（含 200 元购物券），实付价款 6188 元；预留的收货地址为北京市朝阳区三间房建国路 18 号院珠江绿洲家园，收货人为殷某，联系方式为 188 × × × ×。天猫网页订单显示 2015 年 12 月 16 日 21:40:21 送货服务已完成。

后殷某向天猫公司及苏宁公司反映未收到货。苏宁公司向殷某提供 1 张签收底单照片，照片中显示收货人为殷某，电话 188 × × × ×，收货地址为朝阳区三间房建国路 18 号院珠江绿洲家园，后手写“10#楼五点以后人不在”字样。签收人处签字潦草。同时北京黄马甲物流有限公司出具证明，载明：兹我

① 最高人民法院民事审判第二庭编著：《最高人民法院关于买卖合同司法解释理解与适用》，人民法院出版社 2012 年版，第 203 页。

② 最高人民法院民事审判第二庭编著：《最高人民法院关于买卖合同司法解释理解与适用》，人民法院出版社 2012 年版，第 247 页。

③ 北京市第三中级人民法院（2017）京 03 民终 6019 号。

公司派件的快递，单号为122××××，收货人为殷某；在2015年12月16日由我公司派件员李某本派送到指定地址（北京市朝阳区全区三间房建国路18号院珠江绿洲家园），并电话通知殷某本人（188××××）收货，我司派件人员最终将货物交给其本人殷某签收。殷某对签收底单照片及证明的真实性均不认可，认为签收人并非殷某本人，快递公司在派送时未与其本人核实，且快递公司与苏宁公司存在利益关系。

苏宁公司表示其在派送前已多次拨打殷某预留的电话，向其确认送货时间，并提供通话记录予以证明。其中135××××通话记录显示2015年12月16日21:16:07与188××××进行通话，通话时长20秒；186××××通话记录显示2015年12月16日20:52:52与188××××进行通话，通话时长66秒。苏宁公司称135××××及186××××均为快递人员实际使用电话。殷某对上述通话记录真实性不认可，不记得在当日是否有快递人员拨打过自己预留电话。

另查明，天猫帮助中心载明：发货后买家称没有收到货，如果通过物流跟踪记录核实收货是买家本人签收，请提供签收底单，签收底单为快递单第一联；签收底单需要注意联系发货时的物流公司、收件人签名要相同；如果不是第一联，提供本人签收物流红章证明。

〔**法院观点**〕

北京市朝阳区人民法院一审认为，本案的争议焦点为苏宁公司是否履行供货义务。首先，针对苏宁公司提供的通话记录，因其中加盖通信公司印章，故法院对该通话记录的真实性予以认可。根据该通话记录与网络订单信息及网络订单签收详情可以证明苏宁公司一方在2015年12月16日确与殷某预留的电话进行通话。虽殷某对此予以否认，但未提供相反证据证明。其次，针对苏宁公司提供的北京黄马甲物流有限公司出具的证明及签收底单照片，因苏宁公司已提供物流公司出具证明的原件，故法院对该证明的真实性认可；同时该证明与签收底单照片相互印证，故法院对签收底单照片的真实性亦予以认可。故苏宁公司提供的上述证据能够形成完整证据链，证明苏宁公司在殷某下单后已委托快递公司进行派送，并由签收人签收。关于殷某主张签收人并非其本人的意见，因现阶段物流签收程序并未进行实名验证，故苏宁公司在派送前两次拨打预留电话已尽到合理注意义务。综上，苏宁公司已完成送货义务，殷某要求退款并赔偿损失的诉讼请求，无事实及法律依据，法院不予支持。

北京市第三中级人民法院二审认为，殷某与苏宁公司通过天猫公司提供的购物平台建立买卖合同关系。殷某负有付款义务，苏宁公司负有交货义务。网络购物中，卖方在很多情况下并非直接完成交货义务而是委托专业快递公司代为送货，本案中，苏宁公司委托黄马甲物流公司将货物交付买受人殷某，虽然苏宁公司并不直接进行交付，但在殷某与苏宁公司之间的买卖关系中，苏宁公司仍为履行交货义务的一方。现殷某主张未收到货，苏宁公司主张已经交货，则应由苏宁公司就货物已经交付承担举证责任。而苏宁公司提交的快递底单为复印件，且签收人处的签名无法确认为殷某本人；苏宁公司提交的通话记录仅能证明物流公司曾与殷某进行联系，但无法证明交货义务的实际履行，物流公司为本案利益相关方，其单方出具的证明亦不足以认定交货义务的实际履行。本案中，苏宁公司未能举证证明已经完成交货义务，应承担举证不能的不利后果，故应认定苏宁公司未能履行交货义务。

【疑难解答】

1. 消费者在签收后对商品数量、毁损提出异议的，应如何处理？

《合同法》第310条规定："收货人提货时应当按照约定的期限检验货物。对检验货物的期限没有约定或者约定不明确，依照本法第六十一条的规定仍不能确定的，应当在合理期限内检验货物。收货人在约定的期限或者合理期限内对货物的数量、毁损等未提出异议的，视为承运人已经按照运输单证的记载交付的初步证据。"因此，收货人在收货时负有检验义务。商品的数量以及有无毁损等外观瑕疵，通过当场肉眼观察就可以识别，消费者予以签收快递，推定为商品数量和外观符合约定。消费者在签收后对商品数量、毁损提出异议的，应当提供证据加以证明，否则承担不利后果。在步镇江与佰德盛电子科技发展有限公司网络购物合同纠纷案中，[①] 法院认为，步镇江作为买受人在自行收货或委托他人代签收货时，应对商品及时进行查验，根据《合同法》第142条的规定，顺风快递将商品送达步镇江委托代收人处就视为佰德盛电子公司的交付义务完成，货物的毁损、灭失风险应由步镇江承担。步镇江收到的8台电脑应推定为完好无损，且不存在空包裹表面不一致的情形。

需要注意的是，消费者的签收行为仅能证明对商品的数量、类型、外观等

---

① 成都市成华区人民法院（2015）成华民初字第4083号。

认可，并不代表消费者对商品完全无异议。对于产品的功能、效用以及其他隐蔽瑕疵，只有使用或者经过一段合理时间才能发现，不能因签收而认为消费者接受商品质量问题。

2. 快递员能否擅自将快件存入收费快递柜？

网购消费的兴起不仅带动了快递行业的快速发展，还催生了新的行业：智能快递柜。智能快递柜是能够将快件进行识别、暂存、监控和管理的设备。快递员经消费者同意而使用快递柜的，对于消费者来说，可以不受时间限制，凭借快递员发送的取货码，随时在智能快递柜中取走自己的包裹。对于快递员来说，提高了其投递效率。但是，如果投递员未经消费者同意擅自将快件存入收费快递柜后，那么，消费者的权益如何保证？

第一，快递员应当将快件送至约定的收货地址。2018 年 5 月 1 日施行的《快递暂行条例》第 25 条规定："经营快递业务的企业应当将快件投递到约定的收件地址、收件人或者收件人指定的代收人，并告知收件人或者代收人当面验收。收件人或者代收人有权当面验收。"

第二，消费者同意将快件存入收费快递柜的，属于消费者变更了商品交付地点和交付方式，也视为消费者放弃了验收商品的权利。快件自存入快递柜时视为交付给消费者，毁损、灭失的风险转移至消费者。消费者同意存入快递柜的，消费者与快递柜企业形成有偿保管关系，由此导致的保管费用由消费者负担。

第三，在网购消费中，快递公司是网络商品经营者的履行辅助人。快递员未经消费者同意擅自将快件存入收费快递柜的，属于经营者违约。消费者可以拒绝提取快件，并及时告知网络商品经营者。如果快递员将快件存入快递柜未经网络商品经营者同意的，应当由快递企业承担保管费用。

第四，如果消费者提取了快件并且支付了费用，不能认为消费者以事后行为表明其同意以快递柜方式作为交付快件的方式。因此，网络商品经营者仍然属于违约，在法律关系上，该费用作为消费者的损失应当由网络商品经营者负担。

第九章　网购无理由退货

17. 七日无理由退货的条件

【裁判规则】

网购消费者在确保退还的商品完好的情况下，有权在收到商品之日起七日内无理由退货。但是，法律明确规定，或者经消费者在购买时确认不宜退货的商品除外。

【解读适用】

一、无理由退货的基本理论

无理由退货制度，实质上赋予了消费者退货权。关于该制度，各国的称谓不尽相同，我国台湾地区称为“消费者之犹豫权”，英美等国称为“冷静期规则”。该制度最早出现在美国的直销和保险行业。推销员上门推销其商品和服务难免会采用夸张的手法，消费者时常会在推销员的诱惑之下冲动消费。所以美国的法律赋予消费者在一定期限内，享有退货并收回全额退款的权利。[①] 在法律考量上，赋予消费者无理由退货权利，主要是因为特定交易中消费者因信息不对称而导致的意思表示不真实有关。在特定领域的信息不对称，主要包括两种情形：[②]

第一种情形是非固定经营场所的交易，即经营者离开其固定的经营场所，在消费者住所、工作场所等推销商品或者服务，典型的例子是上门推销，这种情形下消费者在交易前一般没有购买商品或者接受服务的意愿，在信息有限的情况下面对经营者的推销突袭，可能冲动、仓促购买一些不合实用或者价格过高的商品，而不合实用或者价格过高等问题，不构成产品质量问题，消费者很

---

① 周子凡：《消费者后悔权的冷思考》，载《行政与法》2010 年第 1 期。

② 李适时主编：《中华人民共和国消费者权益保护法释义》，法律出版社 2013 年版，第 99 页。

难根据合同法变更或者解除合同，因此法律赋予消费者在“犹豫期”内单方解除合同的权利，以平衡双方在信息上的不对称，这也是无理由退货制度产生的历史由来。第二种情形是远程交易，即经营者通过网络、电视、电话或者邮购向消费者销售商品，在这类交易中，虽然消费者在交易前具有主动购买商品或者接受服务的意愿，但消费者在合同缔结时无法见到商品实物，只能根据经营者的文字描述或者图片了解有关的商品信息，收到商品后可能发现实物与经营者的描述存在差异，而微小差异难以构成产品质量问题，消费者也难以解除合同。鉴于上述两种情形，许多国家和地区相继立法赋予消费者在适当期限内的无理由退货权，以平衡双方因信息不对称而导致的实质缔约不公平的问题。

二十一世纪无疑是互联网时代，互联网技术的发展使得电商大军异军突起，日益改变着人们的消费模式。消费类型的多元化，在方便消费者的同时也繁衍出了五花八门的侵害消费者权益的行为，消费者的弱势地位在远程交易领域更加明显。经营者利用网络的间接性、虚拟性等特点，消费者不能真实地观察到商品而容易受到经营者销售策略的影响，一时冲动签订合同，权益受到损害。从维护消费者权益与电子商务市场长远发展的角度出发，2013 年修订的《消费者权益保护法》第 25 条规定：“经营者采用网络、电视、电话、邮购等方式销售商品，消费者有权自收到商品之日起七日内退货，且无需说明理由，但下列商品除外：（一）消费者定作的；（二）鲜活易腐的；（三）在线下载或者消费者拆封的音像制品、计算机软件等数字化商品；（四）交付的报纸、期刊。除前款所列商品外，其他根据商品性质并经消费者在购买时确认不宜退货的商品，不适用无理由退货。消费者退货的商品应当完好。经营者应当自收到退回商品之日起七日内返还消费者支付的商品价款。退回商品的运费由消费者承担；经营者和消费者另有约定的，按照约定。”

二、无理由退货的排除适用

（一）排除适用的立法例①

第一类以日本为代表，当事人可以就不予退货的商品范围及退货条件等内容另行约定。同时为了防止经营者滥用权力，法律要求约定必须符合一定的程

---

① 李适时主编：《中华人民共和国消费者权益保护法释义》，法律出版社 2013 年版，第 104 页。

序经营者仅通过网页或者广告标示等公开不予退货的范围或者退货条件的限制等，并不构成符合法定程序的约定，须经消费者专门确认同意的约定才能产生排除适用的效力。

第二类以欧盟、韩国为代表，法律明确列举消费者不享有单方解约权的情形。欧盟《消费者权利指令 2011/83》列举了十三种例外情形：一是已征得消费者同意并开始实际履行的服务合同；二是价款受金融市场影响而经营者无法控制的商品或服务；三是个性化定制的商品；四是具有易腐、变质特性的商品；五是由于健康、卫生原因等一旦拆封即不适宜退回的商品；六是一经接收即与其他物品混同的商品（如电力、煤气等）；七是双方约定供货时间超过三十日的酒类商品，价款在合同订立时确定，后因市场因素波动而经营者无法控制的；八是经消费者要求，经营者提供的上门维修或保养服务；九是已被消费者拆封的音像制品或者软件产品；十是期刊报纸类商品；十一是公开拍卖缔结的合同；十二是消费者限定期限的住宿、租车、餐饮、快递等服务；十三是已征得消费者同意并实际履行的，无须借助有形媒介传输的数字产品。韩国《电子交易消费者保护法》也列举了五类例外情形：一是非因查验商品需要，由消费者过失导致商品毁损的；二是因消费者的使用而使商品价值显著降低的；三是商品价值下降到难以再次销售的；四是可再次销售的商品，包装受损的；五是总统令规定的其他情形。

第三类以我国台湾地区为代表，法律并未规定无理由退货的例外情形，凡是经营者通过网络使消费者未能检视商品而签订的合同，消费者均可在七日内单方解约。但是，“消费者保护法”修正草案拟增加规定：有维护交易公平之需时，中央主管机关可依职权举行公证会，报请行政院核定后，对性质特殊的商品排除七天鉴赏期之适用。性质特殊的商品，主要包括 3C 产品（信息小家电）、生鲜易腐商品、电子书、游戏软件等适用无理由退货将有违公平交易的。

（二）排除适用的法定情形

《消费者权益保护法》第 25 条第 1 款规定了七日无理由退货的法定排除适用情形。具体包括：

1. 消费者定作的，该类商品应消费者特别要求制作，一旦消费者选择退货，经营者很难再次销售，将对经营者的合法利益造成损害，因此，该类商品不宜适用无理由退货。

2. 鲜活易腐的商品，如生鲜食品等，该类商品时间因素对商品价值的影响非常大，一旦消费者选择退货，经营者收到退回商品之时可能商品已经腐烂变质或者商品价值大为减损，因此，该类商品不宜适用无理由退货。

3. 在线下载或者消费者拆封的音像制品、计算机软件等数字化商品，该类商品一旦被下载或者拆封即可被无限复制，允许消费者下载或者拆封后退货，将对经营者的正当利益造成严重影响，并可能对数字化商品著作权人的正当利益带来影响。

4. 已经交付的报纸、期刊，报纸、期刊类商品与鲜活易腐类商品类似，商品价值与时间因素关系重大，时限一过，商品本身价值大为降低，因此，对该类商品也不适用无理由退货。

需要说明的是，以上四项法定排除情形，主要基于平衡经营者正当利益的需要，只是法律对消费者权益保护的一般标准，法律并不禁止经营者作出对消费者更高保护的承诺，如对于消费者定作的商品，经营者承诺予以无理由退货的，应当履行其承诺。

（三）排除适用的约定情形

《消费者权益保护法》第25条第2款对经营者与消费者约定排除七日无理由退货适用的情形作了规定。即其他根据商品性质并经消费者在购买时确认不宜退货的商品，不适用无理由退货。

1. 根据商品性质不宜退货的商品。在解释上，究竟哪些商品属于“根据商品性质不宜退货的商品”？在具体判断时又应考虑哪些因素？

曾有电商平台的法律顾问提出，黄金首饰等奢侈品、电脑等高科技含量产品，化妆品、内衣、预包装食品等难以复原（包装）的商品，（它们）都不在无理由退货权的禁用范围；但实际上，这些商品很难实现退货——万一黄金首饰被“调了包”，或者化妆品已经被用过了，消费者还能退货，则明显不合理。[①] 实际上，在现实中确实也已经出现了消费者滥用无理由退货权，购进新品、退回被调包的赝品从而牟取利益的情形。[②] 为了应对这样的情况，各大电商在《消费者权益保护法》第25条赋予的能动范围内，均提供了自己的不适

① 陈玺撼：《网购可以后悔，具体如何落实》，载《解放日报》2014年3月11日，第6版。

② 崇晓萌：《手机退货遭掉包京东中招》，载《北京商报》2014年7月10日，第4版。

用清单以指导实践。曾引起商家困扰的珠宝首饰等贵重品、食品保健品、海外代购等商品，往往都在清单项目之列。

在认定哪些商品属于“根据商品性质不宜退货的商品”时，应当充分考虑经营者与消费者之间利益关系的平衡，维护经营者的合法利益。因此，就“商品是否适宜无理由退货”的判断标准而言，应将“商品的价值”“重新包装的成本及难易程度”“存在消费者权利滥用时的识别难度及损失程度”等标准纳入考虑范围。[①] 2017 年 3 月 15 日施行的《网络购买商品七日无理由退货暂行办法》第 7 条规定：“下列性质的商品经消费者在购买时确认，可以不适用七日无理由退货规定：（一）拆封后易影响人身安全或者生命健康的商品，或者拆封后易导致商品品质发生改变的商品；（二）一经激活或者试用后价值贬损较大的商品；（三）销售时已明示的临近保质期的商品、有瑕疵的商品。”“办法”在性质上属于部门规章，不能作为法院裁判的直接依据，但在裁判时可以参考。此外，“办法”也使用了不确定法律概念，如“价值贬损较大”等，需要在个案中加以具体化。除这些抽象标准外，比较法上的排除适用清单可以在个案判断中加以参考。

2. 消费者在购买时确认。“根据商品性质不宜退货的商品”的认定，涉及客观和主观两个方面。客观上，可以从“商品的价值”“重新包装的成本及难易程度”等方面进行认定。但是，即使是基于上述相同的客观原则，不同的主体对是否认定为“不宜退货的商品”结论也是不同的，由此又会发生新的纠纷。所以，第 25 条不仅要求商品在客观上不宜退货，而且要求消费者对此予以确认。这样既可以减少双方在认定商品是否不宜退货的争议，也有助于避免经营者恶意扩大排除范围，损害消费者利益。

“经消费者确认”的目的在于使消费者知悉并了解与其自身权益密切相关的合同权利义务，从而于存在合意的情况下将该条款订入合同。该要求与格式条款规则中“提请注意义务”的目的相同。因此，判断关键在于是否认为尽到了提醒消费者注意的义务。具体来说，经营者通过设置专门的提示程序明确某件商品属于商品性质不宜退货的，明示不适用无理由退货后，消费者仍然点击

---

① 葛江虬：《论消费者无理由退货权：以适用〈合同法〉条文之解释论为中心》，载《清华法学》2015 年第 6 期。

购买的，视为经消费者确认。但是，如果经营者仅仅在网页上发布不适用无理由退货的声明，并未在消费者购买时作出“一对一”的提示说明的，即使消费者点击购买，也不构成消费者的确认。因此，这就要求经营者在每个商品的销售界面的显著位置以合理方式作出商品不宜退货的提示。当然，如果经营者通过在线聊天软件、电话告知消费者的，也属于履行了提示义务。

三、无理由退货的两个条件

在商品属于适用七日无理由退货范围的情况下，消费者要求无理由退货的，需要满足两个条件：自收到商品之日起七日内；消费者退货的商品应当完好。

1. 无理由退货的期间计算。对于《消费者权益保护法》第25条规定的无理由退货权，有观点认为是法定解除权，[①] 也有观点认为是法定撤销权。[②] 然而，不管是解除权抑或撤销权，在性质上都属于形成权。根据民法理论，形成权是指基于一方的意思表示而发生法律关系得丧变更后果的权利。因此，必须在期限上对形成权施加限制。关于无理由退货的期限问题，各国规定略有差异，但是一般都至少赋予消费者七日的期限。《消费者权益保护法》根据我国的实践情况以及借鉴国外多数国家的做法，将期限确定为七日。在具体起算上，《民法总则》第201条第1款规定：“按照年、月、日计算期间的，开始的当日不计入，自下一日开始计算。”《网络购买商品七日无理由退货暂行办法》第10条规定，“七日期间自消费者签收商品的次日开始起算”。因此，消费者收到商品的当日不计算在内，从收到商品的第二天开始计算。同时，《民法总则》第203条规定：“期间的最后一日是法定休假日的，以法定休假日结束的次日为期间的最后一日。期间的最后一日的截止时间为二十四时；有业务时间的，停止业务活动的时间为截止时间。”因此，七日无理由退货的最后一日应当按照上述规定确定。

2. 商品应当完好。该要求在实践中解释余地很大，因此有不少商家以“产品外包装不完整”和“物品已被试用，影响二次销售”为由，否定消费者的无理由退货权。不少电商在消费者服务或售后政策的页面也针对不同类型的商品，规定了自己的完好性判断标准。但是，从立法目的来看，确立消费者无理由退

---

① 杨立新：《非传统销售方式购买商品的消费者反悔权及其适用》，载《法学》2014年第2期。

② 王洪亮：《消费者撤回权的正当性基础》，载《法学》2010年第12期。

货制度的初衷，是使网购消费者享有与实体商场购物同等的检查、试用商品的机会，从而自主决定是否进行交易。如果要求消费者退回的商品必须未拆封，那么无理由退货权也将失去意义。[①] 因此，《网络购买商品七日无理由退货暂行办法》第8条规定："商品能够保持原有品质、功能，商品本身、配件、商标标识齐全的，视为商品完好。消费者基于查验需要而打开商品包装，或者为确认商品的品质、功能而进行合理的调试不影响商品的完好。"同时，第9条规定："对超出查验和确认商品品质、功能需要而使用商品，导致商品价值贬损较大的，视为商品不完好。具体判定标准如下：（一）食品（含保健食品）、化妆品、医疗器械、计生用品：必要的一次性密封包装被损坏；（二）电子电器类：进行未经授权的维修、改动，破坏、涂改强制性产品认证标志、指示标贴、机器序列号等，有难以恢复原状的外观类使用痕迹，或者产生激活、授权信息、不合理的个人使用数据留存等数据类使用痕迹；（三）服装、鞋帽、箱包、玩具、家纺、家居类：商标标识被摘、标识被剪，商品受污、受损。"实践中商品种类繁多，商品的功能、包装各不相同，在具体判断时，应当参照上述规定，并结合具体商品的特征进行认定。

【关联案件】

刘某国诉北京红马传媒文化发展有限公司买卖合同纠纷案[②]

原告（上诉人）：刘某国。

被告（被上诉人）：北京红马传媒文化发展有限公司。

〔基本案情〕

2016年11月23日刘某国从大麦网购买了德国古典哥特金属乐队Haggard新专辑中国"跨年"巡演－北京站VIP票4张，演出时间2016年12月31日，单价680元，共计支付2720元；当日刘某国发现购错票，与大麦网客服联系要求退票，被客服人员告知根据退换规则距离演出30至45天的如退票需要收取票品50%的手续费，对此刘某国表示不应该扣钱故未能退票。刘某国收到快递

① 实际上，在部分商品中，网购七日无理由退货制度对消费者的保障优于实体商场消费。比如，消费者购买智能手机的，在购买前只能试用样机，作出购买决定并付款后，经营者才会将未拆封手机交付消费者。在付款前，不允许拆封。但是，根据目前普遍的做法，消费者网购手机并拆封试用后，有权七日无理由退货。

② 北京市第二中级人民法院（2018）京02民终662号。

的票品后又于2016年11月29日将票寄回大麦网办理退票，大麦网向其退还了50%的票款1360元，当日刘某国与大麦网客服再次联系要求大麦网向其出具扣除手续费的发票，客服人员表示退票手续费无法开具发票，但刘某国表示其要报销坚持要求出具发票，最后大麦网于2016年12月5日为其开具了1360元的票款发票。红马公司系大麦网（网址www. damai. cn）的经营者。

大麦网公示的退换票参考措施为：时间要求：距离演出开始日期大于45天，退/换票标准：退票手续办理，大麦网将收取票款、实际支付金额（快递费除外）的30%退票手续费（同一用户同一项目申请退、换票不得超过2张）；时间要求：距离演出开始日期30天至45天，退换票标准：退票手续办理，大麦网将收取票款实际支付金额（快递费除外）的50%退票手续费；时间要求：距离演出开始日期20天至30天，退/换票标准：退票手续办理，大麦网将收取票款实际支付金额（快递费除外）的70%退票手续费（同一用户同一项目申请退、换票，不得超过2张）；时间要求：具体演出开始日期小于20天，退换票标准：大麦网不支持退票。

〔法院观点〕

北京市丰台区人民法院一审认为，根据查明的购票过程，刘某国因自己购错票提出退票，且并无证据显示大麦网方对其购错票负有过错，因此刘某国单方面提出解除票务服务合同的行为，理应承担违约责任。根据大麦网公示的退换票标准，其中距离演出开始时间30天至45天的，办理退票手续收取票款实际支付金额（快递费除外）的50%退票手续费。刘某国主张该退换票标准系大麦网方提供的格式条款存在限制其退换商品权利和加重其责任等的情形，对此法院不予采信。

北京市第二中级人民法院二审认为，刘某国上诉主张依据《消费者权益保护法》第25条的规定，其有权自收到涉案门票之日起七日内无须说明理由退还门票。对此，本院认为，虽然红马公司系采用网络方式向刘某国销售门票，但是不同于一般的通过网络销售的商品，消费者在实际收到商品之前难以实际体验或判断商品与网络描述是否一致，消费者在决定购买商品之前对于商品的认知和判断可能会受到约束或限制，对于演出门票而言，其系记载了演出名称、时间、地点等内容的观演凭证，对于门票相关的重要信息，刘某国在下单过程中便可以通过红马公司的大麦网获取，收到门票时只需核对门票记载的演出信息是否吻合即可，并不会因为确认购买在先、收取门票时间在后而影响刘某国对于演出信息的认知，进而影响刘某国对于是否购买门票的判断，故应当认定刘某国在确定购买门票之前，对于涉案门票所对应的演出信息已有充分的认知，在此情况下，刘某国以系网络方式购买为由要求适用消费者权益保护法的规定七天无理由退货并要求红马公司返还全部票款，依据并不充分，本院对于刘某国该项上诉主张，不予采纳。

吴某霞诉王某网络购物合同纠纷案①

原告（上诉人）：吴某霞。

被告（被上诉人）：王某。

〔基本案情〕

2017年2月26日，吴某霞通过微信聊天的方式，向王某提出要求购买已带胎的法国斗牛母犬一只，王某表示其没有。双方多轮协商后，王某于次日提出有个配过种20天斗牛母犬可要，吴某霞让王某报价。王某提出“现在不确定带胎没带胎，先给你说”“1万1不包运”，并表示配种20天测不出来是否带胎（怀孕），后王某将其养殖的该品种的斗牛母犬的视频发给吴某霞，该视频中有“这个狗可能配上了”的语音。吴某霞认为王某暗示其狗已配种成功，遂支付定金1000元，后又支付剩余价款10000元及运费300元给王某。2017年3月2日，吴某霞收到王某通过客运汽车捎带的斗牛母犬一只。吴某霞收货后，以所交付犬只未附带动物检疫合格证明、母犬不停地撒尿、处于带病状态，且犬龄较大无法再生育为由，通过微信向王某提出作退货处理。王某表示如通过正规医院检测，检测结果有问题可包退。虽吴某霞反复交涉，但王某以吴某霞未能提供动物医院的检测报告，以交付母犬符合合同约定为由而不同意退货。吴某霞遂将所接收的犬只通过托运强行退回王某，王某未予以接收，该犬只又退回至吴某霞处养殖至今。吴某霞因向工商管理机关投诉未果，遂起诉来院并要求判如所请。

〔法院观点〕

常州市武进区人民法院一审认为，由于吴某霞提供的证据未能证明王某交付出卖物不符合约定，也未能证明存在欺诈的情形，应当依法承担举证不能而

① 江苏省常州市中级人民法院（2017）苏04民终4261号。

对其不利的后果。

江苏省常州市中级人民法院二审认为，王某与吴某霞采用微信方式交易斗牛母犬，属于以网络方式销售商品，适用《消费者权益保护法》第25条的规定。斗牛母犬虽是活体，但不属于水果、蔬菜之类的易腐商品，如果消费者退货，并不影响出售者再次销售，故不属于该条规定的例外商品。王某与吴某霞交易时，也并未特别约定不得退货。吴某霞在收到斗牛母犬的当天即通过微信向王某提出退货，故吴某霞已经符合七天无理由退货的条件，在这种情况下，即使吴某霞要求退货没有任何理由，王某依法也应当接受退货，这是基于网络销售消费者无法亲眼看到实物而保护消费者的合法权利。因此，二审撤销了一审判决。

【疑难解答】

1. 七日无理由退货是否只适用于网络消费?

《消费者权益保护法》第25条规定，"经营者采用网络、电视、电话、邮购等方式销售商品，消费者有权自收到商品之日起七日内退货，且无需说明理由"。因此，通过电视、电话、邮购消费购买的商品，也可以适用该制度。此外，第25条通过"等"字使本条的适用范围具有开放性，根据目的性解释，只要是经营者采用区别于传统实体店铺的销售模式，而这类销售模式中消费者与经营者的信息不对称严重影响了消费者的缔约意思表示真实，消费者都可以依据本条行使退货权。[①]

2. 经营者拒不告知消费者退货地址的，是否影响期间计算?

目前消费者申请无理由退货的流程是，在网络商品经营者的相关页面上点击申请退货，或者通过在线聊天软件将退货申请告知经营者，然后按照经营者提供的地址等通过快递物流方式退回。如果经营者拒不告知消费者退货地址，而经营者的快递单据上没有载明详细的地址，或者消费者将快递单据丢失的，将导致消费者无法及时退回商品。对此，《网络购买商品七日无理由退货暂行办法》第11条规定："网络商品销售者收到退货通知后应当及时向消费者提供真实、准确的退货地址、退货联系人、退货联系电话等有效联系信息。消费者

① 李适时主编：《中华人民共和国消费者权益保护法释义》，法律出版社2013年版，第102页。

获得上述信息后应当及时退回商品，并保留退货凭证。”为了防止经营者恶意规避无理由退货制度，如果经营者未履行本条规定的义务，导致消费者超过七日未能退货，则应当自消费者知道退货地址之日起计算退货期限。

第十章　相关法律规范

18. 中华人民共和国消费者权益保护法

（1993 年 10 月 31 日第八届全国人民代表大会常务委员会第四次会议通过　根据 2009 年 8 月 27 日第十一届全国人民代表大会常务委员会第十次会议《关于修改部分法律的决定》第一次修正　根据 2013 年 10 月 25 日第十二届全国人民代表大会常务委员会第五次会议《关于修改〈中华人民共和国消费者权益保护法〉的决定》第二次修正　自 2014 年 3 月 15 日起施行）

第一章　总则

第一条　为保护消费者的合法权益，维护社会经济秩序，促进社会主义市场经济健康发展，制定本法。

第二条　消费者为生活消费需要购买、使用商品或者接受服务，其权益受本法保护；本法未作规定的，受其他有关法律、法规保护。

第三条　经营者为消费者提供其生产、销售的商品或者提供服务，应当遵守本法；本法未作规定的，应当遵守其他有关法律、法规。

第四条　经营者与消费者进行交易，应当遵循自愿、平等、公平、诚实信用的原则。

第五条　国家保护消费者的合法权益不受侵害。

国家采取措施，保障消费者依法行使权利，维护消费者的合法权益。

国家倡导文明、健康、节约资源和保护环境的消费方式，反对浪费。

第六条　保护消费者的合法权益是全社会的共同责任。

国家鼓励、支持一切组织和个人对损害消费者合法权益的行为进行社会监督。

大众传播媒介应当做好维护消费者合法权益的宣传，对损害消费者合法权益的行为进行舆论监督。

第二章　消费者的权利

第七条　消费者在购买、使用商品和接受服务时享有人身、财产安全不受损害的权利。

消费者有权要求经营者提供的商品和服务，符合保障人身、财产安全的要求。

第八条　消费者享有知悉其购买、使用的商品或者接受的服务的真实情况的权利。

消费者有权根据商品或者服务的不同情况，要求经营者提供商品的价格、产地、生产者、用途、性能、规格、等级、主要成份、生产日期、有效期限、检验合格证明、使用方法说明书、售后服务，或者服务的内容、规格、费用等有关情况。

第九条　消费者享有自主选择商品或者服务的权利。

消费者有权自主选择提供商品或者服务的经营者，自主选择商品品种或者服务方式，自主决定购买或者不购买任何一种商品、接受或者不接受任何一项服务。

消费者在自主选择商品或者服务时，有权进行比较、鉴别和挑选。

第十条　消费者享有公平交易的权利。

消费者在购买商品或者接受服务时，有权获得质量保障、价格合理、计量正确等公平交易条件，有权拒绝经营者的强制交易行为。

第十一条　消费者因购买、使用商品或者接受服务受到人身、财产损害的，享有依法获得赔偿的权利。

第十二条　消费者享有依法成立维护自身合法权益的社会组织的权利。

第十三条　消费者享有获得有关消费和消费者权益保护方面的知识的权利。

消费者应当努力掌握所需商品或者服务的知识和使用技能，正确使用商品，提高自我保护意识。

第十四条　消费者在购买、使用商品和接受服务时，享有人格尊严、民族风俗习惯得到尊重的权利，享有个人信息依法得到保护的权利。

第十五条　消费者享有对商品和服务以及保护消费者权益工作进行监督的权利。

消费者有权检举、控告侵害消费者权益的行为和国家机关及其工作人员在保护消费者权益工作中的违法失职行为，有权对保护消费者权益工作提出批评、建议。

第三章 经营者的义务

第十六条 经营者向消费者提供商品或者服务，应当依照本法和其他有关法律、法规的规定履行义务。

经营者和消费者有约定的，应当按照约定履行义务，但双方的约定不得违背法律、法规的规定。

经营者向消费者提供商品或者服务，应当恪守社会公德，诚信经营，保障消费者的合法权益；不得设定不公平、不合理的交易条件，不得强制交易。

第十七条 经营者应当听取消费者对其提供的商品或者服务的意见，接受消费者的监督。

第十八条 经营者应当保证其提供的商品或者服务符合保障人身、财产安全的要求。对可能危及人身、财产安全的商品和服务，应当向消费者作出真实的说明和明确的警示，并说明和标明正确使用商品或者接受服务的方法以及防止危害发生的方法。

宾馆、商场、餐馆、银行、机场、车站、港口、影剧院等经营场所的经营者，应当对消费者尽到安全保障义务。

第十九条 经营者发现其提供的商品或者服务存在缺陷，有危及人身、财产安全危险的，应当立即向有关行政部门报告和告知消费者，并采取停止销售、警示、召回、无害化处理、销毁、停止生产或者服务等措施。采取召回措施的，经营者应当承担消费者因商品被召回支出的必要费用。

第二十条 经营者向消费者提供有关商品或者服务的质量、性能、用途、有效期限等信息，应当真实、全面，不得作虚假或者引人误解的宣传。

经营者对消费者就其提供的商品或者服务的质量和使用方法等问题提出的询问，应当作出真实、明确的答复。

经营者提供商品或者服务应当明码标价。

第二十一条 经营者应当标明其真实名称和标记。

租赁他人柜台或者场地的经营者，应当标明其真实名称和标记。

第二十二条 经营者提供商品或者服务，应当按照国家有关规定或者商业惯例向消费者出具发票等购货凭证或者服务单据；消费者索要发票等购货凭证或者服务单据的，经营者必须出具。

第二十三条 经营者应当保证在正常使用商品或者接受服务的情况下其提供的商品或者服务应当具有的质量、性能、用途和有效期限；但消费者在购买该商品或者接受该服务前已经知道其存在瑕疵，且存在该瑕疵不违反法律强制性规定的除外。

经营者以广告、产品说明、实物样品或者其他方式表明商品或者服务的质量状况的，应当保证其提供的商品或者服务的实际质量与表明的质量状况相符。

经营者提供的机动车、计算机、电视机、电冰箱、空调器、洗衣机等耐用商品或者装饰装修等服务，消费者自接受商品或者服务之日起六个月内发现瑕疵，发生争议的，由经营者承担有关瑕疵的举证责任。

第二十四条 经营者提供的商品或者服务不符合质量要求的，消费者可以依照国家规定、当事人约定退货，或者要求经营者履行更换、修理等义务。没有国家规定和当事人约定的，消费者可以自收到商品之日起七日内退货；七日后符合法定解除合同条件的，消费者可以及时退货，不符合法定解除合同条件的，可以要求经营者履行更换、修理等义务。

依照前款规定进行退货、更换、修理的，经营者应当承担运输等必要费用。

第二十五条 经营者采用网络、电视、电话、邮购等方式销售商品，消费者有权自收到商品之日起七日内退货，且无需说明理由，但下列商品除外：

（一）消费者定作的；

（二）鲜活易腐的；

（三）在线下载或者消费者拆封的音像制品、计算机软件等数字化商品；

（四）交付的报纸、期刊。

除前款所列商品外，其他根据商品性质并经消费者在购买时确认不宜退货的商品，不适用无理由退货。

消费者退货的商品应当完好。经营者应当自收到退回商品之日起七日内返还消费者支付的商品价款。退回商品的运费由消费者承担；经营者和消费者另有约定的，按照约定。

第二十六条 经营者在经营活动中使用格式条款的，应当以显著方式提请消费者注意商品或者服务的数量和质量、价款或者费用、履行期限和方式、安全注意事项和风险警示、售后服务、民事责任等与消费者有重大利害关系的内容，并按照消费者的要求予以说明。

经营者不得以格式条款、通知、声明、店堂告示等方式，作出排除或者限制消费者权利、减轻或者免除经营者责任、加重消费者责任等对消费者不公平、不合理的规定，不得利用格式条款并借助技术手段强制交易。

格式条款、通知、声明、店堂告示等含有前款所列内容的，其内容无效。

第二十七条 经营者不得对消费者进行侮辱、诽谤，不得搜查消费者的身体及其携带的物品，不得侵犯消费者的人身自由。

第二十八条 采用网络、电视、电话、邮购等方式提供商品或者服务的经营者，以及提供证券、保险、银行等金融服务的经营者，应当向消费者提供经营地址、联系方式、商品或者服务的数量和质量、价款或者费用、履行期限和方式、安全注意事项和风险警示、售后服务、民事责任等信息。

第二十九条 经营者收集、使用消费者个人信息，应当遵循合法、正当、必要的原则，明示收集、使用信息的目的、方式和范围，并经消费者同意。经营者收集、使用消费者个人信息，应当公开其收集、使用规则，不得违反法律、法规的规定和双方的约定收集、使用信息。

经营者及其工作人员对收集的消费者个人信息必须严格保密，不得泄露、出售或者非法向他人提供。经营者应当采取技术措施和其他必要措施，确保信息安全，防止消费者个人信息泄露、丢失。在发生或者可能发生信息泄露、丢失的情况时，应当立即采取补救措施。

经营者未经消费者同意或者请求，或者消费者明确表示拒绝的，不得向其发送商业性信息。

第四章　国家对消费者合法权益的保护

第三十条 国家制定有关消费者权益的法律、法规、规章和强制性标准，应当听取消费者和消费者协会等组织的意见。

第三十一条 各级人民政府应当加强领导，组织、协调、督促有关行政部门做好保护消费者合法权益的工作，落实保护消费者合法权益的职责。

各级人民政府应当加强监督，预防危害消费者人身、财产安全行为的发生，及时制止危害消费者人身、财产安全的行为。

第三十二条　各级人民政府工商行政管理部门和其他有关行政部门应当依照法律、法规的规定，在各自的职责范围内，采取措施，保护消费者的合法权益。

有关行政部门应当听取消费者和消费者协会等组织对经营者交易行为、商品和服务质量问题的意见，及时调查处理。

第三十三条　有关行政部门在各自的职责范围内，应当定期或者不定期对经营者提供的商品和服务进行抽查检验，并及时向社会公布抽查检验结果。

有关行政部门发现并认定经营者提供的商品或者服务存在缺陷，有危及人身、财产安全危险的，应当立即责令经营者采取停止销售、警示、召回、无害化处理、销毁、停止生产或者服务等措施。

第三十四条　有关国家机关应当依照法律、法规的规定，惩处经营者在提供商品和服务中侵害消费者合法权益的违法犯罪行为。

第三十五条　人民法院应当采取措施，方便消费者提起诉讼。对符合《中华人民共和国民事诉讼法》起诉条件的消费者权益争议，必须受理，及时审理。

第五章　消费者组织

第三十六条　消费者协会和其他消费者组织是依法成立的对商品和服务进行社会监督的保护消费者合法权益的社会组织。

第三十七条　消费者协会履行下列公益性职责：

（一）向消费者提供消费信息和咨询服务，提高消费者维护自身合法权益的能力，引导文明、健康、节约资源和保护环境的消费方式；

（二）参与制定有关消费者权益的法律、法规、规章和强制性标准；

（三）参与有关行政部门对商品和服务的监督、检查；

（四）就有关消费者合法权益的问题，向有关部门反映、查询，提出建议；

（五）受理消费者的投诉，并对投诉事项进行调查、调解；

（六）投诉事项涉及商品和服务质量问题的，可以委托具备资格的鉴定人鉴定，鉴定人应当告知鉴定意见；

（七）就损害消费者合法权益的行为，支持受损害的消费者提起诉讼或者依照本法提起诉讼；

（八）对损害消费者合法权益的行为，通过大众传播媒介予以揭露、批评。

各级人民政府对消费者协会履行职责应当予以必要的经费等支持。

消费者协会应当认真履行保护消费者合法权益的职责，听取消费者的意见和建议，接受社会监督。

依法成立的其他消费者组织依照法律、法规及其章程的规定，开展保护消费者合法权益的活动。

第三十八条 消费者组织不得从事商品经营和营利性服务，不得以收取费用或者其他牟取利益的方式向消费者推荐商品和服务。

第六章 争议的解决

第三十九条 消费者和经营者发生消费者权益争议的，可以通过下列途径解决：

（一）与经营者协商和解；

（二）请求消费者协会或者依法成立的其他调解组织调解；

（三）向有关行政部门投诉；

（四）根据与经营者达成的仲裁协议提请仲裁机构仲裁；

（五）向人民法院提起诉讼。

第四十条 消费者在购买、使用商品时，其合法权益受到损害的，可以向销售者要求赔偿。销售者赔偿后，属于生产者的责任或者属于向销售者提供商品的其他销售者的责任的，销售者有权向生产者或者其他销售者追偿。

消费者或者其他受害人因商品缺陷造成人身、财产损害的，可以向销售者要求赔偿，也可以向生产者要求赔偿。属于生产者责任的，销售者赔偿后，有权向生产者追偿。属于销售者责任的，生产者赔偿后，有权向销售者追偿。

消费者在接受服务时，其合法权益受到损害的，可以向服务者要求赔偿。

第四十一条 消费者在购买、使用商品或者接受服务时，其合法权益受到损害，因原企业分立、合并的，可以向变更后承受其权利义务的企业要求赔偿。

第四十二条 使用他人营业执照的违法经营者提供商品或者服务，损害消费者合法权益的，消费者可以向其要求赔偿，也可以向营业执照的持有人要求赔偿。

第四十三条 消费者在展销会、租赁柜台购买商品或者接受服务，其合法权益受到损害的，可以向销售者或者服务者要求赔偿。展销会结束或者柜台租赁期满后，也可以向展销会的举办者、柜台的出租者要求赔偿。展销会的举办者、柜台的出租者赔偿后，有权向销售者或者服务者追偿。

第四十四条 消费者通过网络交易平台购买商品或者接受服务，其合法权益受到损害的，可以向销售者或者服务者要求赔偿。网络交易平台提供者不能提供销售者或者服务者的真实名称、地址和有效联系方式的，消费者也可以向网络交易平台提供者要求赔偿；网络交易平台提供者作出更有利于消费者的承诺的，应当履行承诺。网络交易平台提供者赔偿后，有权向销售者或者服务者追偿。

网络交易平台提供者明知或者应知销售者或者服务者利用其平台侵害消费者合法权益，未采取必要措施的，依法与该销售者或者服务者承担连带责任。

第四十五条 消费者因经营者利用虚假广告或者其他虚假宣传方式提供商品或者服务，其合法权益受到损害的，可以向经营者要求赔偿。广告经营者、发布者发布虚假广告的，消费者可以请求行政主管部门予以惩处。广告经营者、发布者不能提供经营者的真实名称、地址和有效联系方式的，应当承担赔偿责任。

广告经营者、发布者设计、制作、发布关系消费者生命健康商品或者服务的虚假广告，造成消费者损害的，应当与提供该商品或者服务的经营者承担连带责任。

社会团体或者其他组织、个人在关系消费者生命健康商品或者服务的虚假广告或者其他虚假宣传中向消费者推荐商品或者服务，造成消费者损害的，应当与提供该商品或者服务的经营者承担连带责任。

第四十六条 消费者向有关行政部门投诉的，该部门应当自收到投诉之日起七个工作日内，予以处理并告知消费者。

第四十七条 对侵害众多消费者合法权益的行为，中国消费者协会以及在省、自治区、直辖市设立的消费者协会，可以向人民法院提起诉讼。

第七章 法律责任

第四十八条 经营者提供商品或者服务有下列情形之一的，除本法另有规定外，应当依照其他有关法律、法规的规定，承担民事责任：

（一）商品或者服务存在缺陷的；

（二）不具备商品应当具备的使用性能而出售时未作说明的；

（三）不符合在商品或者其包装上注明采用的商品标准的；

（四）不符合商品说明、实物样品等方式表明的质量状况的；

（五）生产国家明令淘汰的商品或者销售失效、变质的商品的；

（六）销售的商品数量不足的；

（七）服务的内容和费用违反约定的；

（八）对消费者提出的修理、重作、更换、退货、补足商品数量、退还货款和服务费用或者赔偿损失的要求，故意拖延或者无理拒绝的；

（九）法律、法规规定的其他损害消费者权益的情形。

经营者对消费者未尽到安全保障义务，造成消费者损害的，应当承担侵权责任。

第四十九条 经营者提供商品或者服务，造成消费者或者其他受害人人身伤害的，应当赔偿医疗费、护理费、交通费等为治疗和康复支出的合理费用，以及因误工减少的收入。造成残疾的，还应当赔偿残疾生活辅助具费和残疾赔偿金。造成死亡的，还应当赔偿丧葬费和死亡赔偿金。

第五十条 经营者侵害消费者的人格尊严、侵犯消费者人身自由或者侵害消费者个人信息依法得到保护的权利的，应当停止侵害、恢复名誉、消除影响、赔礼道歉，并赔偿损失。

第五十一条 经营者有侮辱诽谤、搜查身体、侵犯人身自由等侵害消费者或者其他受害人人身权益的行为，造成严重精神损害的，受害人可以要求精神损害赔偿。

第五十二条 经营者提供商品或者服务，造成消费者财产损害的，应当依照法律规定或者当事人约定承担修理、重作、更换、退货、补足商品数量、退还货款和服务费用或者赔偿损失等民事责任。

第五十三条 经营者以预收款方式提供商品或者服务的，应当按照约定提供。未按照约定提供的，应当按照消费者的要求履行约定或者退回预付款；并应当承担预付款的利息、消费者必须支付的合理费用。

第五十四条 依法经有关行政部门认定为不合格的商品，消费者要求退货的，经营者应当负责退货。

第五十五条 经营者提供商品或者服务有欺诈行为的，应当按照消费者的要求增加赔偿其受到的损失，增加赔偿的金额为消费者购买商品的价款或者接受服务的费用的三倍；增加赔偿的金额不足五百元的，为五百元。法律另有规定的，依照其规定。

经营者明知商品或者服务存在缺陷，仍然向消费者提供，造成消费者或者其他受害人死亡或者健康严重损害的，受害人有权要求经营者依照本法第四十九条、第五十一条等法律规定赔偿损失，并有权要求所受损失二倍以下的惩罚性赔偿。

第五十六条　经营者有下列情形之一，除承担相应的民事责任外，其他有关法律、法规对处罚机关和处罚方式有规定的，依照法律、法规的规定执行；法律、法规未作规定的，由工商行政管理部门或者其他有关行政部门责令改正，可以根据情节单处或者并处警告、没收违法所得、处以违法所得一倍以上十倍以下的罚款，没有违法所得的，处以五十万元以下的罚款；情节严重的，责令停业整顿、吊销营业执照：

（一）提供的商品或者服务不符合保障人身、财产安全要求的；

（二）在商品中掺杂、掺假，以假充真，以次充好，或者以不合格商品冒充合格商品的；

（三）生产国家明令淘汰的商品或者销售失效、变质的商品的；

（四）伪造商品的产地，伪造或者冒用他人的厂名、厂址，篡改生产日期，伪造或者冒用认证标志等质量标志的；

（五）销售的商品应当检验、检疫而未检验、检疫或者伪造检验、检疫结果的；

（六）对商品或者服务作虚假或者引人误解的宣传的；

（七）拒绝或者拖延有关行政部门责令对缺陷商品或者服务采取停止销售、警示、召回、无害化处理、销毁、停止生产或者服务等措施的；

（八）对消费者提出的修理、重作、更换、退货、补足商品数量、退还货款和服务费用或者赔偿损失的要求，故意拖延或者无理拒绝的；

（九）侵害消费者人格尊严、侵犯消费者人身自由或者侵害消费者个人信息依法得到保护的权利的；

（十）法律、法规规定的对损害消费者权益应当予以处罚的其他情形。

经营者有前款规定情形的，除依照法律、法规规定予以处罚外，处罚机关应当记入信用档案，向社会公布。

第五十七条 经营者违反本法规定提供商品或者服务，侵害消费者合法权益，构成犯罪的，依法追究刑事责任。

第五十八条 经营者违反本法规定，应当承担民事赔偿责任和缴纳罚款、罚金，其财产不足以同时支付的，先承担民事赔偿责任。

第五十九条 经营者对行政处罚决定不服的，可以依法申请行政复议或者提起行政诉讼。

第六十条 以暴力、威胁等方法阻碍有关行政部门工作人员依法执行职务的，依法追究刑事责任；拒绝、阻碍有关行政部门工作人员依法执行职务，未使用暴力、威胁方法的，由公安机关依照《中华人民共和国治安管理处罚法》的规定处罚。

第六十一条 国家机关工作人员玩忽职守或者包庇经营者侵害消费者合法权益的行为的，由其所在单位或者上级机关给予行政处分；情节严重，构成犯罪的，依法追究刑事责任。

第八章 附 则

第六十二条 农民购买、使用直接用于农业生产的生产资料，参照本法执行。

第六十三条 本法自1994年1月1日起施行。

19. 中华人民共和国食品安全法（节选）

（2009年2月28日第十一届全国人民代表大会常务委员会第七次会议通过 2015年4月24日第十二届全国人民代表大会常务委员会第十四次会议修订 根据2018年12月29日第十三届全国人民代表大会常务委员会第七次会议《关于修改〈中华人民共和国产品质量法〉等五部法律的决定》修正）

……

第三章 食品安全标准

第二十四条 制定食品安全标准，应当以保障公众身体健康为宗旨，做到科学合理、安全可靠。

第二十五条　食品安全标准是强制执行的标准。除食品安全标准外，不得制定其他食品强制性标准。

第二十六条　食品安全标准应当包括下列内容：

（一）食品、食品添加剂、食品相关产品中的致病性微生物，农药残留、兽药残留、生物毒素、重金属等污染物质以及其他危害人体健康物质的限量规定；

（二）食品添加剂的品种、使用范围、用量；

（三）专供婴幼儿和其他特定人群的主辅食品的营养成分要求；

（四）对与卫生、营养等食品安全要求有关的标签、标志、说明书的要求；

（五）食品生产经营过程的卫生要求；

（六）与食品安全有关的质量要求；

（七）与食品安全有关的食品检验方法与规程；

（八）其他需要制定为食品安全标准的内容。

第二十七条　食品安全国家标准由国务院卫生行政部门会同国务院食品安全监督管理部门制定、公布，国务院标准化行政部门提供国家标准编号。

食品中农药残留、兽药残留的限量规定及其检验方法与规程由国务院卫生行政部门、国务院农业行政部门会同国务院食品安全监督管理部门制定。

屠宰畜、禽的检验规程由国务院农业行政部门会同国务院卫生行政部门制定。

第二十八条　制定食品安全国家标准，应当依据食品安全风险评估结果并充分考虑食用农产品安全风险评估结果，参照相关的国际标准和国际食品安全风险评估结果，并将食品安全国家标准草案向社会公布，广泛听取食品生产经营者、消费者、有关部门等方面的意见。

食品安全国家标准应当经国务院卫生行政部门组织的食品安全国家标准审评委员会审查通过。食品安全国家标准审评委员会由医学、农业、食品、营养、生物、环境等方面的专家以及国务院有关部门、食品行业协会、消费者协会的代表组成，对食品安全国家标准草案的科学性和实用性等进行审查。

第二十九条　对地方特色食品，没有食品安全国家标准的，省、自治区、直辖市人民政府卫生行政部门可以制定并公布食品安全地方标准，报国务院卫生行政部门备案。食品安全国家标准制定后，该地方标准即行废止。

第三十条 国家鼓励食品生产企业制定严于食品安全国家标准或者地方标准的企业标准，在本企业适用，并报省、自治区、直辖市人民政府卫生行政部门备案。

第三十一条 省级以上人民政府卫生行政部门应当在其网站上公布制定和备案的食品安全国家标准、地方标准和企业标准，供公众免费查阅、下载。

对食品安全标准执行过程中的问题，县级以上人民政府卫生行政部门应当会同有关部门及时给予指导、解答。

第三十二条 省级以上人民政府卫生行政部门应当会同同级食品安全监督管理、农业行政等部门，分别对食品安全国家标准和地方标准的执行情况进行跟踪评价，并根据评价结果及时修订食品安全标准。

省级以上人民政府食品安全监督管理、农业行政等部门应当对食品安全标准执行中存在的问题进行收集、汇总，并及时向同级卫生行政部门通报。

食品生产经营者、食品行业协会发现食品安全标准在执行中存在问题的，应当立即向卫生行政部门报告。

第四章 食品生产经营

第一节 一般规定

第三十三条 食品生产经营应当符合食品安全标准，并符合下列要求：

（一）具有与生产经营的食品品种、数量相适应的食品原料处理和食品加工、包装、贮存等场所，保持该场所环境整洁，并与有毒、有害场所以及其他污染源保持规定的距离；

（二）具有与生产经营的食品品种、数量相适应的生产经营设备或者设施，有相应的消毒、更衣、盥洗、采光、照明、通风、防腐、防尘、防蝇、防鼠、防虫、洗涤以及处理废水、存放垃圾和废弃物的设备或者设施；

（三）有专职或者兼职的食品安全专业技术人员、食品安全管理人员和保证食品安全的规章制度；

（四）具有合理的设备布局和工艺流程，防止待加工食品与直接入口食品、原料与成品交叉污染，避免食品接触有毒物、不洁物；

（五）餐具、饮具和盛放直接入口食品的容器，使用前应当洗净、消毒，炊具、用具用后应当洗净，保持清洁；

（六）贮存、运输和装卸食品的容器、工具和设备应当安全、无害，保持清洁，防止食品污染，并符合保证食品安全所需的温度、湿度等特殊要求，不得将食品与有毒、有害物品一同贮存、运输；

（七）直接入口的食品应当使用无毒、清洁的包装材料、餐具、饮具和容器；

（八）食品生产经营人员应当保持个人卫生，生产经营食品时，应当将手洗净，穿戴清洁的工作衣、帽等；销售无包装的直接入口食品时，应当使用无毒、清洁的容器、售货工具和设备；

（九）用水应当符合国家规定的生活饮用水卫生标准；

（十）使用的洗涤剂、消毒剂应当对人体安全、无害；

（十一）法律、法规规定的其他要求。

非食品生产经营者从事食品贮存、运输和装卸的，应当符合前款第六项的规定。

第三十四条 禁止生产经营下列食品、食品添加剂、食品相关产品：

（一）用非食品原料生产的食品或者添加食品添加剂以外的化学物质和其他可能危害人体健康物质的食品，或者用回收食品作为原料生产的食品；

（二）致病性微生物，农药残留、兽药残留、生物毒素、重金属等污染物质以及其他危害人体健康的物质含量超过食品安全标准限量的食品、食品添加剂、食品相关产品；

（三）用超过保质期的食品原料、食品添加剂生产的食品、食品添加剂；

（四）超范围、超限量使用食品添加剂的食品；

（五）营养成分不符合食品安全标准的专供婴幼儿和其他特定人群的主辅食品；

（六）腐败变质、油脂酸败、霉变生虫、污秽不洁、混有异物、掺假掺杂或者感官性状异常的食品、食品添加剂；

（七）病死、毒死或者死因不明的禽、畜、兽、水产动物肉类及其制品；

（八）未按规定进行检疫或者检疫不合格的肉类，或者未经检验或者检验不合格的肉类制品；

（九）被包装材料、容器、运输工具等污染的食品、食品添加剂；

（十）标注虚假生产日期、保质期或者超过保质期的食品、食品添加剂；

（十一）无标签的预包装食品、食品添加剂；

（十二）国家为防病等特殊需要明令禁止生产经营的食品；

（十三）其他不符合法律、法规或者食品安全标准的食品、食品添加剂、食品相关产品。

第三十五条 国家对食品生产经营实行许可制度。从事食品生产、食品销售、餐饮服务，应当依法取得许可。但是，销售食用农产品，不需要取得许可。

县级以上地方人民政府食品安全监督管理部门应当依照《中华人民共和国行政许可法》的规定，审核申请人提交的本法第三十三条第一款第一项至第四项规定要求的相关资料，必要时对申请人的生产经营场所进行现场核查；对符合规定条件的，准予许可；对不符合规定条件的，不予许可并书面说明理由。

第三十六条 食品生产加工小作坊和食品摊贩等从事食品生产经营活动，应当符合本法规定的与其生产经营规模、条件相适应的食品安全要求，保证所生产经营的食品卫生、无毒、无害，食品安全监督管理部门应当对其加强监督管理。

县级以上地方人民政府应当对食品生产加工小作坊、食品摊贩等进行综合治理，加强服务和统一规划，改善其生产经营环境，鼓励和支持其改进生产经营条件，进入集中交易市场、店铺等固定场所经营，或者在指定的临时经营区域、时段经营。

食品生产加工小作坊和食品摊贩等的具体管理办法由省、自治区、直辖市制定。

第三十七条 利用新的食品原料生产食品，或者生产食品添加剂新品种、食品相关产品新品种，应当向国务院卫生行政部门提交相关产品的安全性评估材料。国务院卫生行政部门应当自收到申请之日起六十日内组织审查；对符合食品安全要求的，准予许可并公布；对不符合食品安全要求的，不予许可并书面说明理由。

第三十八条 生产经营的食品中不得添加药品，但是可以添加按照传统既是食品又是中药材的物质。按照传统既是食品又是中药材的物质目录由国务院卫生行政部门会同国务院食品安全监督管理部门制定、公布。

第三十九条 国家对食品添加剂生产实行许可制度。从事食品添加剂生产，应当具有与所生产食品添加剂品种相适应的场所、生产设备或者设施、专业技术人员和管理制度，并依照本法第三十五条第二款规定的程序，取得食品添加剂生产许可。

生产食品添加剂应当符合法律、法规和食品安全国家标准。

第四十条 食品添加剂应当在技术上确有必要且经过风险评估证明安全可靠，方可列入允许使用的范围；有关食品安全国家标准应当根据技术必要性和食品安全风险评估结果及时修订。

食品生产经营者应当按照食品安全国家标准使用食品添加剂。

第四十一条 生产食品相关产品应当符合法律、法规和食品安全国家标准。对直接接触食品的包装材料等具有较高风险的食品相关产品，按照国家有关工业产品生产许可证管理的规定实施生产许可。食品安全监督管理部门应当加强对食品相关产品生产活动的监督管理。

第四十二条 国家建立食品安全全程追溯制度。

食品生产经营者应当依照本法的规定，建立食品安全追溯体系，保证食品可追溯。国家鼓励食品生产经营者采用信息化手段采集、留存生产经营信息，建立食品安全追溯体系。

国务院食品安全监督管理部门会同国务院农业行政等有关部门建立食品安全全程追溯协作机制。

第四十三条 地方各级人民政府应当采取措施鼓励食品规模化生产和连锁经营、配送。

国家鼓励食品生产经营企业参加食品安全责任保险。

第二节 生产经营过程控制

第四十四条 食品生产经营企业应当建立健全食品安全管理制度，对职工进行食品安全知识培训，加强食品检验工作，依法从事生产经营活动。

食品生产经营企业的主要负责人应当落实企业食品安全管理制度，对本企业的食品安全工作全面负责。

食品生产经营企业应当配备食品安全管理人员，加强对其培训和考核。经考核不具备食品安全管理能力的，不得上岗。食品安全监督管理部门应当对企业食品安全管理人员随机进行监督抽查考核并公布考核情况。监督抽查考核不得收取费用。

第四十五条 食品生产经营者应当建立并执行从业人员健康管理制度。患有国务院卫生行政部门规定的有碍食品安全疾病的人员，不得从事接触直接入口食品的工作。

从事接触直接入口食品工作的食品生产经营人员应当每年进行健康检查，取得健康证明后方可上岗工作。

第四十六条 食品生产企业应当就下列事项制定并实施控制要求，保证所生产的食品符合食品安全标准：

（一）原料采购、原料验收、投料等原料控制；

（二）生产工序、设备、贮存、包装等生产关键环节控制；

（三）原料检验、半成品检验、成品出厂检验等检验控制；

（四）运输和交付控制。

第四十七条 食品生产经营者应当建立食品安全自查制度，定期对食品安全状况进行检查评价。生产经营条件发生变化，不再符合食品安全要求的，食品生产经营者应当立即采取整改措施；有发生食品安全事故潜在风险的，应当立即停止食品生产经营活动，并向所在地县级人民政府食品安全监督管理部门报告。

第四十八条 国家鼓励食品生产经营企业符合良好生产规范要求，实施危害分析与关键控制点体系，提高食品安全管理水平。

对通过良好生产规范、危害分析与关键控制点体系认证的食品生产经营企业，认证机构应当依法实施跟踪调查；对不再符合认证要求的企业，应当依法撤销认证，及时向县级以上人民政府食品安全监督管理部门通报，并向社会公布。认证机构实施跟踪调查不得收取费用。

第四十九条 食用农产品生产者应当按照食品安全标准和国家有关规定使用农药、肥料、兽药、饲料和饲料添加剂等农业投入品，严格执行农业投入品使用安全间隔期或者休药期的规定，不得使用国家明令禁止的农业投入品。禁止将剧毒、高毒农药用于蔬菜、瓜果、茶叶和中草药材等国家规定的农作物。

食用农产品的生产企业和农民专业合作经济组织应当建立农业投入品使用记录制度。

县级以上人民政府农业行政部门应当加强对农业投入品使用的监督管理和指导，建立健全农业投入品安全使用制度。

第五十条　食品生产者采购食品原料、食品添加剂、食品相关产品，应当查验供货者的许可证和产品合格证明；对无法提供合格证明的食品原料，应当按照食品安全标准进行检验；不得采购或者使用不符合食品安全标准的食品原料、食品添加剂、食品相关产品。

食品生产企业应当建立食品原料、食品添加剂、食品相关产品进货查验记录制度，如实记录食品原料、食品添加剂、食品相关产品的名称、规格、数量、生产日期或者生产批号、保质期、进货日期以及供货者名称、地址、联系方式等内容，并保存相关凭证。记录和凭证保存期限不得少于产品保质期满后六个月；没有明确保质期的，保存期限不得少于二年。

第五十一条　食品生产企业应当建立食品出厂检验记录制度，查验出厂食品的检验合格证和安全状况，如实记录食品的名称、规格、数量、生产日期或者生产批号、保质期、检验合格证号、销售日期以及购货者名称、地址、联系方式等内容，并保存相关凭证。记录和凭证保存期限应当符合本法第五十条第二款的规定。

第五十二条　食品、食品添加剂、食品相关产品的生产者，应当按照食品安全标准对所生产的食品、食品添加剂、食品相关产品进行检验，检验合格后方可出厂或者销售。

第五十三条　食品经营者采购食品，应当查验供货者的许可证和食品出厂检验合格证或者其他合格证明（以下称合格证明文件）。

食品经营企业应当建立食品进货查验记录制度，如实记录食品的名称、规格、数量、生产日期或者生产批号、保质期、进货日期以及供货者名称、地址、联系方式等内容，并保存相关凭证。记录和凭证保存期限应当符合本法第五十条第二款的规定。

实行统一配送经营方式的食品经营企业，可以由企业总部统一查验供货者的许可证和食品合格证明文件，进行食品进货查验记录。

从事食品批发业务的经营企业应当建立食品销售记录制度，如实记录批发食品的名称、规格、数量、生产日期或者生产批号、保质期、销售日期以及购货者名称、地址、联系方式等内容，并保存相关凭证。记录和凭证保存期限应当符合本法第五十条第二款的规定。

第五十四条 食品经营者应当按照保证食品安全的要求贮存食品，定期检查库存食品，及时清理变质或者超过保质期的食品。

食品经营者贮存散装食品，应当在贮存位置标明食品的名称、生产日期或者生产批号、保质期、生产者名称及联系方式等内容。

第五十五条 餐饮服务提供者应当制定并实施原料控制要求，不得采购不符合食品安全标准的食品原料。倡导餐饮服务提供者公开加工过程，公示食品原料及其来源等信息。

餐饮服务提供者在加工过程中应当检查待加工的食品及原料，发现有本法第三十四条第六项规定情形的，不得加工或者使用。

第五十六条 餐饮服务提供者应当定期维护食品加工、贮存、陈列等设施、设备；定期清洗、校验保温设施及冷藏、冷冻设施。

餐饮服务提供者应当按照要求对餐具、饮具进行清洗消毒，不得使用未经清洗消毒的餐具、饮具；餐饮服务提供者委托清洗消毒餐具、饮具的，应当委托符合本法规定条件的餐具、饮具集中消毒服务单位。

第五十七条 学校、托幼机构、养老机构、建筑工地等集中用餐单位的食堂应当严格遵守法律、法规和食品安全标准；从供餐单位订餐的，应当从取得食品生产经营许可的企业订购，并按照要求对订购的食品进行查验。供餐单位应当严格遵守法律、法规和食品安全标准，当餐加工，确保食品安全。

学校、托幼机构、养老机构、建筑工地等集中用餐单位的主管部门应当加强对集中用餐单位的食品安全教育和日常管理，降低食品安全风险，及时消除食品安全隐患。

第五十八条 餐具、饮具集中消毒服务单位应当具备相应的作业场所、清洗消毒设备或者设施，用水和使用的洗涤剂、消毒剂应当符合相关食品安全国家标准和其他国家标准、卫生规范。

餐具、饮具集中消毒服务单位应当对消毒餐具、饮具进行逐批检验，检验合格后方可出厂，并应当随附消毒合格证明。消毒后的餐具、饮具应当在独立包装上标注单位名称、地址、联系方式、消毒日期以及使用期限等内容。

第五十九条 食品添加剂生产者应当建立食品添加剂出厂检验记录制度，查验出厂产品的检验合格证和安全状况，如实记录食品添加剂的名称、规格、数量、生产日期或者生产批号、保质期、检验合格证号、销售日期以及购货者名称、地址、联系方式等相关内容，并保存相关凭证。记录和凭证保存期限应当符合本法第五十条第二款的规定。

第六十条　食品添加剂经营者采购食品添加剂，应当依法查验供货者的许可证和产品合格证明文件，如实记录食品添加剂的名称、规格、数量、生产日期或者生产批号、保质期、进货日期以及供货者名称、地址、联系方式等内容，并保存相关凭证。记录和凭证保存期限应当符合本法第五十条第二款的规定。

第六十一条　集中交易市场的开办者、柜台出租者和展销会举办者，应当依法审查入场食品经营者的许可证，明确其食品安全管理责任，定期对其经营环境和条件进行检查，发现其有违反本法规定行为的，应当及时制止并立即报告所在地县级人民政府食品安全监督管理部门。

第六十二条　网络食品交易第三方平台提供者应当对入网食品经营者进行实名登记，明确其食品安全管理责任；依法应当取得许可证的，还应当审查其许可证。

网络食品交易第三方平台提供者发现入网食品经营者有违反本法规定行为的，应当及时制止并立即报告所在地县级人民政府食品安全监督管理部门；发现严重违法行为的，应当立即停止提供网络交易平台服务。

第六十三条　国家建立食品召回制度。食品生产者发现其生产的食品不符合食品安全标准或者有证据证明可能危害人体健康的，应当立即停止生产，召回已经上市销售的食品，通知相关生产经营者和消费者，并记录召回和通知情况。

食品经营者发现其经营的食品有前款规定情形的，应当立即停止经营，通知相关生产经营者和消费者，并记录停止经营和通知情况。食品生产者认为应当召回的，应当立即召回。由于食品经营者的原因造成其经营的食品有前款规定情形的，食品经营者应当召回。

食品生产经营者应当对召回的食品采取无害化处理、销毁等措施，防止其再次流入市场。但是，对因标签、标志或者说明书不符合食品安全标准而被召回的食品，食品生产者在采取补救措施且能保证食品安全的情况下可以继续销售；销售时应当向消费者明示补救措施。

食品生产经营者应当将食品召回和处理情况向所在地县级人民政府食品安

全监督管理部门报告；需要对召回的食品进行无害化处理、销毁的，应当提前报告时间、地点。食品安全监督管理部门认为必要的，可以实施现场监督。

食品生产经营者未依照本条规定召回或者停止经营的，县级以上人民政府食品安全监督管理部门可以责令其召回或者停止经营。

第六十四条 食用农产品批发市场应当配备检验设备和检验人员或者委托符合本法规定的食品检验机构，对进入该批发市场销售的食用农产品进行抽样检验；发现不符合食品安全标准的，应当要求销售者立即停止销售，并向食品安全监督管理部门报告。

第六十五条 食用农产品销售者应当建立食用农产品进货查验记录制度，如实记录食用农产品的名称、数量、进货日期以及供货者名称、地址、联系方式等内容，并保存相关凭证。记录和凭证保存期限不得少于六个月。

第六十六条 进入市场销售的食用农产品在包装、保鲜、贮存、运输中使用保鲜剂、防腐剂等食品添加剂和包装材料等食品相关产品，应当符合食品安全国家标准。

第三节 标签、说明书和广告

第六十七条 预包装食品的包装上应当有标签。标签应当标明下列事项：

（一）名称、规格、净含量、生产日期；

（二）成分或者配料表；

（三）生产者的名称、地址、联系方式；

（四）保质期；

（五）产品标准代号；

（六）贮存条件；

（七）所使用的食品添加剂在国家标准中的通用名称；

（八）生产许可证编号；

（九）法律、法规或者食品安全标准规定应当标明的其他事项。

专供婴幼儿和其他特定人群的主辅食品，其标签还应当标明主要营养成分及其含量。

食品安全国家标准对标签标注事项另有规定的，从其规定。

第六十八条 食品经营者销售散装食品，应当在散装食品的容器、外包装上标明食品的名称、生产日期或者生产批号、保质期以及生产经营者名称、地址、联系方式等内容。

第六十九条 生产经营转基因食品应当按照规定显著标示。

第七十条 食品添加剂应当有标签、说明书和包装。标签、说明书应当载明本法第六十七条第一款第一项至第六项、第八项、第九项规定的事项，以及食品添加剂的使用范围、用量、使用方法，并在标签上载明“食品添加剂”字样。

第七十一条 食品和食品添加剂的标签、说明书，不得含有虚假内容，不得涉及疾病预防、治疗功能。生产经营者对其提供的标签、说明书的内容负责。

食品和食品添加剂的标签、说明书应当清楚、明显，生产日期、保质期等事项应当显著标注，容易辨识。

食品和食品添加剂与其标签、说明书的内容不符的，不得上市销售。

第七十二条 食品经营者应当按照食品标签标示的警示标志、警示说明或者注意事项的要求销售食品。

第七十三条 食品广告的内容应当真实合法，不得含有虚假内容，不得涉及疾病预防、治疗功能。食品生产经营者对食品广告内容的真实性、合法性负责。

县级以上人民政府食品安全监督管理部门和其他有关部门以及食品检验机构、食品行业协会不得以广告或者其他形式向消费者推荐食品。消费者组织不得以收取费用或者其他牟取利益的方式向消费者推荐食品。

第四节 特殊食品

第七十四条 国家对保健食品、特殊医学用途配方食品和婴幼儿配方食品等特殊食品实行严格监督管理。

第七十五条 保健食品声称保健功能，应当具有科学依据，不得对人体产生急性、亚急性或者慢性危害。

保健食品原料目录和允许保健食品声称的保健功能目录，由国务院食品安全监督管理部门会同国务院卫生行政部门、国家中医药管理部门制定、调整并公布。

保健食品原料目录应当包括原料名称、用量及其对应的功效；列入保健食品原料目录的原料只能用于保健食品生产，不得用于其他食品生产。

第七十六条 使用保健食品原料目录以外原料的保健食品和首次进口的保健食品应当经国务院食品安全监督管理部门注册。但是，首次进口的保健食品中属于补充维生素、矿物质等营养物质的，应当报国务院食品安全监督管理部门备案。其他保健食品应当报省、自治区、直辖市人民政府食品安全监督管理部门备案。

进口的保健食品应当是出口国（地区）主管部门准许上市销售的产品。

第七十七条 依法应当注册的保健食品，注册时应当提交保健食品的研发报告、产品配方、生产工艺、安全性和保健功能评价、标签、说明书等材料及样品，并提供相关证明文件。国务院食品安全监督管理部门经组织技术审评，对符合安全和功能声称要求的，准予注册；对不符合要求的，不予注册并书面说明理由。对使用保健食品原料目录以外原料的保健食品作出准予注册决定的，应当及时将该原料纳入保健食品原料目录。

依法应当备案的保健食品，备案时应当提交产品配方、生产工艺、标签、说明书以及表明产品安全性和保健功能的材料。

第七十八条 保健食品的标签、说明书不得涉及疾病预防、治疗功能，内容应当真实，与注册或者备案的内容相一致，载明适宜人群、不适宜人群、功效成分或者标志性成分及其含量等，并声明“本品不能代替药物”。保健食品的功能和成分应当与标签、说明书相一致。

第七十九条 保健食品广告除应当符合本法第七十三条第一款的规定外，还应当声明“本品不能代替药物”；其内容应当经生产企业所在地省、自治区、直辖市人民政府食品安全监督管理部门审查批准，取得保健食品广告批准文件。省、自治区、直辖市人民政府食品安全监督管理部门应当公布并及时更新已经批准的保健食品广告目录以及批准的广告内容。

第八十条 特殊医学用途配方食品应当经国务院食品安全监督管理部门注册。注册时，应当提交产品配方、生产工艺、标签、说明书以及表明产品安全性、营养充足性和特殊医学用途临床效果的材料。

特殊医学用途配方食品广告适用《中华人民共和国广告法》和其他法律、行政法规关于药品广告管理的规定。

第八十一条 婴幼儿配方食品生产企业应当实施从原料进厂到成品出厂的

全过程质量控制，对出厂的婴幼儿配方食品实施逐批检验，保证食品安全。

生产婴幼儿配方食品使用的生鲜乳、辅料等食品原料、食品添加剂等，应当符合法律、行政法规的规定和食品安全国家标准，保证婴幼儿生长发育所需的营养成分。

婴幼儿配方食品生产企业应当将食品原料、食品添加剂、产品配方及标签等事项向省、自治区、直辖市人民政府食品安全监督管理部门备案。

婴幼儿配方乳粉的产品配方应当经国务院食品安全监督管理部门注册。注册时，应当提交配方研发报告和其他表明配方科学性、安全性的材料。

不得以分装方式生产婴幼儿配方乳粉，同一企业不得用同一配方生产不同品牌的婴幼儿配方乳粉。

第八十二条　保健食品、特殊医学用途配方食品、婴幼儿配方乳粉的注册人或者备案人应当对其提交材料的真实性负责。

省级以上人民政府食品安全监督管理部门应当及时公布注册或者备案的保健食品、特殊医学用途配方食品、婴幼儿配方乳粉目录，并对注册或者备案中获知的企业商业秘密予以保密。

保健食品、特殊医学用途配方食品、婴幼儿配方乳粉生产企业应当按照注册或者备案的产品配方、生产工艺等技术要求组织生产。

第八十三条　生产保健食品，特殊医学用途配方食品、婴幼儿配方食品和其他专供特定人群的主辅食品的企业，应当按照良好生产规范的要求建立与所生产食品相适应的生产质量管理体系，定期对该体系的运行情况进行自查，保证其有效运行，并向所在地县级人民政府食品安全监督管理部门提交自查报告。

第五章　食品检验

第八十四条　食品检验机构按照国家有关认证认可的规定取得资质认定后，方可从事食品检验活动。但是，法律另有规定的除外。

食品检验机构的资质认定条件和检验规范，由国务院食品安全监督管理部门规定。

符合本法规定的食品检验机构出具的检验报告具有同等效力。

县级以上人民政府应当整合食品检验资源，实现资源共享。

第八十五条　食品检验由食品检验机构指定的检验人独立进行。

检验人应当依照有关法律、法规的规定，并按照食品安全标准和检验规范对食品进行检验，尊重科学，恪守职业道德，保证出具的检验数据和结论客观、公正，不得出具虚假检验报告。

第八十六条 食品检验实行食品检验机构与检验人负责制。食品检验报告应当加盖食品检验机构公章，并有检验人的签名或者盖章。食品检验机构和检验人对出具的食品检验报告负责。

第八十七条 县级以上人民政府食品安全监督管理部门应当对食品进行定期或者不定期的抽样检验，并依据有关规定公布检验结果，不得免检。进行抽样检验，应当购买抽取的样品，委托符合本法规定的食品检验机构进行检验，并支付相关费用；不得向食品生产经营者收取检验费和其他费用。

第八十八条 对依照本法规定实施的检验结论有异议的，食品生产经营者可以自收到检验结论之日起七个工作日内向实施抽样检验的食品安全监督管理部门或者其上一级食品安全监督管理部门提出复检申请，由受理复检申请的食品安全监督管理部门在公布的复检机构名录中随机确定复检机构进行复检。复检机构出具的复检结论为最终检验结论。复检机构与初检机构不得为同一机构。复检机构名录由国务院认证认可监督管理、食品安全监督管理、卫生行政、农业行政等部门共同公布。

采用国家规定的快速检测方法对食用农产品进行抽查检测，被抽查人对检测结果有异议的，可以自收到检测结果时起四小时内申请复检。复检不得采用快速检测方法。

第八十九条 食品生产企业可以自行对所生产的食品进行检验，也可以委托符合本法规定的食品检验机构进行检验。

食品行业协会和消费者协会等组织、消费者需要委托食品检验机构对食品进行检验的，应当委托符合本法规定的食品检验机构进行。

第九十条 食品添加剂的检验，适用本法有关食品检验的规定。

第六章 食品进出口

第九十一条 国家出入境检验检疫部门对进出口食品安全实施监督管理。

第九十二条 进口的食品、食品添加剂、食品相关产品应当符合我国食品安全国家标准。

进口的食品、食品添加剂应当经出入境检验检疫机构依照进出口商品检验相关法律、行政法规的规定检验合格。

进口的食品、食品添加剂应当按照国家出入境检验检疫部门的要求随附合格证明材料。

第九十三条 进口尚无食品安全国家标准的食品，由境外出口商、境外生产企业或者其委托的进口商向国务院卫生行政部门提交所执行的相关国家（地区）标准或者国际标准。国务院卫生行政部门对相关标准进行审查，认为符合食品安全要求的，决定暂予适用，并及时制定相应的食品安全国家标准。进口利用新的食品原料生产的食品或者进口食品添加剂新品种、食品相关产品新品种，依照本法第三十七条的规定办理。

出入境检验检疫机构按照国务院卫生行政部门的要求，对前款规定的食品、食品添加剂、食品相关产品进行检验。检验结果应当公开。

第九十四条 境外出口商、境外生产企业应当保证向我国出口的食品、食品添加剂、食品相关产品符合本法以及我国其他有关法律、行政法规的规定和食品安全国家标准的要求，并对标签、说明书的内容负责。

进口商应当建立境外出口商、境外生产企业审核制度，重点审核前款规定的内容；审核不合格的，不得进口。

发现进口食品不符合我国食品安全国家标准或者有证据证明可能危害人体健康的，进口商应当立即停止进口，并依照本法第六十三条的规定召回。

第九十五条 境外发生的食品安全事件可能对我国境内造成影响，或者在进口食品、食品添加剂、食品相关产品中发现严重食品安全问题的，国家出入境检验检疫部门应当及时采取风险预警或者控制措施，并向国务院食品安全监督管理、卫生行政、农业行政部门通报。接到通报的部门应当及时采取相应措施。

县级以上人民政府食品安全监督管理部门对国内市场上销售的进口食品、食品添加剂实施监督管理。发现存在严重食品安全问题的，国务院食品安全监督管理部门应当及时向国家出入境检验检疫部门通报。国家出入境检验检疫部门应当及时采取相应措施。

第九十六条 向我国境内出口食品的境外出口商或者代理商、进口食品的进口商应当向国家出入境检验检疫部门备案。向我国境内出口食品的境外食品生产企业应当经国家出入境检验检疫部门注册。已经注册的境外食品生产企业提供虚假材料，或者因其自身的原因致使进口食品发生重大食品安全事故的，国家出入境检验检疫部门应当撤销注册并公告。

国家出入境检验检疫部门应当定期公布已经备案的境外出口商、代理商、进口商和已经注册的境外食品生产企业名单。

第九十七条 进口的预包装食品、食品添加剂应当有中文标签；依法应当有说明书的，还应当有中文说明书。标签、说明书应当符合本法以及我国其他有关法律、行政法规的规定和食品安全国家标准的要求，并载明食品的原产地以及境内代理商的名称、地址、联系方式。预包装食品没有中文标签、中文说明书或者标签、说明书不符合本条规定的，不得进口。

第九十八条 进口商应当建立食品、食品添加剂进口和销售记录制度，如实记录食品、食品添加剂的名称、规格、数量、生产日期、生产或者进口批号、保质期、境外出口商和购货者名称、地址及联系方式、交货日期等内容，并保存相关凭证。记录和凭证保存期限应当符合本法第五十条第二款的规定。

第九十九条 出口食品生产企业应当保证其出口食品符合进口国（地区）的标准或者合同要求。

出口食品生产企业和出口食品原料种植、养殖场应当向国家出入境检验检疫部门备案。

第一百条 国家出入境检验检疫部门应当收集、汇总下列进出口食品安全信息，并及时通报相关部门、机构和企业：

（一）出入境检验检疫机构对进出口食品实施检验检疫发现的食品安全信息；

（二）食品行业协会和消费者协会等组织、消费者反映的进口食品安全信息；

（三）国际组织、境外政府机构发布的风险预警信息及其他食品安全信息，以及境外食品行业协会等组织、消费者反映的食品安全信息；

（四）其他食品安全信息。

国家出入境检验检疫部门应当对进出口食品的进口商、出口商和出口食品生产企业实施信用管理，建立信用记录，并依法向社会公布。对有不良记录的进口商、出口商和出口食品生产企业，应当加强对其进出口食品的检验检疫。

第一百零一条 国家出入境检验检疫部门可以对向我国境内出口食品的国家（地区）的食品安全管理体系和食品安全状况进行评估和审查，并根据评估和审查结果，确定相应检验检疫要求。

第七章 食品安全事故处置

第一百零二条 国务院组织制定国家食品安全事故应急预案。

县级以上地方人民政府应当根据有关法律、法规的规定和上级人民政府的食品安全事故应急预案以及本行政区域的实际情况，制定本行政区域的食品安全事故应急预案，并报上一级人民政府备案。

食品安全事故应急预案应当对食品安全事故分级、事故处置组织指挥体系与职责、预防预警机制、处置程序、应急保障措施等作出规定。

食品生产经营企业应当制定食品安全事故处置方案，定期检查本企业各项食品安全防范措施的落实情况，及时消除事故隐患。

第一百零三条 发生食品安全事故的单位应当立即采取措施，防止事故扩大。事故单位和接收病人进行治疗的单位应当及时向事故发生地县级人民政府食品安全监督管理、卫生行政部门报告。

县级以上人民政府农业行政等部门在日常监督管理中发现食品安全事故或者接到事故举报，应当立即向同级食品安全监督管理部门通报。

发生食品安全事故，接到报告的县级人民政府食品安全监督管理部门应当按照应急预案的规定向本级人民政府和上级人民政府食品安全监督管理部门报告。县级人民政府和上级人民政府食品安全监督管理部门应当按照应急预案的规定上报。

任何单位和个人不得对食品安全事故隐瞒、谎报、缓报，不得隐匿、伪造、毁灭有关证据。

第一百零四条 医疗机构发现其接收的病人属于食源性疾病病人或者疑似病人的，应当按照规定及时将相关信息向所在地县级人民政府卫生行政部门报告。县级人民政府卫生行政部门认为与食品安全有关的，应当及时通报同级食品安全监督管理部门。

县级以上人民政府卫生行政部门在调查处理传染病或者其他突发公共卫生事件中发现与食品安全相关的信息，应当及时通报同级食品安全监督管理部门。

第一百零五条 县级以上人民政府食品安全监督管理部门接到食品安全事故的报告后，应当立即会同同级卫生行政、农业行政等部门进行调查处理，并采取下列措施，防止或者减轻社会危害：

（一）开展应急救援工作，组织救治因食品安全事故导致人身伤害的人员；

（二）封存可能导致食品安全事故的食品及其原料，并立即进行检验；对确认属于被污染的食品及其原料，责令食品生产经营者依照本法第六十三条的规定召回或者停止经营；

（三）封存被污染的食品相关产品，并责令进行清洗消毒；

（四）做好信息发布工作，依法对食品安全事故及其处理情况进行发布，并对可能产生的危害加以解释、说明。

发生食品安全事故需要启动应急预案的，县级以上人民政府应当立即成立事故处置指挥机构，启动应急预案，依照前款和应急预案的规定进行处置。

发生食品安全事故，县级以上疾病预防控制机构应当对事故现场进行卫生处理，并对与事故有关的因素开展流行病学调查，有关部门应当予以协助。县级以上疾病预防控制机构应当向同级食品安全监督管理、卫生行政部门提交流行病学调查报告。

第一百零六条 发生食品安全事故，设区的市级以上人民政府食品安全监督管理部门应当立即会同有关部门进行事故责任调查，督促有关部门履行职责，向本级人民政府和上一级人民政府食品安全监督管理部门提出事故责任调查处理报告。

涉及两个以上省、自治区、直辖市的重大食品安全事故由国务院食品安全监督管理部门依照前款规定组织事故责任调查。

第一百零七条 调查食品安全事故，应当坚持实事求是、尊重科学的原则，及时、准确查清事故性质和原因，认定事故责任，提出整改措施。

调查食品安全事故，除了查明事故单位的责任，还应当查明有关监督管理部门、食品检验机构、认证机构及其工作人员的责任。

第一百零八条 食品安全事故调查部门有权向有关单位和个人了解与事故有关的情况，并要求提供相关资料和样品。有关单位和个人应当予以配合，按照要求提供相关资料和样品，不得拒绝。

任何单位和个人不得阻挠、干涉食品安全事故的调查处理。

第八章 监督管理

第一百零九条 县级以上人民政府食品安全监督管理部门根据食品安全风险监测、风险评估结果和食品安全状况等，确定监督管理的重点、方式和频次，实施风险分级管理。

县级以上地方人民政府组织本级食品安全监督管理、农业行政等部门制定本行政区域的食品安全年度监督管理计划，向社会公布并组织实施。

食品安全年度监督管理计划应当将下列事项作为监督管理的重点：

（一）专供婴幼儿和其他特定人群的主辅食品；

（二）保健食品生产过程中的添加行为和按照注册或者备案的技术要求组织生产的情况，保健食品标签、说明书以及宣传材料中有关功能宣传的情况；

（三）发生食品安全事故风险较高的食品生产经营者；

（四）食品安全风险监测结果表明可能存在食品安全隐患的事项。

第一百一十条 县级以上人民政府食品安全监督管理部门履行食品安全监督管理职责，有权采取下列措施，对生产经营者遵守本法的情况进行监督检查：

（一）进入生产经营场所实施现场检查；

（二）对生产经营的食品、食品添加剂、食品相关产品进行抽样检验；

（三）查阅、复制有关合同、票据、账簿以及其他有关资料；

（四）查封、扣押有证据证明不符合食品安全标准或者有证据证明存在安全隐患以及用于违法生产经营的食品、食品添加剂、食品相关产品；

（五）查封违法从事生产经营活动的场所。

第一百一十一条 对食品安全风险评估结果证明食品存在安全隐患，需要制定、修订食品安全标准的，在制定、修订食品安全标准前，国务院卫生行政部门应当及时会同国务院有关部门规定食品中有害物质的临时限量值和临时检验方法，作为生产经营和监督管理的依据。

第一百一十二条 县级以上人民政府食品安全监督管理部门在食品安全监督管理工作中可以采用国家规定的快速检测方法对食品进行抽查检测。

对抽查检测结果表明可能不符合食品安全标准的食品，应当依照本法第八十七条的规定进行检验。抽查检测结果确定有关食品不符合食品安全标准的，可以作为行政处罚的依据。

第一百一十三条 县级以上人民政府食品安全监督管理部门应当建立食品生产经营者食品安全信用档案，记录许可颁发、日常监督检查结果、违法行为查处等情况，依法向社会公布并实时更新；对有不良信用记录的食品生产经营者增加监督检查频次，对违法行为情节严重的食品生产经营者，可以通报投资主管部门、证券监督管理机构和有关的金融机构。

第一百一十四条 食品生产经营过程中存在食品安全隐患，未及时采取措施消除的，县级以上人民政府食品安全监督管理部门可以对食品生产经营者的法定代表人或者主要负责人进行责任约谈。食品生产经营者应当立即采取措施，进行整改，消除隐患。责任约谈情况和整改情况应当纳入食品生产经营者食品安全信用档案。

第一百一十五条 县级以上人民政府食品安全监督管理等部门应当公布本部门的电子邮件地址或者电话，接受咨询、投诉、举报。接到咨询、投诉、举报，对属于本部门职责的，应当受理并在法定期限内及时答复、核实、处理；对不属于本部门职责的，应当移交有权处理的部门并书面通知咨询、投诉、举报人。有权处理的部门应当在法定期限内及时处理，不得推诿。对查证属实的举报，给予举报人奖励。

有关部门应当对举报人的信息予以保密，保护举报人的合法权益。举报人举报所在企业的，该企业不得以解除、变更劳动合同或者其他方式对举报人进行打击报复。

第一百一十六条 县级以上人民政府食品安全监督管理等部门应当加强对执法人员食品安全法律、法规、标准和专业知识与执法能力等的培训，并组织考核。不具备相应知识和能力的，不得从事食品安全执法工作。

食品生产经营者、食品行业协会、消费者协会等发现食品安全执法人员在执法过程中有违反法律、法规规定的行为以及不规范执法行为的，可以向本级或者上级人民政府食品安全监督管理等部门或者监察机关投诉、举报。接到投诉、举报的部门或者机关应当进行核实，并将经核实的情况向食品安全执法人员所在部门通报；涉嫌违法违纪的，按照本法和有关规定处理。

第一百一十七条 县级以上人民政府食品安全监督管理等部门未及时发现食品安全系统性风险，未及时消除监督管理区域内的食品安全隐患的，本级人民政府可以对其主要负责人进行责任约谈。

地方人民政府未履行食品安全职责，未及时消除区域性重大食品安全隐患的，上级人民政府可以对其主要负责人进行责任约谈。

被约谈的食品安全监督管理等部门、地方人民政府应当立即采取措施，对食品安全监督管理工作进行整改。

责任约谈情况和整改情况应当纳入地方人民政府和有关部门食品安全监督管理工作评议、考核记录。

第一百一十八条　国家建立统一的食品安全信息平台，实行食品安全信息统一公布制度。国家食品安全总体情况、食品安全风险警示信息、重大食品安全事故及其调查处理信息和国务院确定需要统一公布的其他信息由国务院食品安全监督管理部门统一公布。食品安全风险警示信息和重大食品安全事故及其调查处理信息的影响限于特定区域的，也可以由有关省、自治区、直辖市人民政府食品安全监督管理部门公布。未经授权不得发布上述信息。

县级以上人民政府食品安全监督管理、农业行政部门依据各自职责公布食品安全日常监督管理信息。

公布食品安全信息，应当做到准确、及时，并进行必要的解释说明，避免误导消费者和社会舆论。

第一百一十九条　县级以上地方人民政府食品安全监督管理、卫生行政、农业行政部门获知本法规定需要统一公布的信息，应当向上级主管部门报告，由上级主管部门立即报告国务院食品安全监督管理部门；必要时，可以直接向国务院食品安全监督管理部门报告。

县级以上人民政府食品安全监督管理、卫生行政、农业行政部门应当相互通报获知的食品安全信息。

第一百二十条　任何单位和个人不得编造、散布虚假食品安全信息。

县级以上人民政府食品安全监督管理部门发现可能误导消费者和社会舆论的食品安全信息，应当立即组织有关部门、专业机构、相关食品生产经营者等进行核实、分析，并及时公布结果。

第一百二十一条　县级以上人民政府食品安全监督管理等部门发现涉嫌食品安全犯罪的，应当按照有关规定及时将案件移送公安机关。对移送的案件，公安机关应当及时审查；认为有犯罪事实需要追究刑事责任的，应当立案侦查。

公安机关在食品安全犯罪案件侦查过程中认为没有犯罪事实，或者犯罪事实显著轻微，不需要追究刑事责任，但依法应当追究行政责任的，应当及时将案件移送食品安全监督管理等部门和监察机关，有关部门应当依法处理。

公安机关商请食品安全监督管理、生态环境等部门提供检验结论、认定意见以及对涉案物品进行无害化处理等协助的，有关部门应当及时提供，予以协助。

第九章 法律责任

第一百二十二条 违反本法规定，未取得食品生产经营许可从事食品生产经营活动，或者未取得食品添加剂生产许可从事食品添加剂生产活动的，由县级以上人民政府食品安全监督管理部门没收违法所得和违法生产经营的食品、食品添加剂以及用于违法生产经营的工具、设备、原料等物品；违法生产经营的食品、食品添加剂货值金额不足一万元的，并处五万元以上十万元以下罚款；货值金额一万元以上的，并处货值金额十倍以上二十倍以下罚款。

明知从事前款规定的违法行为，仍为其提供生产经营场所或者其他条件的，由县级以上人民政府食品安全监督管理部门责令停止违法行为，没收违法所得，并处五万元以上十万元以下罚款；使消费者的合法权益受到损害的，应当与食品、食品添加剂生产经营者承担连带责任。

第一百二十三条 违反本法规定，有下列情形之一，尚不构成犯罪的，由县级以上人民政府食品安全监督管理部门没收违法所得和违法生产经营的食品，并可以没收用于违法生产经营的工具、设备、原料等物品；违法生产经营的食品货值金额不足一万元的，并处十万元以上十五万元以下罚款；货值金额一万元以上的，并处货值金额十五倍以上三十倍以下罚款；情节严重的，吊销许可证，并可以由公安机关对其直接负责的主管人员和其他直接责任人员处五日以上十五日以下拘留：

（一）用非食品原料生产食品、在食品中添加食品添加剂以外的化学物质和其他可能危害人体健康的物质，或者用回收食品作为原料生产食品，或者经营上述食品；

（二）生产经营营养成分不符合食品安全标准的专供婴幼儿和其他特定人群的主辅食品；

（三）经营病死、毒死或者死因不明的禽、畜、兽、水产动物肉类，或者生产经营其制品；

（四）经营未按规定进行检疫或者检疫不合格的肉类，或者生产经营未经检验或者检验不合格的肉类制品；

（五）生产经营国家为防病等特殊需要明令禁止生产经营的食品；

（六）生产经营添加药品的食品。

明知从事前款规定的违法行为，仍为其提供生产经营场所或者其他条件的，由县级以上人民政府食品安全监督管理部门责令停止违法行为，没收违法所得，并处十万元以上二十万元以下罚款；使消费者的合法权益受到损害的，应当与食品生产经营者承担连带责任。

违法使用剧毒、高毒农药的，除依照有关法律、法规规定给予处罚外，可以由公安机关依照第一款规定给予拘留。

第一百二十四条　违反本法规定，有下列情形之一，尚不构成犯罪的，由县级以上人民政府食品安全监督管理部门没收违法所得和违法生产经营的食品、食品添加剂，并可以没收用于违法生产经营的工具、设备、原料等物品；违法生产经营的食品、食品添加剂货值金额不足一万元的，并处五万元以上十万元以下罚款；货值金额一万元以上的，并处货值金额十倍以上二十倍以下罚款；情节严重的，吊销许可证：

（一）生产经营致病性微生物，农药残留、兽药残留、生物毒素、重金属等污染物质以及其他危害人体健康的物质含量超过食品安全标准限量的食品、食品添加剂；

（二）用超过保质期的食品原料、食品添加剂生产食品、食品添加剂，或者经营上述食品、食品添加剂；

（三）生产经营超范围、超限量使用食品添加剂的食品；

（四）生产经营腐败变质、油脂酸败、霉变生虫、污秽不洁、混有异物、掺假掺杂或者感官性状异常的食品、食品添加剂；

（五）生产经营标注虚假生产日期、保质期或者超过保质期的食品、食品添加剂；

（六）生产经营未按规定注册的保健食品、特殊医学用途配方食品、婴幼儿配方乳粉，或者未按注册的产品配方、生产工艺等技术要求组织生产；

（七）以分装方式生产婴幼儿配方乳粉，或者同一企业以同一配方生产不同品牌的婴幼儿配方乳粉；

（八）利用新的食品原料生产食品，或者生产食品添加剂新品种，未通过安全性评估；

（九）食品生产经营者在食品安全监督管理部门责令其召回或者停止经营后，仍拒不召回或者停止经营。

除前款和本法第一百二十三条、第一百二十五条规定的情形外，生产经营不符合法律、法规或者食品安全标准的食品、食品添加剂的，依照前款规定给予处罚。

生产食品相关产品新品种，未通过安全性评估，或者生产不符合食品安全标准的食品相关产品的，由县级以上人民政府食品安全监督管理部门依照第一款规定给予处罚。

第一百二十五条 违反本法规定，有下列情形之一的，由县级以上人民政府食品安全监督管理部门没收违法所得和违法生产经营的食品、食品添加剂，并可以没收用于违法生产经营的工具、设备、原料等物品；违法生产经营的食品、食品添加剂货值金额不足一万元的，并处五千元以上五万元以下罚款；货值金额一万元以上的，并处货值金额五倍以上十倍以下罚款；情节严重的，责令停产停业，直至吊销许可证：

（一）生产经营被包装材料、容器、运输工具等污染的食品、食品添加剂；

（二）生产经营无标签的预包装食品、食品添加剂或者标签、说明书不符合本法规定的食品、食品添加剂；

（三）生产经营转基因食品未按规定进行标示；

（四）食品生产经营者采购或者使用不符合食品安全标准的食品原料、食品添加剂、食品相关产品。

生产经营的食品、食品添加剂的标签、说明书存在瑕疵但不影响食品安全且不会对消费者造成误导的，由县级以上人民政府食品安全监督管理部门责令改正；拒不改正的，处二千元以下罚款。

第一百二十六条 违反本法规定，有下列情形之一的，由县级以上人民政府食品安全监督管理部门责令改正，给予警告；拒不改正的，处五千元以上五万元以下罚款；情节严重的，责令停产停业，直至吊销许可证：

（一）食品、食品添加剂生产者未按规定对采购的食品原料和生产的食品、食品添加剂进行检验；

（二）食品生产经营企业未按规定建立食品安全管理制度，或者未按规定配备或者培训、考核食品安全管理人员；

（三）食品、食品添加剂生产经营者进货时未查验许可证和相关证明文件，或者未按规定建立并遵守进货查验记录、出厂检验记录和销售记录制度；

（四）食品生产经营企业未制定食品安全事故处置方案；

（五）餐具、饮具和盛放直接入口食品的容器，使用前未经洗净、消毒或者清洗消毒不合格，或者餐饮服务设施、设备未按规定定期维护、清洗、校验；

（六）食品生产经营者安排未取得健康证明或者患有国务院卫生行政部门规定的有碍食品安全疾病的人员从事接触直接入口食品的工作；

（七）食品经营者未按规定要求销售食品；

（八）保健食品生产企业未按规定向食品安全监督管理部门备案，或者未按备案的产品配方、生产工艺等技术要求组织生产；

（九）婴幼儿配方食品生产企业未将食品原料、食品添加剂、产品配方、标签等向食品安全监督管理部门备案；

（十）特殊食品生产企业未按规定建立生产质量管理体系并有效运行，或者未定期提交自查报告；

（十一）食品生产经营者未定期对食品安全状况进行检查评价，或者生产经营条件发生变化，未按规定处理；

（十二）学校、托幼机构、养老机构、建筑工地等集中用餐单位未按规定履行食品安全管理责任；

（十三）食品生产企业、餐饮服务提供者未按规定制定、实施生产经营过程控制要求。

餐具、饮具集中消毒服务单位违反本法规定用水，使用洗涤剂、消毒剂，或者出厂的餐具、饮具未按规定检验合格并随附消毒合格证明，或者未按规定在独立包装上标注相关内容的，由县级以上人民政府卫生行政部门依照前款规定给予处罚。

食品相关产品生产者未按规定对生产的食品相关产品进行检验的，由县级以上人民政府食品安全监督管理部门依照第一款规定给予处罚。

食用农产品销售者违反本法第六十五条规定的，由县级以上人民政府食品安全监督管理部门依照第一款规定给予处罚。

第一百二十七条 对食品生产加工小作坊、食品摊贩等的违法行为的处罚，依照省、自治区、直辖市制定的具体管理办法执行。

第一百二十八条 违反本法规定，事故单位在发生食品安全事故后未进行处置、报告的，由有关主管部门按照各自职责分工责令改正，给予警告；隐匿、伪造、毁灭有关证据的，责令停产停业，没收违法所得，并处十万元以上五十万元以下罚款；造成严重后果的，吊销许可证。

第一百二十九条 违反本法规定，有下列情形之一的，由出入境检验检疫机构依照本法第一百二十四条的规定给予处罚：

（一）提供虚假材料，进口不符合我国食品安全国家标准的食品、食品添加剂、食品相关产品；

（二）进口尚无食品安全国家标准的食品，未提交所执行的标准并经国务院卫生行政部门审查，或者进口利用新的食品原料生产的食品或者进口食品添加剂新品种、食品相关产品新品种，未通过安全性评估；

（三）未遵守本法的规定出口食品；

（四）进口商在有关主管部门责令其依照本法规定召回进口的食品后，仍拒不召回。

违反本法规定，进口商未建立并遵守食品、食品添加剂进口和销售记录制度、境外出口商或者生产企业审核制度的，由出入境检验检疫机构依照本法第一百二十六条的规定给予处罚。

第一百三十条 违反本法规定，集中交易市场的开办者、柜台出租者、展销会的举办者允许未依法取得许可的食品经营者进入市场销售食品，或者未履行检查、报告等义务的，由县级以上人民政府食品安全监督管理部门责令改正，没收违法所得，并处五万元以上二十万元以下罚款；造成严重后果的，责令停业，直至由原发证部门吊销许可证；使消费者的合法权益受到损害的，应当与食品经营者承担连带责任。

食用农产品批发市场违反本法第六十四条规定的，依照前款规定承担责任。

第一百三十一条 违反本法规定，网络食品交易第三方平台提供者未对入网食品经营者进行实名登记、审查许可证，或者未履行报告、停止提供网络交易平台服务等义务的，由县级以上人民政府食品安全监督管理部门责令改正，没收违法所得，并处五万元以上二十万元以下罚款；造成严重后果的，责令停业，直至由原发证部门吊销许可证；使消费者的合法权益受到损害的，应当与食品经营者承担连带责任。

消费者通过网络食品交易第三方平台购买食品，其合法权益受到损害的，可以向入网食品经营者或者食品生产者要求赔偿。网络食品交易第三方平台提供者不能提供入网食品经营者的真实名称、地址和有效联系方式的，由网络食品交易第三方平台提供者赔偿。网络食品交易第三方平台提供者赔偿后，有权向入网食品经营者或者食品生产者追偿。网络食品交易第三方平台提供者作出更有利于消费者承诺的，应当履行其承诺。

第一百三十二条　违反本法规定，未按要求进行食品贮存、运输和装卸的，由县级以上人民政府食品安全监督管理等部门按照各自职责分工责令改正，给予警告；拒不改正的，责令停产停业，并处一万元以上五万元以下罚款；情节严重的，吊销许可证。

第一百三十三条　违反本法规定，拒绝、阻挠、干涉有关部门、机构及其工作人员依法开展食品安全监督检查、事故调查处理、风险监测和风险评估的，由有关主管部门按照各自职责分工责令停产停业，并处二千元以上五万元以下罚款；情节严重的，吊销许可证；构成违反治安管理行为的，由公安机关依法给予治安管理处罚。

违反本法规定，对举报人以解除、变更劳动合同或者其他方式打击报复的，应当依照有关法律的规定承担责任。

第一百三十四条　食品生产经营者在一年内累计三次因违反本法规定受到责令停产停业、吊销许可证以外处罚的，由食品安全监督管理部门责令停产停业，直至吊销许可证。

第一百三十五条　被吊销许可证的食品生产经营者及其法定代表人、直接负责的主管人员和其他直接责任人员自处罚决定作出之日起五年内不得申请食品生产经营许可，或者从事食品生产经营管理工作、担任食品生产经营企业食品安全管理人员。

因食品安全犯罪被判处有期徒刑以上刑罚的，终身不得从事食品生产经营管理工作，也不得担任食品生产经营企业食品安全管理人员。

食品生产经营者聘用人员违反前两款规定的，由县级以上人民政府食品安全监督管理部门吊销许可证。

第一百三十六条 食品经营者履行了本法规定的进货查验等义务，有充分证据证明其不知道所采购的食品不符合食品安全标准，并能如实说明其进货来源的，可以免予处罚，但应当依法没收其不符合食品安全标准的食品；造成人身、财产或者其他损害的，依法承担赔偿责任。

第一百三十七条 违反本法规定，承担食品安全风险监测、风险评估工作的技术机构、技术人员提供虚假监测、评估信息的，依法对技术机构直接负责的主管人员和技术人员给予撤职、开除处分；有执业资格的，由授予其资格的主管部门吊销执业证书。

第一百三十八条 违反本法规定，食品检验机构、食品检验人员出具虚假检验报告的，由授予其资质的主管部门或者机构撤销该食品检验机构的检验资质，没收所收取的检验费用，并处检验费用五倍以上十倍以下罚款，检验费用不足一万元的，并处五万元以上十万元以下罚款；依法对食品检验机构直接负责的主管人员和食品检验人员给予撤职或者开除处分；导致发生重大食品安全事故的，对直接负责的主管人员和食品检验人员给予开除处分。

违反本法规定，受到开除处分的食品检验机构人员，自处分决定作出之日起十年内不得从事食品检验工作；因食品安全违法行为受到刑事处罚或者因出具虚假检验报告导致发生重大食品安全事故受到开除处分的食品检验机构人员，终身不得从事食品检验工作。食品检验机构聘用不得从事食品检验工作的人员的，由授予其资质的主管部门或者机构撤销该食品检验机构的检验资质。

食品检验机构出具虚假检验报告，使消费者的合法权益受到损害的，应当与食品生产经营者承担连带责任。

第一百三十九条 违反本法规定，认证机构出具虚假认证结论，由认证认可监督管理部门没收所收取的认证费用，并处认证费用五倍以上十倍以下罚款，认证费用不足一万元的，并处五万元以上十万元以下罚款；情节严重的，责令停业，直至撤销认证机构批准文件，并向社会公布；对直接负责的主管人员和负有直接责任的认证人员，撤销其执业资格。

认证机构出具虚假认证结论，使消费者的合法权益受到损害的，应当与食品生产经营者承担连带责任。

第一百四十条 违反本法规定，在广告中对食品作虚假宣传，欺骗消费者，或者发布未取得批准文件、广告内容与批准文件不一致的保健食品广告的，依照《中华人民共和国广告法》的规定给予处罚。

广告经营者、发布者设计、制作、发布虚假食品广告，使消费者的合法权益受到损害的，应当与食品生产经营者承担连带责任。

社会团体或者其他组织、个人在虚假广告或者其他虚假宣传中向消费者推荐食品，使消费者的合法权益受到损害的，应当与食品生产经营者承担连带责任。

违反本法规定，食品安全监督管理等部门、食品检验机构、食品行业协会以广告或者其他形式向消费者推荐食品，消费者组织以收取费用或者其他牟取利益的方式向消费者推荐食品的，由有关主管部门没收违法所得，依法对直接负责的主管人员和其他直接责任人员给予记大过、降级或者撤职处分；情节严重的，给予开除处分。

对食品作虚假宣传且情节严重的，由省级以上人民政府食品安全监督管理部门决定暂停销售该食品，并向社会公布；仍然销售该食品的，由县级以上人民政府食品安全监督管理部门没收违法所得和违法销售的食品，并处二万元以上五万元以下罚款。

第一百四十一条 违反本法规定，编造、散布虚假食品安全信息，构成违反治安管理行为的，由公安机关依法给予治安管理处罚。

媒体编造、散布虚假食品安全信息的，由有关主管部门依法给予处罚，并对直接负责的主管人员和其他直接责任人员给予处分；使公民、法人或者其他组织的合法权益受到损害的，依法承担消除影响、恢复名誉、赔偿损失、赔礼道歉等民事责任。

第一百四十二条 违反本法规定，县级以上地方人民政府有下列行为之一的，对直接负责的主管人员和其他直接责任人员给予记大过处分；情节较重的，给予降级或者撤职处分；情节严重的，给予开除处分；造成严重后果的，其主要负责人还应当引咎辞职：

（一）对发生在本行政区域内的食品安全事故，未及时组织协调有关部门开展有效处置，造成不良影响或者损失；

（二）对本行政区域内涉及多环节的区域性食品安全问题，未及时组织整治，造成不良影响或者损失；

（三）隐瞒、谎报、缓报食品安全事故；

（四）本行政区域内发生特别重大食品安全事故，或者连续发生重大食品安全事故。

第一百四十三条 违反本法规定，县级以上地方人民政府有下列行为之一的，对直接负责的主管人员和其他直接责任人员给予警告、记过或者记大过处分；造成严重后果的，给予降级或者撤职处分：

（一）未确定有关部门的食品安全监督管理职责，未建立健全食品安全全程监督管理工作机制和信息共享机制，未落实食品安全监督管理责任制；

（二）未制定本行政区域的食品安全事故应急预案，或者发生食品安全事故后未按规定立即成立事故处置指挥机构、启动应急预案。

第一百四十四条 违反本法规定，县级以上人民政府食品安全监督管理、卫生行政、农业行政等部门有下列行为之一的，对直接负责的主管人员和其他直接责任人员给予记大过处分；情节较重的，给予降级或者撤职处分；情节严重的，给予开除处分；造成严重后果的，其主要负责人还应当引咎辞职：

（一）隐瞒、谎报、缓报食品安全事故；

（二）未按规定查处食品安全事故，或者接到食品安全事故报告未及时处理，造成事故扩大或者蔓延；

（三）经食品安全风险评估得出食品、食品添加剂、食品相关产品不安全结论后，未及时采取相应措施，造成食品安全事故或者不良社会影响；

（四）对不符合条件的申请人准予许可，或者超越法定职权准予许可；

（五）不履行食品安全监督管理职责，导致发生食品安全事故。

第一百四十五条 违反本法规定，县级以上人民政府食品安全监督管理、卫生行政、农业行政等部门有下列行为之一，造成不良后果的，对直接负责的主管人员和其他直接责任人员给予警告、记过或者记大过处分；情节较重的，给予降级或者撤职处分；情节严重的，给予开除处分：

（一）在获知有关食品安全信息后，未按规定向上级主管部门和本级人民政府报告，或者未按规定相互通报；

（二）未按规定公布食品安全信息；

（三）不履行法定职责，对查处食品安全违法行为不配合，或者滥用职权、玩忽职守、徇私舞弊。

第一百四十六条　食品安全监督管理等部门在履行食品安全监督管理职责过程中，违法实施检查、强制等执法措施，给生产经营者造成损失的，应当依法予以赔偿，对直接负责的主管人员和其他直接责任人员依法给予处分。

第一百四十七条　违反本法规定，造成人身、财产或者其他损害的，依法承担赔偿责任。生产经营者财产不足以同时承担民事赔偿责任和缴纳罚款、罚金时，先承担民事赔偿责任。

第一百四十八条　消费者因不符合食品安全标准的食品受到损害的，可以向经营者要求赔偿损失，也可以向生产者要求赔偿损失。接到消费者赔偿要求的生产经营者，应当实行首负责任制，先行赔付，不得推诿；属于生产者责任的，经营者赔偿后有权向生产者追偿；属于经营者责任的，生产者赔偿后有权向经营者追偿。

生产不符合食品安全标准的食品或者经营明知是不符合食品安全标准的食品，消费者除要求赔偿损失外，还可以向生产者或者经营者要求支付价款十倍或者损失三倍的赔偿金；增加赔偿的金额不足一千元的，为一千元。但是，食品的标签、说明书存在不影响食品安全且不会对消费者造成误导的瑕疵的除外。

第一百四十九条　违反本法规定，构成犯罪的，依法追究刑事责任。

第十章　附　　则

第一百五十条　本法下列用语的含义：

食品，指各种供人食用或者饮用的成品和原料以及按照传统既是食品又是中药材的物品，但是不包括以治疗为目的的物品。

食品安全，指食品无毒、无害，符合应当有的营养要求，对人体健康不造成任何急性、亚急性或者慢性危害。

预包装食品，指预先定量包装或者制作在包装材料、容器中的食品。

食品添加剂，指为改善食品品质和色、香、味以及为防腐、保鲜和加工工艺的需要而加入食品中的人工合成或者天然物质，包括营养强化剂。

用于食品的包装材料和容器，指包装、盛放食品或者食品添加剂用的纸、竹、木、金属、搪瓷、陶瓷、塑料、橡胶、天然纤维、化学纤维、玻璃等制品和直接接触食品或者食品添加剂的涂料。

用于食品生产经营的工具、设备，指在食品或者食品添加剂生产、销售、使用过程中直接接触食品或者食品添加剂的机械、管道、传送带、容器、用具、餐具等。

用于食品的洗涤剂、消毒剂，指直接用于洗涤或者消毒食品、餐具、饮具以及直接接触食品的工具、设备或者食品包装材料和容器的物质。

食品保质期，指食品在标明的贮存条件下保持品质的期限。

食源性疾病，指食品中致病因素进入人体引起的感染性、中毒性等疾病，包括食物中毒。

食品安全事故，指食源性疾病、食品污染等源于食品，对人体健康有危害或者可能有危害的事故。

第一百五十一条 转基因食品和食盐的食品安全管理，本法未作规定的，适用其他法律、行政法规的规定。

第一百五十二条 铁路、民航运营中食品安全的管理办法由国务院食品安全监督管理部门会同国务院有关部门依照本法制定。

保健食品的具体管理办法由国务院食品安全监督管理部门依照本法制定。

食品相关产品生产活动的具体管理办法由国务院食品安全监督管理部门依照本法制定。

国境口岸食品的监督管理由出入境检验检疫机构依照本法以及有关法律、行政法规的规定实施。

军队专用食品和自供食品的食品安全管理办法由中央军事委员会依照本法制定。

第一百五十三条 国务院根据实际需要，可以对食品安全监督管理体制作出调整。

第一百五十四条 本法自2015年10月1日起施行。

20. 中华人民共和国产品质量法

（1993 年 2 月 22 日第七届全国人民代表大会常务委员会第三十次会议通过　根据 2000 年 7 月 8 日第九届全国人民代表大会常务委员会第十六次会议《关于修改〈中华人民共和国产品质量法〉的决定》第一次修正　根据 2009 年 8 月 27 日第十一届全国人民代表大会常务委员会第十次会议《关于修改部分法律的决定》第二次修正　根据 2018 年 12 月 29 日第十三届全国人民代表大会常务委员会第七次会议《关于修改〈中华人民共和国产品质量法〉等五部法律的决定》第三次修正）

第一章　总　　则

第一条　为了加强对产品质量的监督管理，提高产品质量水平，明确产品质量责任，保护消费者的合法权益，维护社会经济秩序，制定本法。

第二条　在中华人民共和国境内从事产品生产、销售活动，必须遵守本法。

本法所称产品是指经过加工、制作，用于销售的产品。

建设工程不适用本法规定；但是，建设工程使用的建筑材料、建筑构配件和设备，属于前款规定的产品范围的，适用本法规定。

第三条　生产者、销售者应当建立健全内部产品质量管理制度，严格实施岗位质量规范、质量责任以及相应的考核办法。

第四条　生产者、销售者依照本法规定承担产品质量责任。

第五条　禁止伪造或者冒用认证标志等质量标志；禁止伪造产品的产地，伪造或者冒用他人的厂名、厂址；禁止在生产、销售的产品中掺杂、掺假，以假充真，以次充好。

第六条　国家鼓励推行科学的质量管理方法，采用先进的科学技术，鼓励企业产品质量达到并且超过行业标准、国家标准和国际标准。

对产品质量管理先进和产品质量达到国际先进水平、成绩显著的单位和个人，给予奖励。

第七条　各级人民政府应当把提高产品质量纳入国民经济和社会发展规划，

加强对产品质量工作的统筹规划和组织领导，引导、督促生产者、销售者加强产品质量管理，提高产品质量，组织各有关部门依法采取措施，制止产品生产、销售中违反本法规定的行为，保障本法的施行。

第八条 国务院市场监督管理部门主管全国产品质量监督工作。国务院有关部门在各自的职责范围内负责产品质量监督工作。

县级以上地方市场监督管理部门主管本行政区域内的产品质量监督工作。县级以上地方人民政府有关部门在各自的职责范围内负责产品质量监督工作。

法律对产品质量的监督部门另有规定的，依照有关法律的规定执行。

第九条 各级人民政府工作人员和其他国家机关工作人员不得滥用职权、玩忽职守或者徇私舞弊，包庇、放纵本地区、本系统发生的产品生产、销售中违反本法规定的行为，或者阻挠、干预依法对产品生产、销售中违反本法规定的行为进行查处。

各级地方人民政府和其他国家机关有包庇、放纵产品生产、销售中违反本法规定的行为的，依法追究其主要负责人的法律责任。

第十条 任何单位和个人有权对违反本法规定的行为，向市场监督管理部门或者其他有关部门检举。

市场监督管理部门和有关部门应当为检举人保密，并按照省、自治区、直辖市人民政府的规定给予奖励。

第十一条 任何单位和个人不得排斥非本地区或者非本系统企业生产的质量合格产品进入本地区、本系统。

第二章 产品质量的监督

第十二条 产品质量应当检验合格，不得以不合格产品冒充合格产品。

第十三条 可能危及人体健康和人身、财产安全的工业产品，必须符合保障人体健康和人身、财产安全的国家标准、行业标准；未制定国家标准、行业标准的，必须符合保障人体健康和人身、财产安全的要求。

禁止生产、销售不符合保障人体健康和人身、财产安全的标准和要求的工业产品。具体管理办法由国务院规定。

第十四条 国家根据国际通用的质量管理标准，推行企业质量体系认证制度。企业根据自愿原则可以向国务院市场监督管理部门认可的或者国务院市场监督管理部门授权的部门认可的认证机构申请企业质量体系认证。经认证合格的，由认证机构颁发企业质量体系认证证书。

国家参照国际先进的产品标准和技术要求，推行产品质量认证制度。企业根据自愿原则可以向国务院市场监督管理部门认可的或者国务院市场监督管理部门授权的部门认可的认证机构申请产品质量认证。经认证合格的，由认证机构颁发产品质量认证证书，准许企业在产品或者其包装上使用产品质量认证标志。

第十五条　国家对产品质量实行以抽查为主要方式的监督检查制度，对可能危及人体健康和人身、财产安全的产品，影响国计民生的重要工业产品以及消费者、有关组织反映有质量问题的产品进行抽查。抽查的样品应当在市场上或者企业成品仓库内的待销产品中随机抽取。监督抽查工作由国务院市场监督管理部门规划和组织。县级以上地方市场监督管理部门在本行政区域内也可以组织监督抽查。法律对产品质量的监督检查另有规定的，依照有关法律的规定执行。

国家监督抽查的产品，地方不得另行重复抽查；上级监督抽查的产品，下级不得另行重复抽查。

根据监督抽查的需要，可以对产品进行检验。检验抽取样品的数量不得超过检验的合理需要，并不得向被检查人收取检验费用。监督抽查所需检验费用按照国务院规定列支。

生产者、销售者对抽查检验的结果有异议的，可以自收到检验结果之日起十五日内向实施监督抽查的市场监督管理部门或者其上级市场监督管理部门申请复检，由受理复检的市场监督管理部门作出复检结论。

第十六条　对依法进行的产品质量监督检查，生产者、销售者不得拒绝。

第十七条　依照本法规定进行监督抽查的产品质量不合格的，由实施监督抽查的市场监督管理部门责令其生产者、销售者限期改正。逾期不改正的，由省级以上人民政府市场监督管理部门予以公告；公告后经复查仍不合格的，责令停业，限期整顿；整顿期满后经复查产品质量仍不合格的，吊销营业执照。

监督抽查的产品有严重质量问题的，依照本法第五章的有关规定处罚。

第十八条　县级以上市场监督管理部门根据已经取得的违法嫌疑证据或者

举报，对涉嫌违反本法规定的行为进行查处时，可以行使下列职权：

（一）对当事人涉嫌从事违反本法的生产、销售活动的场所实施现场检查；

（二）向当事人的法定代表人、主要负责人和其他有关人员调查、了解与涉嫌从事违反本法的生产、销售活动有关的情况；

（三）查阅、复制当事人有关的合同、发票、帐簿以及其他有关资料；

（四）对有根据认为不符合保障人体健康和人身、财产安全的国家标准、行业标准的产品或者有其他严重质量问题的产品，以及直接用于生产、销售该项产品的原辅材料、包装物、生产工具，予以查封或者扣押。

第十九条 产品质量检验机构必须具备相应的检测条件和能力，经省级以上人民政府市场监督管理部门或者其授权的部门考核合格后，方可承担产品质量检验工作。法律、行政法规对产品质量检验机构另有规定的，依照有关法律、行政法规的规定执行。

第二十条 从事产品质量检验、认证的社会中介机构必须依法设立，不得与行政机关和其他国家机关存在隶属关系或者其他利益关系。

第二十一条 产品质量检验机构、认证机构必须依法按照有关标准，客观、公正地出具检验结果或者认证证明。

产品质量认证机构应当依照国家规定对准许使用认证标志的产品进行认证后的跟踪检查；对不符合认证标准而使用认证标志的，要求其改正；情节严重的，取消其使用认证标志的资格。

第二十二条 消费者有权就产品质量问题，向产品的生产者、销售者查询；向市场监督管理部门及有关部门申诉，接受申诉的部门应当负责处理。

第二十三条 保护消费者权益的社会组织可以就消费者反映的产品质量问题建议有关部门负责处理，支持消费者对因产品质量造成的损害向人民法院起诉。

第二十四条 国务院和省、自治区、直辖市人民政府的市场监督管理部门应当定期发布其监督抽查的产品的质量状况公告。

第二十五条 市场监督管理部门或者其他国家机关以及产品质量检验机构不得向社会推荐生产者的产品；不得以对产品进行监制、监销等方式参与产品经营活动。

第三章 生产者、销售者的产品质量责任和义务

第一节 生产者的产品质量责任和义务

第二十六条 生产者应当对其生产的产品质量负责。

产品质量应当符合下列要求：

（一）不存在危及人身、财产安全的不合理的危险，有保障人体健康和人身、财产安全的国家标准、行业标准的，应当符合该标准；

（二）具备产品应当具备的使用性能，但是，对产品存在使用性能的瑕疵作出说明的除外；

（三）符合在产品或者其包装上注明采用的产品标准，符合以产品说明、实物样品等方式表明的质量状况。

第二十七条 产品或者其包装上的标识必须真实，并符合下列要求：

（一）有产品质量检验合格证明；

（二）有中文标明的产品名称、生产厂厂名和厂址；

（三）根据产品的特点和使用要求，需要标明产品规格、等级、所含主要成份的名称和含量的，用中文相应予以标明；需要事先让消费者知晓的，应当在外包装上标明，或者预先向消费者提供有关资料；

（四）限期使用的产品，应当在显著位置清晰地标明生产日期和安全使用期或者失效日期；

（五）使用不当，容易造成产品本身损坏或者可能危及人身、财产安全的产品，应当有警示标志或者中文警示说明。

裸装的食品和其他根据产品的特点难以附加标识的裸装产品，可以不附加产品标识。

第二十八条 易碎、易燃、易爆、有毒、有腐蚀性、有放射性等危险物品以及储运中不能倒置和其他有特殊要求的产品，其包装质量必须符合相应要求，依照国家有关规定作出警示标志或者中文警示说明，标明储运注意事项。

第二十九条 生产者不得生产国家明令淘汰的产品。

第三十条 生产者不得伪造产地，不得伪造或者冒用他人的厂名、厂址。

第三十一条 生产者不得伪造或者冒用认证标志等质量标志。

第三十二条 生产者生产产品，不得掺杂、掺假，不得以假充真、以次充好，不得以不合格产品冒充合格产品。

第二节 销售者的产品质量责任和义务

第三十三条 销售者应当建立并执行进货检查验收制度，验明产品合格证明和其他标识。

第三十四条 销售者应当采取措施，保持销售产品的质量。

第三十五条 销售者不得销售国家明令淘汰并停止销售的产品和失效、变质的产品。

第三十六条 销售者销售的产品的标识应当符合本法第二十七条的规定。

第三十七条 销售者不得伪造产地，不得伪造或者冒用他人的厂名、厂址。

第三十八条 销售者不得伪造或者冒用认证标志等质量标志。

第三十九条 销售者销售产品，不得掺杂、掺假，不得以假充真、以次充好，不得以不合格产品冒充合格产品。

第四章 损害赔偿

第四十条 售出的产品有下列情形之一的，销售者应当负责修理、更换、退货；给购买产品的消费者造成损失的，销售者应当赔偿损失：

（一）不具备产品应当具备的使用性能而事先未作说明的；

（二）不符合在产品或者其包装上注明采用的产品标准的；

（三）不符合以产品说明、实物样品等方式表明的质量状况的。

销售者依照前款规定负责修理、更换、退货、赔偿损失后，属于生产者的责任或者属于向销售者提供产品的其他销售者（以下简称供货者）的责任的，销售者有权向生产者、供货者追偿。

销售者未按照第一款规定给予修理、更换、退货或者赔偿损失的，由市场监督管理部门责令改正。

生产者之间，销售者之间，生产者与销售者之间订立的买卖合同、承揽合同有不同约定的，合同当事人按照合同约定执行。

第四十一条 因产品存在缺陷造成人身、缺陷产品以外的其他财产（以下简称他人财产）损害的，生产者应当承担赔偿责任。

生产者能够证明有下列情形之一的，不承担赔偿责任：

（一）未将产品投入流通的；

（二）产品投入流通时，引起损害的缺陷尚不存在的；

（三）将产品投入流通时的科学技术水平尚不能发现缺陷的存在的。

第四十二条 由于销售者的过错使产品存在缺陷，造成人身、他人财产损害的，销售者应当承担赔偿责任。

销售者不能指明缺陷产品的生产者也不能指明缺陷产品的供货者的，销售者应当承担赔偿责任。

第四十三条 因产品存在缺陷造成人身、他人财产损害的，受害人可以向产品的生产者要求赔偿，也可以向产品的销售者要求赔偿。属于产品的生产者的责任，产品的销售者赔偿的，产品的销售者有权向产品的生产者追偿。属于产品的销售者的责任，产品的生产者赔偿的，产品的生产者有权向产品的销售者追偿。

第四十四条 因产品存在缺陷造成受害人人身伤害的，侵害人应当赔偿医疗费、治疗期间的护理费、因误工减少的收入等费用；造成残疾的，还应当支付残疾者生活自助具费、生活补助费、残疾赔偿金以及由其扶养的人所必需的生活费等费用；造成受害人死亡的，并应当支付丧葬费、死亡赔偿金以及由死者生前扶养的人所必需的生活费等费用。

因产品存在缺陷造成受害人财产损失的，侵害人应当恢复原状或者折价赔偿。受害人因此遭受其他重大损失的，侵害人应当赔偿损失。

第四十五条 因产品存在缺陷造成损害要求赔偿的诉讼时效期间为二年，自当事人知道或者应当知道其权益受到损害时起计算。

因产品存在缺陷造成损害要求赔偿的请求权，在造成损害的缺陷产品交付最初消费者满十年丧失；但是，尚未超过明示的安全使用期的除外。

第四十六条 本法所称缺陷，是指产品存在危及人身、他人财产安全的不合理的危险；产品有保障人体健康和人身、财产安全的国家标准、行业标准的，是指不符合该标准。

第四十七条 因产品质量发生民事纠纷时，当事人可以通过协商或者调解解决。当事人不愿通过协商、调解解决或者协商、调解不成的，可以根据当事人各方的协议向仲裁机构申请仲裁；当事人各方没有达成仲裁协议或者仲裁协议无效的，可以直接向人民法院起诉。

第四十八条 仲裁机构或者人民法院可以委托本法第十九条规定的产品质量检验机构，对有关产品质量进行检验。

第五章 罚 则

第四十九条 生产、销售不符合保障人体健康和人身、财产安全的国家标准、行业标准的产品的，责令停止生产、销售，没收违法生产、销售的产品，并处违法生产、销售产品（包括已售出和未售出的产品，下同）货值金额等值以上三倍以下的罚款；有违法所得的，并处没收违法所得；情节严重的，吊销营业执照；构成犯罪的，依法追究刑事责任。

第五十条 在产品中掺杂、掺假，以假充真，以次充好，或者以不合格产品冒充合格产品的，责令停止生产、销售，没收违法生产、销售的产品，并处违法生产、销售产品货值金额百分之五十以上三倍以下的罚款；有违法所得的，并处没收违法所得；情节严重的，吊销营业执照；构成犯罪的，依法追究刑事责任。

第五十一条 生产国家明令淘汰的产品的，销售国家明令淘汰并停止销售的产品的，责令停止生产、销售，没收违法生产、销售的产品，并处违法生产、销售产品货值金额等值以下的罚款；有违法所得的，并处没收违法所得；情节严重的，吊销营业执照。

第五十二条 销售失效、变质的产品的，责令停止销售，没收违法销售的产品，并处违法销售产品货值金额二倍以下的罚款；有违法所得的，并处没收违法所得；情节严重的，吊销营业执照；构成犯罪的，依法追究刑事责任。

第五十三条 伪造产品产地的，伪造或者冒用他人厂名、厂址的，伪造或者冒用认证标志等质量标志的，责令改正，没收违法生产、销售的产品，并处违法生产、销售产品货值金额等值以下的罚款；有违法所得的，并处没收违法所得；情节严重的，吊销营业执照。

第五十四条 产品标识不符合本法第二十七条规定的，责令改正；有包装的产品标识不符合本法第二十七条第（四）项、第（五）项规定，情节严重的，责令停止生产、销售，并处违法生产、销售产品货值金额百分之三十以下的罚款；有违法所得的，并处没收违法所得。

第五十五条　销售者销售本法第四十九条至第五十三条规定禁止销售的产品，有充分证据证明其不知道该产品为禁止销售的产品并如实说明其进货来源的，可以从轻或者减轻处罚。

第五十六条　拒绝接受依法进行的产品质量监督检查的，给予警告，责令改正；拒不改正的，责令停业整顿；情节特别严重的，吊销营业执照。

第五十七条　产品质量检验机构、认证机构伪造检验结果或者出具虚假证明的，责令改正，对单位处五万元以上十万元以下的罚款，对直接负责的主管人员和其他直接责任人员处一万元以上五万元以下的罚款；有违法所得的，并处没收违法所得；情节严重的，取消其检验资格、认证资格；构成犯罪的，依法追究刑事责任。

产品质量检验机构、认证机构出具的检验结果或者证明不实，造成损失的，应当承担相应的赔偿责任；造成重大损失的，撤销其检验资格、认证资格。

产品质量认证机构违反本法第二十一条第二款的规定，对不符合认证标准而使用认证标志的产品，未依法要求其改正或者取消其使用认证标志资格的，对因产品不符合认证标准给消费者造成的损失，与产品的生产者、销售者承担连带责任；情节严重的，撤销其认证资格。

第五十八条　社会团体、社会中介机构对产品质量作出承诺、保证，而该产品又不符合其承诺、保证的质量要求，给消费者造成损失的，与产品的生产者、销售者承担连带责任。

第五十九条　在广告中对产品质量作虚假宣传，欺骗和误导消费者的，依照《中华人民共和国广告法》的规定追究法律责任。

第六十条　对生产者专门用于生产本法第四十九条、第五十一条所列的产品或者以假充真的产品的原辅材料、包装物、生产工具，应当予以没收。

第六十一条　知道或者应当知道属于本法规定禁止生产、销售的产品而为其提供运输、保管、仓储等便利条件的，或者为以假充真的产品提供制假生产技术的，没收全部运输、保管、仓储或者提供制假生产技术的收入，并处违法收入百分之五十以上三倍以下的罚款；构成犯罪的，依法追究刑事责任。

第六十二条　服务业的经营者将本法第四十九条至第五十二条规定禁止销售的产品用于经营性服务的，责令停止使用；对知道或者应当知道所使用的产品属于本法规定禁止销售的产品的，按照违法使用的产品（包括已使用和尚未使用的产品）的货值金额，依照本法对销售者的处罚规定处罚。

第六十三条 隐匿、转移、变卖、损毁被市场监督管理部门查封、扣押的物品的，处被隐匿、转移、变卖、损毁物品货值金额等值以上三倍以下的罚款；有违法所得的，并处没收违法所得。

第六十四条 违反本法规定，应当承担民事赔偿责任和缴纳罚款、罚金，其财产不足以同时支付时，先承担民事赔偿责任。

第六十五条 各级人民政府工作人员和其他国家机关工作人员有下列情形之一的，依法给予行政处分；构成犯罪的，依法追究刑事责任：

（一）包庇、放纵产品生产、销售中违反本法规定行为的；

（二）向从事违反本法规定的生产、销售活动的当事人通风报信，帮助其逃避查处的；

（三）阻挠、干预市场监督管理部门依法对产品生产、销售中违反本法规定的行为进行查处，造成严重后果的。

第六十六条 市场监督管理部门在产品质量监督抽查中超过规定的数量索取样品或者向被检查人收取检验费用的，由上级市场监督管理部门或者监察机关责令退还；情节严重的，对直接负责的主管人员和其他直接责任人员依法给予行政处分。

第六十七条 市场监督管理部门或者其他国家机关违反本法第二十五条的规定，向社会推荐生产者的产品或者以监制、监销等方式参与产品经营活动的，由其上级机关或者监察机关责令改正，消除影响，有违法收入的予以没收；情节严重的，对直接负责的主管人员和其他直接责任人员依法给予行政处分。

产品质量检验机构有前款所列违法行为的，由市场监督管理部门责令改正，消除影响，有违法收入的予以没收，可以并处违法收入一倍以下的罚款；情节严重的，撤销其质量检验资格。

第六十八条 市场监督管理部门的工作人员滥用职权、玩忽职守、徇私舞弊，构成犯罪的，依法追究刑事责任；尚不构成犯罪的，依法给予行政处分。

第六十九条 以暴力、威胁方法阻碍市场监督管理部门的工作人员依法执行职务的，依法追究刑事责任；拒绝、阻碍未使用暴力、威胁方法的，由公安机关依照治安管理处罚法的规定处罚。

第七十条 本法第四十九条至第五十七条、第六十条至第六十三条规定的行政处罚由市场监督管理部门决定。法律、行政法规对行使行政处罚权的机关另有规定的，依照有关法律、行政法规的规定执行。

第七十一条　对依照本法规定没收的产品，依照国家有关规定进行销毁或者采取其他方式处理。

第七十二条　本法第四十九条至第五十四条、第六十二条、第六十三条所规定的货值金额以违法生产、销售产品的标价计算；没有标价的，按照同类产品的市场价格计算。

第六章　附　　则

第七十三条　军工产品质量监督管理办法，由国务院、中央军事委员会另行制定。

因核设施、核产品造成损害的赔偿责任，法律、行政法规另有规定的，依照其规定。

第七十四条　本法自1993年9月1日起施行。

21. 网络交易管理办法

（2014年1月26日国家工商行政管理总局令第60号公布　自2014年3月15日起施行）

第一章　总　　则

第一条　为规范网络商品交易及有关服务，保护消费者和经营者的合法权益，促进网络经济持续健康发展，依据《消费者权益保护法》、《产品质量法》、《反不正当竞争法》、《合同法》、《商标法》、《广告法》、《侵权责任法》和《电子签名法》等法律、法规，制定本办法。

第二条　在中华人民共和国境内从事网络商品交易及有关服务，应当遵守中华人民共和国法律、法规和本办法的规定。

第三条　本办法所称网络商品交易，是指通过互联网（含移动互联网）销售商品或者提供服务的经营活动。

本办法所称有关服务，是指为网络商品交易提供第三方交易平台、宣传推广、信用评价、支付结算、物流、快递、网络接入、服务器托管、虚拟空间租用、网站网页设计制作等营利性服务。

第四条 从事网络商品交易及有关服务应当遵循自愿、公平、诚实信用的原则，遵守商业道德和公序良俗。

第五条 鼓励支持网络商品经营者、有关服务经营者创新经营模式，提升服务水平，推动网络经济发展。

第六条 鼓励支持网络商品经营者、有关服务经营者成立行业组织，建立行业公约，推动行业信用建设，加强行业自律，促进行业规范发展。

第二章 网络商品经营者和有关服务经营者的义务

第一节 一般性规定

第七条 从事网络商品交易及有关服务的经营者，应当依法办理工商登记。

从事网络商品交易的自然人，应当通过第三方交易平台开展经营活动，并向第三方交易平台提交其姓名、地址、有效身份证明、有效联系方式等真实身份信息。具备登记注册条件的，依法办理工商登记。

从事网络商品交易及有关服务的经营者销售的商品或者提供的服务属于法律、行政法规或者国务院决定规定应当取得行政许可的，应当依法取得有关许可。

第八条 已经工商行政管理部门登记注册并领取营业执照的法人、其他经济组织或者个体工商户，从事网络商品交易及有关服务的，应当在其网站首页或者从事经营活动的主页面醒目位置公开营业执照登载的信息或者其营业执照的电子链接标识。

第九条 网上交易的商品或者服务应当符合法律、法规、规章的规定。法律、法规禁止交易的商品或者服务，经营者不得在网上进行交易。

第十条 网络商品经营者向消费者销售商品或者提供服务，应当遵守《消费者权益保护法》和《产品质量法》等法律、法规、规章的规定，不得损害消费者合法权益。

第十一条 网络商品经营者向消费者销售商品或者提供服务，应当向消费者提供经营地址、联系方式、商品或者服务的数量和质量、价款或者费用、履行期限和方式、支付形式、退换货方式、安全注意事项和风险警示、售后服务、民事责任等信息，采取安全保障措施确保交易安全可靠，并按照承诺提供商品或者服务。

第十二条　网络商品经营者销售商品或者提供服务，应当保证商品或者服务的完整性，不得将商品或者服务不合理拆分出售，不得确定最低消费标准或者另行收取不合理的费用。

第十三条　网络商品经营者销售商品或者提供服务，应当按照国家有关规定或者商业惯例向消费者出具发票等购货凭证或者服务单据；征得消费者同意的，可以以电子化形式出具。电子化的购货凭证或者服务单据，可以作为处理消费投诉的依据。

消费者索要发票等购货凭证或者服务单据的，网络商品经营者必须出具。

第十四条　网络商品经营者、有关服务经营者提供的商品或者服务信息应当真实准确，不得作虚假宣传和虚假表示。

第十五条　网络商品经营者、有关服务经营者销售商品或者提供服务，应当遵守《商标法》、《企业名称登记管理规定》等法律、法规、规章的规定，不得侵犯他人的注册商标专用权、企业名称权等权利。

第十六条　网络商品经营者销售商品，消费者有权自收到商品之日起七日内退货，且无需说明理由，但下列商品除外：

（一）消费者定作的；

（二）鲜活易腐的；

（三）在线下载或者消费者拆封的音像制品、计算机软件等数字化商品；

（四）交付的报纸、期刊。

除前款所列商品外，其他根据商品性质并经消费者在购买时确认不宜退货的商品，不适用无理由退货。

消费者退货的商品应当完好。网络商品经营者应当自收到退回商品之日起七日内返还消费者支付的商品价款。退回商品的运费由消费者承担；网络商品经营者和消费者另有约定的，按照约定。

第十七条　网络商品经营者、有关服务经营者在经营活动中使用合同格式条款的，应当符合法律、法规、规章的规定，按照公平原则确定交易双方的权利与义务，采用显著的方式提请消费者注意与消费者有重大利害关系的条款，并按照消费者的要求予以说明。

网络商品经营者、有关服务经营者不得以合同格式条款等方式作出排除或者限制消费者权利、减轻或者免除经营者责任、加重消费者责任等对消费者不公平、不合理的规定，不得利用合同格式条款并借助技术手段强制交易。

第十八条 网络商品经营者、有关服务经营者在经营活动中收集、使用消费者或者经营者信息，应当遵循合法、正当、必要的原则，明示收集、使用信息的目的、方式和范围，并经被收集者同意。网络商品经营者、有关服务经营者收集、使用消费者或者经营者信息，应当公开其收集、使用规则，不得违反法律、法规的规定和双方的约定收集、使用信息。

网络商品经营者、有关服务经营者及其工作人员对收集的消费者个人信息或者经营者商业秘密的数据信息必须严格保密，不得泄露、出售或者非法向他人提供。网络商品经营者、有关服务经营者应当采取技术措施和其他必要措施，确保信息安全，防止信息泄露、丢失。在发生或者可能发生信息泄露、丢失的情况时，应当立即采取补救措施。

网络商品经营者、有关服务经营者未经消费者同意或者请求，或者消费者明确表示拒绝的，不得向其发送商业性电子信息。

第十九条 网络商品经营者、有关服务经营者销售商品或者服务，应当遵守《反不正当竞争法》等法律的规定，不得以不正当竞争方式损害其他经营者的合法权益、扰乱社会经济秩序。同时，不得利用网络技术手段或者载体等方式，从事下列不正当竞争行为：

（一）擅自使用知名网站特有的域名、名称、标识或者使用与知名网站近似的域名、名称、标识，与他人知名网站相混淆，造成消费者误认；

（二）擅自使用、伪造政府部门或者社会团体电子标识，进行引人误解的虚假宣传；

（三）以虚拟物品为奖品进行抽奖式的有奖销售，虚拟物品在网络市场约定金额超过法律法规允许的限额；

（四）以虚构交易、删除不利评价等形式，为自己或他人提升商业信誉；

（五）以交易达成后违背事实的恶意评价损害竞争对手的商业信誉；

（六）法律、法规规定的其他不正当竞争行为。

第二十条 网络商品经营者、有关服务经营者不得对竞争对手的网站或者网页进行非法技术攻击，造成竞争对手无法正常经营。

第二十一条　网络商品经营者、有关服务经营者应当按照国家工商行政管理总局的规定向所在地工商行政管理部门报送经营统计资料。

第二节　第三方交易平台经营者的特别规定

第二十二条　第三方交易平台经营者应当是经工商行政管理部门登记注册并领取营业执照的企业法人。

前款所称第三方交易平台，是指在网络商品交易活动中为交易双方或者多方提供网页空间、虚拟经营场所、交易规则、交易撮合、信息发布等服务，供交易双方或者多方独立开展交易活动的信息网络系统。

第二十三条　第三方交易平台经营者应当对申请进入平台销售商品或者提供服务的法人、其他经济组织或者个体工商户的经营主体身份进行审查和登记，建立登记档案并定期核实更新，在其从事经营活动的主页面醒目位置公开营业执照登载的信息或者其营业执照的电子链接标识。

第三方交易平台经营者应当对尚不具备工商登记注册条件、申请进入平台销售商品或者提供服务的自然人的真实身份信息进行审查和登记，建立登记档案并定期核实更新，核发证明个人身份信息真实合法的标记，加载在其从事经营活动的主页面醒目位置。

第三方交易平台经营者在审查和登记时，应当使对方知悉并同意登记协议，提请对方注意义务和责任条款。

第二十四条　第三方交易平台经营者应当与申请进入平台销售商品或者提供服务的经营者订立协议，明确双方在平台进入和退出、商品和服务质量安全保障、消费者权益保护等方面的权利、义务和责任。

第三方交易平台经营者修改其与平台内经营者的协议、交易规则，应当遵循公开、连续、合理的原则，修改内容应当至少提前七日予以公示并通知相关经营者。平台内经营者不接受协议或者规则修改内容、申请退出平台的，第三方交易平台经营者应当允许其退出，并根据原协议或者交易规则承担相关责任。

第二十五条　第三方交易平台经营者应当建立平台内交易规则、交易安全保障、消费者权益保护、不良信息处理等管理制度。各项管理制度应当在其网站显示，并从技术上保证用户能够便利、完整地阅览和保存。

第三方交易平台经营者应当采取必要的技术手段和管理措施保证平台的正常运行，提供必要、可靠的交易环境和交易服务，维护网络交易秩序。

第二十六条 第三方交易平台经营者应当对通过平台销售商品或者提供服务的经营者及其发布的商品和服务信息建立检查监控制度，发现有违反工商行政管理法律、法规、规章的行为的，应当向平台经营者所在地工商行政管理部门报告，并及时采取措施制止，必要时可以停止对其提供第三方交易平台服务。

工商行政管理部门发现平台内有违反工商行政管理法律、法规、规章的行为，依法要求第三方交易平台经营者采取措施制止的，第三方交易平台经营者应当予以配合。

第二十七条 第三方交易平台经营者应当采取必要手段保护注册商标专用权、企业名称权等权利，对权利人有证据证明平台内的经营者实施侵犯其注册商标专用权、企业名称权等权利的行为或者实施损害其合法权益的其他不正当竞争行为的，应当依照《侵权责任法》采取必要措施。

第二十八条 第三方交易平台经营者应当建立消费纠纷和解和消费维权自律制度。消费者在平台内购买商品或者接受服务，发生消费纠纷或者其合法权益受到损害时，消费者要求平台调解的，平台应当调解；消费者通过其他渠道维权的，平台应当向消费者提供经营者的真实的网站登记信息，积极协助消费者维护自身合法权益。

第二十九条 第三方交易平台经营者在平台上开展商品或者服务自营业务的，应当以显著方式对自营部分和平台内其他经营者经营部分进行区分和标记，避免消费者产生误解。

第三十条 第三方交易平台经营者应当审查、记录、保存在其平台上发布的商品和服务信息内容及其发布时间。平台内经营者的营业执照或者个人真实身份信息记录保存时间从经营者在平台的登记注销之日起不少于两年，交易记录等其他信息记录备份保存时间从交易完成之日起不少于两年。

第三方交易平台经营者应当采取电子签名、数据备份、故障恢复等技术手段确保网络交易数据和资料的完整性和安全性，并应当保证原始数据的真实性。

第三十一条 第三方交易平台经营者拟终止提供第三方交易平台服务的，应当至少提前三个月在其网站主页面醒目位置予以公示并通知相关经营者和消费者，采取必要措施保障相关经营者和消费者的合法权益。

第三十二条　鼓励第三方交易平台经营者为交易当事人提供公平、公正的信用评价服务，对经营者的信用情况客观、公正地进行采集与记录，建立信用评价体系、信用披露制度以警示交易风险。

第三十三条　鼓励第三方交易平台经营者设立消费者权益保证金。消费者权益保证金应当用于对消费者权益的保障，不得挪作他用，使用情况应当定期公开。

第三方交易平台经营者与平台内的经营者协议设立消费者权益保证金的，双方应当就消费者权益保证金提取数额、管理、使用和退还办法等作出明确约定。

第三十四条　第三方交易平台经营者应当积极协助工商行政管理部门查处网上违法经营行为，提供在其平台内涉嫌违法经营的经营者的登记信息、交易数据等资料，不得隐瞒真实情况。

第三节　其他有关服务经营者的特别规定

第三十五条　为网络商品交易提供网络接入、服务器托管、虚拟空间租用、网站网页设计制作等服务的有关服务经营者，应当要求申请者提供经营资格证明和个人真实身份信息，签订服务合同，依法记录其上网信息。申请者营业执照或者个人真实身份信息等信息记录备份保存时间自服务合同终止或者履行完毕之日起不少于两年。

第三十六条　为网络商品交易提供信用评价服务的有关服务经营者，应当通过合法途径采集信用信息，坚持中立、公正、客观原则，不得任意调整用户的信用级别或者相关信息，不得将收集的信用信息用于任何非法用途。

第三十七条　为网络商品交易提供宣传推广服务应当符合相关法律、法规、规章的规定。

通过博客、微博等网络社交载体提供宣传推广服务、评论商品或者服务并因此取得酬劳的，应当如实披露其性质，避免消费者产生误解。

第三十八条　为网络商品交易提供网络接入、支付结算、物流、快递等服务的有关服务经营者，应当积极协助工商行政管理部门查处网络商品交易相关违法行为，提供涉嫌违法经营的网络商品经营者的登记信息、联系方式、地址等相关数据资料，不得隐瞒真实情况。

第三章 网络商品交易及有关服务监督管理

第三十九条 网络商品交易及有关服务的监督管理由县级以上工商行政管理部门负责。

第四十条 县级以上工商行政管理部门应当建立网络商品交易及有关服务信用档案，记录日常监督检查结果、违法行为查处等情况。根据信用档案的记录，对网络商品经营者、有关服务经营者实施信用分类监管。

第四十一条 网络商品交易及有关服务违法行为由发生违法行为的经营者住所所在地县级以上工商行政管理部门管辖。对于其中通过第三方交易平台开展经营活动的经营者，其违法行为由第三方交易平台经营者住所所在地县级以上工商行政管理部门管辖。第三方交易平台经营者住所所在地县级以上工商行政管理部门管辖异地违法行为人有困难的，可以将违法行为人的违法情况移交违法行为人所在地县级以上工商行政管理部门处理。

两个以上工商行政管理部门因网络商品交易及有关服务违法行为的管辖权发生争议的，应当报请共同的上一级工商行政管理部门指定管辖。

对于全国范围内有重大影响、严重侵害消费者权益、引发群体投诉或者案情复杂的网络商品交易及有关服务违法行为，由国家工商行政管理总局负责查处或者指定省级工商行政管理局负责查处。

第四十二条 网络商品交易及有关服务活动中的消费者向工商行政管理部门投诉的，依照《工商行政管理部门处理消费者投诉办法》处理。

第四十三条 县级以上工商行政管理部门对涉嫌违法的网络商品交易及有关服务行为进行查处时，可以行使下列职权：

（一）询问有关当事人，调查其涉嫌从事违法网络商品交易及有关服务行为的相关情况；

（二）查阅、复制当事人的交易数据、合同、票据、账簿以及其他相关数据资料；

（三）依照法律、法规的规定，查封、扣押用于从事违法网络商品交易及有关服务行为的商品、工具、设备等物品，查封用于从事违法网络商品交易及有关服务行为的经营场所；

（四）法律、法规规定可以采取的其他措施。

工商行政管理部门依法行使前款规定的职权时，当事人应当予以协助、配合，不得拒绝、阻挠。

第四十四条 工商行政管理部门对网络商品交易及有关服务活动的技术监测记录资料，可以作为对违法的网络商品经营者、有关服务经营者实施行政处罚或者采取行政措施的电子数据证据。

第四十五条 在网络商品交易及有关服务活动中违反工商行政管理法律法规规定，情节严重，需要采取措施制止违法网站继续从事违法活动的，工商行政管理部门可以依照有关规定，提请网站许可或者备案地通信管理部门依法责令暂时屏蔽或者停止该违法网站接入服务。

第四十六条 工商行政管理部门对网站违法行为作出行政处罚后，需要关闭该违法网站的，可以依照有关规定，提请网站许可或者备案地通信管理部门依法关闭该违法网站。

第四十七条 工商行政管理部门在对网络商品交易及有关服务活动的监督管理中发现应当由其他部门查处的违法行为的，应当依法移交相关部门。

第四十八条 县级以上工商行政管理部门应当建立网络商品交易及有关服务监管工作责任制度，依法履行职责。

第四章 法律责任

第四十九条 对于违反本办法的行为，法律、法规另有规定的，从其规定。

第五十条 违反本办法第七条第二款、第二十三条、第二十五条、第二十六条第二款、第二十九条、第三十条、第三十四条、第三十五条、第三十六条、第三十八条规定的，予以警告，责令改正，拒不改正的，处以一万元以上三万元以下的罚款。

第五十一条 违反本办法第八条、第二十一条规定的，予以警告，责令改正，拒不改正的，处以一万元以下的罚款。

第五十二条 违反本办法第十七条规定的，按照《合同违法行为监督处理办法》的有关规定处罚。

第五十三条 违反本办法第十九条第（一）项规定的，按照《反不正当竞争法》第二十一条的规定处罚；违反本办法第十九条第（二）项、第（四）项规定的，按照《反不正当竞争法》第二十四条的规定处罚；违反本办法第十九条第（三）项规定的，按照《反不正当竞争法》第二十六条的规定处罚；违反本办法第十九条第（五）项规定的，予以警告，责令改正，并处一万元以上三万元以下的罚款。

第五十四条 违反本办法第二十条规定的，予以警告，责令改正，并处一万元以上三万元以下的罚款。

第五章 附 则

第五十五条 通过第三方交易平台发布商品或者营利性服务信息、但交易过程不直接通过平台完成的经营活动，参照适用本办法关于网络商品交易的管理规定。

第五十六条 本办法由国家工商行政管理总局负责解释。

第五十七条 省级工商行政管理部门可以依据本办法的规定制定网络商品交易及有关服务监管实施指导意见。

第五十八条 本办法自 2014 年 3 月 15 日起施行。国家工商行政管理总局 2010 年 5 月 31 日发布的《网络商品交易及有关服务行为管理暂行办法》同时废止。

22. 网络购买商品七日无理由退货暂行办法

（2017 年 1 月 6 日国家工商行政管理总局令第 90 号公布 自 2017 年 3 月 15 日起施行）

第一章 总 则

第一条 为保障《消费者权益保护法》七日无理由退货规定的实施，保护消费者合法权益，促进电子商务健康发展，根据《消费者权益保护法》等相关法律、行政法规，制定本办法。

第二条 消费者为生活消费需要通过网络购买商品，自收到商品之日起七日内依照《消费者权益保护法》第二十五条规定退货的，适用本办法。

第三条 网络商品销售者应当依法履行七日无理由退货义务。

网络交易平台提供者应当引导和督促平台上的网络商品销售者履行七日无

理由退货义务，进行监督检查，并提供技术保障。

第四条　消费者行使七日无理由退货权利和网络商品销售者履行七日无理由退货义务都应当遵循公平、诚实信用的原则，遵守商业道德。

第五条　鼓励网络商品销售者作出比本办法更有利于消费者的无理由退货承诺。

第二章　不适用退货的商品范围和商品完好标准

第六条　下列商品不适用七日无理由退货规定：

（一）消费者定作的商品；

（二）鲜活易腐的商品；

（三）在线下载或者消费者拆封的音像制品、计算机软件等数字化商品；

（四）交付的报纸、期刊。

第七条　下列性质的商品经消费者在购买时确认，可以不适用七日无理由退货规定：

（一）拆封后易影响人身安全或者生命健康的商品，或者拆封后易导致商品品质发生改变的商品；

（二）一经激活或者试用后价值贬损较大的商品；

（三）销售时已明示的临近保质期的商品、有瑕疵的商品。

第八条　消费者退回的商品应当完好。

商品能够保持原有品质、功能，商品本身、配件、商标标识齐全的，视为商品完好。

消费者基于查验需要而打开商品包装，或者为确认商品的品质、功能而进行合理的调试不影响商品的完好。

第九条　对超出查验和确认商品品质、功能需要而使用商品，导致商品价值贬损较大的，视为商品不完好。具体判定标准如下：

（一）食品（含保健食品）、化妆品、医疗器械、计生用品：必要的一次性密封包装被损坏；

（二）电子电器类：进行未经授权的维修、改动，破坏、涂改强制性产品认证标志、指示标贴、机器序列号等，有难以恢复原状的外观类使用痕迹，或者产生激活、授权信息、不合理的个人使用数据留存等数据类使用痕迹；

（三）服装、鞋帽、箱包、玩具、家纺、家居类：商标标识被摘、标识被剪，商品受污、受损。

第三章 退货程序

第十条 选择无理由退货的消费者应当自收到商品之日起七日内向网络商品销售者发出退货通知。

七日期间自消费者签收商品的次日开始起算。

第十一条 网络商品销售者收到退货通知后应当及时向消费者提供真实、准确的退货地址、退货联系人、退货联系电话等有效联系信息。

消费者获得上述信息后应当及时退回商品，并保留退货凭证。

第十二条 消费者退货时应当将商品本身、配件及赠品一并退回。

赠品包括赠送的实物、积分、代金券、优惠券等形式。如果赠品不能一并退回，经营者可以要求消费者按照事先标明的赠品价格支付赠品价款。

第十三条 消费者退回的商品完好的，网络商品销售者应当在收到退回商品之日起七日内向消费者返还已支付的商品价款。

第十四条 退款方式比照购买商品的支付方式。经营者与消费者另有约定的，从其约定。

购买商品时采用多种方式支付价款的，一般应当按照各种支付方式的实际支付价款以相应方式退款。

除征得消费者明确表示同意的以外，网络商品销售者不应当自行指定其他退款方式。

第十五条 消费者采用积分、代金券、优惠券等形式支付价款的，网络商品销售者在消费者退还商品后应当以相应形式返还消费者。对积分、代金券、优惠券的使用和返还有约定的，可以从其约定。

第十六条 消费者购买商品时采用信用卡支付方式并支付手续费的，网络商品销售者退款时可以不退回手续费。

消费者购买商品时采用信用卡支付方式并被网络商品销售者免除手续费的，网络商品销售者可以在退款时扣除手续费。

第十七条 退货价款以消费者实际支出的价款为准。

套装或者满减优惠活动中的部分商品退货，导致不能再享受优惠的，根据购买时各商品价格进行结算，多退少补。

第十八条　商品退回所产生的运费依法由消费者承担。经营者与消费者另有约定的，按照约定。

消费者参加满足一定条件免运费活动，但退货后已不能达到免运费活动要求的，网络商品销售者在退款时可以扣除运费。

第十九条　网络商品销售者可以与消费者约定退货方式，但不应当限制消费者的退货方式。

网络商品销售者可以免费上门取货，也可以征得消费者同意后有偿上门取货。

第四章　特别规定

第二十条　网络商品销售者应当采取技术手段或者其他措施，对于本办法第六条规定的不适用七日无理由退货的商品进行明确标注。

符合本办法第七条规定的商品，网络商品销售者应当在商品销售必经流程中设置显著的确认程序，供消费者对单次购买行为进行确认。如无确认，网络商品销售者不得拒绝七日无理由退货。

第二十一条　网络交易平台提供者应当与其平台上的网络商品销售者订立协议，明确双方七日无理由退货各自的权利、义务和责任。

第二十二条　网络交易平台提供者应当依法建立、完善其平台七日无理由退货规则以及配套的消费者权益保护有关制度，在其平台上显著位置明示，并从技术上保证消费者能够便利、完整地阅览和保存。

第二十三条　网络交易平台提供者应当对其平台上的网络商品销售者履行七日无理由退货义务建立检查监控制度，发现有违反相关法律、法规、规章的，应当及时采取制止措施，并向网络交易平台提供者或者网络商品销售者所在地工商行政管理部门报告，必要时可以停止对其提供平台服务。

第二十四条　网络交易平台提供者应当建立消费纠纷和解和消费维权自律制度。消费者在网络交易平台上购买商品，因退货而发生消费纠纷或其合法权益受到损害时，要求网络交易平台提供者调解的，网络交易平台提供者应当调解；消费者通过其他渠道维权的，网络交易平台提供者应当向消费者提供其平台上的网络商品销售者的真实名称、地址和有效联系方式，积极协助消费者维护自身合法权益。

第二十五条 网络商品销售者应当建立完善的七日无理由退货商品检验和处理程序。

对能够完全恢复到初始销售状态的七日无理由退货商品，可以作为全新商品再次销售；对不能够完全恢复到初始销售状态的七日无理由退货商品而再次销售的，应当通过显著的方式将商品的实际情况明确标注。

第五章 监督检查

第二十六条 工商行政管理部门应当加强对网络商品销售者和网络交易平台提供者经营行为的监督检查，督促和引导其建立健全经营者首问和赔偿先付制度，依法履行网络购买商品七日无理由退货义务。

第二十七条 工商行政管理部门应当及时受理和依法处理消费者有关七日无理由退货的投诉、举报。

第二十八条 工商行政管理部门应当依照公正、公开、及时的原则，综合运用建议、约谈、示范等方式，加强对网络商品销售者和网络交易平台提供者履行七日无理由退货法定义务的行政指导。

第二十九条 工商行政管理部门在对网络商品交易的监督检查中，发现经营者存在拒不履行七日无理由退货义务，侵害消费者合法权益行为的，应当依法进行查处，同时将相关处罚信息记入信用档案，向社会公布。

第六章 法律责任

第三十条 网络商品销售者违反本办法第六条、第七条规定，擅自扩大不适用七日无理由退货的商品范围的，按照《消费者权益保护法》第五十六条第一款第（八）项规定予以处罚。

第三十一条 网络商品销售者违反本办法规定，有下列情形之一的，依照《消费者权益保护法》第五十六条第一款第（八）项规定予以处罚：

（一）未经消费者在购买时确认，擅自以商品不适用七日无理由退货为由拒绝退货，或者以消费者已拆封、查验影响商品完好为由拒绝退货的；

（二）自收到消费者退货要求之日起超过十五日未办理退货手续，或者未向消费者提供真实、准确的退货地址、退货联系人等有效联系信息，致使消费者无法办理退货手续的；

（三）在收到退回商品之日起超过十五日未向消费者返还已支付的商品价款的。

第三十二条 网络交易平台提供者违反本办法第二十二条规定，未在其平台显著位置明示七日无理由退货规则及配套的有关制度，或者未在技术上保证消费者能够便利、完整地阅览和保存的，予以警告，责令改正；拒不改正的，处以一万元以上三万元以下的罚款。

第三十三条 网络商品销售者违反本办法第二十五条规定，销售不能够完全恢复到初始状态的无理由退货商品，且未通过显著的方式明确标注商品实际情况的，违反其他法律、行政法规的，依照有关法律、行政法规的规定处罚；法律、行政法规未作规定的，予以警告，责令改正，并处一万元以上三万元以下的罚款。

第三十四条 网络交易平台提供者拒绝协助工商行政管理部门对涉嫌违法行为采取措施、开展调查的，予以警告，责令改正；拒不改正的，处三万元以下的罚款。

第七章 附　　则

第三十五条 本办法所称工商行政管理部门，包括履行工商行政管理职能的市场监督管理部门。

第三十六条 网络商品销售者提供的商品不符合质量要求，消费者要求退货的，适用《消费者权益保护法》第二十四条以及其他相关规定。

第三十七条 经营者采用电视、电话、邮购等方式销售商品，依照本办法执行。

第三十八条 本办法由国家工商行政管理总局负责解释。

第三十九条 本办法自 2017 年 3 月 15 日起施行。

图书在版编目（CIP）数据

互联网消费纠纷裁判规则与法律适用／康临芳，马超雄编著．—北京：中国法制出版社，2020.1
ISBN 978－7－5216－0730－7

Ⅰ.①互… Ⅱ.①康…②马… Ⅲ.①消费者权益保护－民事纠纷－审判－研究－中国②消费者权益保护－民事纠纷－法律适用－研究－中国 Ⅳ.①D923.84

中国版本图书馆 CIP 数据核字（2019）第 276381 号

策划编辑 黄会丽　　责任编辑 黄会丽 赵律玮　　封面设计 周黎明

互联网消费纠纷裁判规则与法律适用
HULIANWANG XIAOFEI JIUFEN CAIPAN GUIZE YU FALÜ SHIYONG

编著/康临芳 马超雄
经销/新华书店
印刷/三河市国英印务有限公司
开本/730 毫米×1030 毫米 16 开　　印张/18.25 字数/258 千
版次/2020 年 1 月第 1 版　　2020 年 1 月第 1 次印刷

中国法制出版社出版
书号 ISBN 978－7－5216－0730－7　　定价：69.00 元

北京西单横二条 2 号
邮政编码 100031　　传真：010－66031119
网址：http://www.zgfzs.com　　**编辑部电话：010－66071862**
市场营销部电话：010－66033393　　**邮购部电话：010－66033288**

（如有印装质量问题，请与本社印务部联系调换。电话：010－66032926）